소규모 동네 카페를 위한

카페
디자인
레시피

소규모 동네 카페를 위한
카페 디자인 레시피

초판 1쇄 발행 2016년 10월 5일

지은이 이존서
펴낸이 이지은
펴낸곳 팜파스
기획 출판기획전문 (주)엔터스코리아
진행 이진아
편집 정은아
디자인 지선 디자인연구소
마케팅 정우룡
인쇄 (주)미광원색사

출판등록 2002년 12월 30일 제10-2536호
주소 서울시 마포구 어울마당로5길 18 팜파스빌딩 2층
대표전화 02-335-3681
팩스 02-335-3743
홈페이지 www.pampasbook.com
이메일 pampas@pampasbook.com | pampasbook@naver.com

값 18,000원
ISBN 979-11-7026-114-8　13320

ⓒ 2016, 이존서

- 이 책의 일부 내용을 인용하거나 발췌하려면 반드시 저작권자의 동의를 얻어야 합니다.
- 잘못된 책은 바꿔 드립니다.

> 이 도서의 국립중앙도서관 출판예정도서목록(CIP)은 서지정보유통지원시스템 홈페이지(http://seoji.nl.go.kr)와 국가자료공동목록시스템(http://www.nl.go.kr/kolisnet)에서 이용하실 수 있습니다.(CIP제어번호: CIP2016021259)

소규모 동네 카페를 위한

카페 디자인 레시피

이존서 지음

팜파스

CONTENTS

◉ Prologue • 카페만을 디렉팅하다 08

Intro ☕ 카페 공간 디렉터가 본 카페 창업

F&B(Food and Beverage) 창업의 올바른 접근 16
성장하는 오너가 되려면? 24

Chapter 1 ☕ 카페, 디자인을 생각하다

1. 카페 창업도 디렉팅 되어야 한다 32
2. 카페의 정체성을 정하는 테마와 콘셉트 38
3. 성공으로 가기 위해 알아야 할 최소한의 것 47

Chapter 2 ☕ 실전에 적용해야 할 기본 중의 기본

1. 85%의 기준을 두고 시작하라 70
2. 매장이 위치할 좋은 길 찾기 82
3. 타깃을 설정하는 방법 87
4. 좋은 인테리어 파트너 찾기 92
5. 인테리어 견적 제대로 받는 법 99

Chapter 3 ☕ 시스템 중심으로 디자인하다

1》 테이크아웃 카페 106
　실전 TIP1 카페 디렉터가 알려주는 디렉팅 레시피 113
　실전 TIP2 카페 디렉터가 알려주는 3D 모델링 117
　창업 전략 Q&A 123

2》 테이블 카페 125
　실전 TIP1 카페 디렉터가 알려주는 디렉팅 레시피 134
　실전 TIP2 카페 디렉터가 알려주는 3D 모델링 138
　창업 전략 Q&A 142

Chapter 4 ☕ 오너 중심으로 디자인하다

1》 카페 오너 카페 146
　실전 TIP 카페 디렉터가 알려주는 디렉팅 레시피 152
　창업 전략 Q&A 153

2》 오너 메이드 카페 154
　실전 TIP 카페 디렉터가 알려주는 디렉팅 레시피 160
　창업 전략 Q&A 162

Chapter 5 ● 음료 중심으로 디자인하다

1 ▶ 에스프레소 카페 166
실전 TIP1 카페 디렉터가 알려주는 디렉팅 레시피 173
실전 TIP2 카페 디렉터가 알려주는 3D 모델링 176
창업 전략 Q&A 178

2 ▶ 핸드드립 카페 181
실전 TIP1 카페 디렉터가 알려주는 디렉팅 레시피 188
실전 TIP2 카페 디렉터가 알려주는 3D 모델링 191
창업 전략 Q&A 193

3 ▶ 로스터리 카페 195
실전 TIP1 카페 디렉터가 알려주는 디렉팅 레시피 202
실전 TIP2 카페 디렉터가 알려주는 3D 모델링 205
창업 전략 Q&A 207

4 ▶ 브루잉 바 카페 209
실전 TIP1 카페 디렉터가 알려주는 디렉팅 레시피 216
실전 TIP2 카페 디렉터가 알려주는 3D 모델링 219
창업 전략 Q&A 221

5 ▶ 베버리지 카페 224
실전 TIP1 카페 디렉터가 알려주는 디렉팅 레시피 231
실전 TIP2 카페 디렉터가 알려주는 3D 모델링 233
창업 전략 Q&A 235

Chapter 6 ☕ 음식 중심으로 디자인하다

1 **디저트 카페** 240
실전 TIP1 카페 디렉터가 알려주는 디렉팅 레시피 248
실전 TIP2 카페 디렉터가 알려주는 3D 모델링 250
창업 전략 Q&A 253

2 **베이커리 카페** 255
실전 TIP1 카페 디렉터가 알려주는 디렉팅 레시피 261
실전 TIP2 카페 디렉터가 알려주는 3D 모델링 264
창업 전략 Q&A 266

3 **푸드 카페** 268
실전 TIP1 카페 디렉터가 알려주는 디렉팅 레시피 275
실전 TIP2 카페 디렉터가 알려주는 3D 모델링 278
창업 전략 Q&A 280

Chapter 7 ☕ 카페 성공의 열쇠

1 브랜드를 위한 오너의 디자인 경영 284
2 맛집과 멋집을 동시에 추구하라 298
3 지속 가능한 카페를 위한 카페 오너의 모습 305

● 디렉터 이존서만의 디렉팅 310
● 로이스디자인연구소의 포트폴리오 318
● Thanks to 332
● 창업한다면 꼭 가봐야 할 곳 335

prologue
카페만을 디렉팅하다

2009년, 내가 카페를 오픈했을 때쯤 창업시장엔 카페 열풍이 불고 있었다. 인테리어를 전공했던 나는 혼자 카페를 설계하고 시공 현장을 감리하며 카페를 완성했다. 누구의 도움 없이 설계부터 시공 마감까지 스스로 책임진 카페는 내 첫 작품이다. 카페를 준비하면서 장비 선택부터 인테리어까지 모든 과정이 어렵게만 느껴졌다. 그러나 막상 오픈하고 나니 준비 과정의 어려움은 별 것도 아니었다.

아버지 덕분에 나는 커피 문화에 익숙했다. 어려서부터 아버지의 커피취미를 보면서 자랐기 때문이다. 그래서 카페 운영도 쉬울 줄 알았다. 그런데 현실적인 부분은 전혀 달랐다. 그때 했던 카페 운영에 대한 경험은 내가 디자이너로서 가진 디자인 개념을 많이 바꿔놓았다. 창업을 경험하기 전까지만 해도 디자인할 때면 시각적인 결과에만 집중했다. 반면에 카페를 직접 오픈하고 나니 창업이라는 특수한 환경 조건 속에서 하는 디자인은 단순히 시각적으로 우수하다고 좋은 결과로 이어지는 것이 아니라는 것을 알게 되었다. 나의 인테리어 첫 작품이 된 카페는 처음인 만큼 만족스럽지는 않았지만 내 인생에 영향을 준 훌륭한 선생님이나 다름없다.

요즘에도 카페 창업자는 카페를 돌아다니며 조사를 하고, 창업에 대한 아이디어를 학습한다. 그때의 나도 마찬가지였다. 나와 아버지는 오픈 전 여러 카페를 돌아다니며 조사했다. 그렇게 조사를 하던 시기를 지나 어느덧 직접 카페를 오픈하니 우리는 조사하는 창업자를 맞이하는 입장이 되어 있었다. 그런 창업자들을 맞이할 때면 조사하던 시절의 아버지와 나의 모습이 떠오르곤 했다. 그 당시 아버지와 나는 오픈한 지 얼마 되지 않았지만, 그들에게 들려준 카페를 준비하며 있었던 다양한 경험담은 그들에게 많은 도움이 되었다. 기억을 돌이켜보면 창업을 준비하는 사람들은 매일 찾아와 커피를 즐기며 우리와 창업에 관한 대화를 했다.

창업자와 대화를 나누다 보면 인테리어에 대한 부분이 가장 많은 비중을 차지한다. 인테리어는 나처럼 익숙한 사람이 아니고서는 참 쉽게 시도하기 어려운 분야이다. 언제부터인가는 창업자와 대화만 나누는 것이 아니라 실질적인 도움을 요구한 창업자의 가게를 디자인하기도 했다. 이런 식으로 몇 번의 작업을 하다 보니 인테리어에 대한 여러 가지 시선을 알게 되었다.

첫 번째, 인테리어를 하는 사람에 대한 인식이 사회 전반적으로 좋지 않다는 것을 알 수 있었다. 인테리어만 하고 있었을 때는 잘 느끼지 못한 부분이었다. 창업자로서 직접 경험해보니 만났던 창업자 10명 중 8명 정도는 인테리어 하는 사람을 경계해야 될 대상으로 생각하고 있었다. 일부 정말 좋지 않은 인테리어업체 때문에 전체가 안 좋은 평가를 받고 있는 것이다. 이것을 느꼈을 때 인테리어 전공자로서 안타까웠고, 이 부분에 있어서 나는 충분히 개선할 수 있겠다는 생각이 들었다.

두 번째, 창업자는 인테리어업체와 대화하는 것 자체를 어려워한다는 사실을 알게 되었다. 처음부터 인테리어업체를 경계해야 될 대상으로 생각하고 있었기 때문에 중요한 정보를 감추려고만 했다. 그렇기 때문에 소극적인 대화로 미팅이 이루어졌고, 이는 좋지 않은 결과로 이어졌다. 당연했다. 특히 인테리어업체와 미팅에서 가장 중요한 내용인 견적에 대한 부분을 다룰 때는 더욱 심하게 나타났다. 이런 점은 결코 창업에 큰 도움이 되지 않는다. 창업은 예산을 어떻게 계획하느냐에 따라서 결과가 많이 달라지기 때문에 수치적인 대화는 필수다. 하지만 창업자는 다른 모든 준비과정에서 수치적인 대화를 잘 이어오다 인테리어만 들어가면 수치적으로 소극적인 자세를 취하는 것 같았다. 그때 나는 이런 분위기 자체를 바꿔야겠다고 생각했다.

세 번째, 카페 인테리어를 직접 하면서 창업자의 입장에서 살펴보니 카페만의 특수한 디자인 조건들이 눈에 보이기 시작했다. 이를테면 주방작업 동선이나 카페만의 매력을 느낄수 있는 디자인, 배려적인 설계 등을 말한다. 카페 문화가 앞으로 발전하기 위해서는 카페만을 전문적으로 디자인하는 사람이 필요하다는 것을 알 수 있었다.

   이 세 가지 외에도 다양한 생각을 할 수 있었는데, 이런 생각들을 정리하면서 인테리어 분야에 있어서 카페는 블루오션이 될 수 있겠다는 확신이 들었다. 당시 카페업계에는 전문 유통회사나 유명한 바리스타만 있었다. 그 세계를 보고 나만의 방식으로 카페 전문 디자인이라는 분야를 처음으로 개척해보고 싶었다. 커피와 카페를 충분히 이해하고 있고, 창업이라는 분야를 직접 경험하고 연구한 결과를 바탕으로 창업자에게 디자인적으로 도움을 주고 싶었다. 그리고 기술이라는 분야를 넘어서 앞으로는 기술 이상의 디자인이 필요한 시대가 분명 올 것이라 믿었다. 그때부터 나는 카페를 창업하면서 겪는 모든 것에 몰입하게 되었다. 많은 창업자를 만나 상담을 통해 데이터를 확보했고, 그 데이터를 분석하는 것을 즐겼다. 다른 한편으로는 한국을 벗어나 외국 소비도시들을 찾아가 발전된 문화를 보고 좋은 것은 흡수하려고 노력했다. 동시에 커피에 대한 이해도 깊게 하기 위해 끊임없이 노력했다. 다양한 곳을 다니며 배우고 익힌 기술들을 카페에서 실험하는 것을 좋아했던 나는 지금까지의 정보와 데이터를 중심으로 '로이스디자인연구소'를 설립하게 되었다.

아버지는 아직도 자신을 학생이라고 말씀하신다. 그땐 젊은 나이에 빨리 마스터가 되고 싶은 마음이 굴뚝 같았지만, 아버지의 그런 표현들이 나에게 좋은 자극으로 다가왔다. 그래서 현재 '로이스디자인연구소'도 그 생각을 가지고 이끌어가고 있다. 나는 여전히 카페 창업에 관한 나름의 연구를 이어가고 있고, 지금은 나보다 디자인적인 역량이 더 뛰어난 디자이너들과 함께 좋은 결과를 만들기 위해 노력한다. 그리고 디자이너들에게 발전을 위한 공부를 강조한다.

내게 있어 커피, 그리고 카페는 남다른 의미를 지닌다. 지금은 카페 디자이너에서 좀 더 나아가 카페 디렉터로 활동하고 있다. 처음 창업을 하는 사람들이 창업시장에서 안정적으로 생존해나갈 수 있도록 창조적인 전략으로 도와주고 싶다. 그러나 여전히 이 영역은 많은 창업자에게 알려져 있지 않다. 스스로 개척하는 것에 열망이 강한 우리 한국 사람들의 기본적인 성향 때문이다.

하지만 이 점만은 꼭 알았으면 한다. 우리가 어릴 적 두발자전거를 처음

탈 때 누군가 뒤에서 잡아주었다. 운동신경이 좋아 한번에 탈 수 있었다고 말하는 사람도 있겠지만, 대부분은 그렇지 못했을 것이다. 또한 누군가의 도움 없이 홀로 연습해서 성공했다는 사람도 가만히 살펴보면 온몸이 상처 투성이가 되어서야 가능했다는 것이다.

 나는 많은 창업자에게 말한다. 창업자는 창업에서 오너의 역할을 맡아야 한다. 나의 역할은 그 오너가 창업시장에 처음 진입해서 좋은 카페를 만들어갈 수 있도록 도움을 주는 것이다. 그리고 어느 순간 생존의 카페에서 나아가 성장의 카페가 되면 내가 할 일은 없다. 이때부터는 오너 스스로 성장의 카페에서 성공의 카페를 만들어나가야 한다. 나는 카페를 처음 준비하는 사람들이 만나는 카페 디렉터이다. 그리고 브랜드를 만들고 싶은 사람들이 만나는 브랜드 디렉터이다.

카페 공간 디렉터가 본
카페 창업

01
F&B(Food and Beverage) 창업의 올바른 접근

나는 식음료 비즈니스에 대한 나만의 시각을 가지고 있다. 그래서 이 분야에서 창업을 하기 위해선 다른 접근이 필요하다고 믿는다. 지금, 바로 현재에 집중할 필요가 있다. 지금을 살아가는 사람들의 삶을 이해하지 못한다면 창업시장에서 버티기 힘들다. 현재 있는 재료를 이용해 메뉴를 만들어내는 특성 때문이다. 식음료 비지니스는 지금, 현재에 집중되어 있다.

우리는 지금 먹고 마시는 것들을 통해 행복을 느낀다. 이 말은 식음료 비즈니스가 사람들이 살아가는 지금을 통해 탄생한다는 것을 의미한다. 물론 미래에는 어떤 음식들이 있을 것이라는 가설이 있기도 하고, 미래 푸드라고 하며 단백질이 충분한 곤충들을 보여주기도 한다. 하지만 우리는 지금 그것을 먹으며 행복을 느끼지 않는다. 그래서 식음료 비즈니스는 미래적일 수 없다. 또한 '식이요법'이나 '웰빙식단' 같은 것은 식음료시장과는 다른 시장에 속해 있다고 볼 수 있다. 즉 헬스나 메디컬, 뷰티 미용 분야에 더 가깝다고 본다.

우리가 창업하려는 카페에서 먹고 마시는 것은 본능과 쾌락을 추구한다. 과거와 달리 소비자는 더 이상 단순히 끼니를 때우기 위해 외식을 하지 않는다. 과거에는 요리를 대부분 집에서 해결하는 편이었고, 가끔 외식을 했기 때문에 외식사업이 드물었다. 하지만 20여 년이 지나면서 시장은 완전히 다른 모습으로 변했다. 현재는 집밥이 점점 사라지고, 외식이 주를 이룬다. 물론 집밥이 트렌드가 되고는 있지만 실제로 집에서 직접 해서 먹는 것보다 집밥을 콘셉트로 차용한 매장을 찾는 경우가 더 많다. 또한 집밥 요리에 관심을 갖고 도전하는 취미생활의 연장일 뿐이다. 이런 상황 속에서 사람들은 더 이상 끼니를 때우기 위해 무엇을 먹을까를 고민하지 않는다. 지금은 무엇을 먹을까에서 발전해 어떻게 먹을까를 고민하는 게 당연해졌다. 그러다 보니 콘셉트가 중요해졌고, 자연스럽게 먹고 마시는 행위는 본능적이고 쾌락적인 행위로 변화되었다. 요즘 '푸드 포르노 Food Porno, 음식이나 음식을 먹는 모습이 노골적으로 담긴 사진 또는 영상'라는 용어가 있다. 먹는 것 자체가 우리 사람들에게 굉장히 많은 영향을 주기 때문에 '포르노'라는 단어를 표현하게 된 것이다. 이런 식음료 시장에서 창업하기 위해서는 먹고 마시는 것에 대한 이해와 그것을 즐기는 사람들에 대한 이해가 충분히 이뤄져야 한다.

오너가 먼저 좋은 소비자가 되라

오너는 창업을 준비할 때 가장 먼저 현재 사람들이 살아가는 모습을 잘 살펴야 한다. 그 안에서 많은 힌트를 얻을 수 있기 때문이다. 나는 오너를 처음 만나면 당장 사람들을 잘 관찰하라고 말한다. 그러기 위해서는 오너 스스로 먼저 Good 소비자, 좋은 소비자가 되어야 한다. 자신은 소비하지 않으면서 소비자를 이해할 수는 없다. 소비자로서 많은 경험을 갖고 있어야 소비자를 더욱 빨리 이해할 수 있다. 나는 여전히 식음료시장에서 비즈니스를 하면서 큰 행복을 느낀다. 먹고 마시는 일 또한 일의 연장이기 때문이다. 여행을 하면서 먹고 마시고, 시장조사를 하면서 먹고 마시고, 오너의 매장을 방문해서 먹고 마시고, 메뉴를 개발하면서 먹고 마시기를 반복한다. 식음료 중독자가 된 것 같다. 창업하는 오너도 마찬가지여야 한다. 가끔 커피 음료를 제대로 즐기지 못하면서 커피 전문점을 오픈하고 싶어 하는 오너들이 있다. 이들을 보면 이해가 되지 않는다. 물론 비즈니스에서 꼭 좋아하는 것만 하고, 하기 싫은 것은 하지 말아야 한다는 원칙은 없다. 그러나 적어도 이 시장에서는 오너 스스로 이 분야를 충분히 이해하고 있어야 하는 게 첫 번째 과제다. 비즈니스 세계를 보면 식음료 분야에는 경영 커리어는 좋지만 식음료 분야에는 관심이 없는 오너가 기업 브랜드 운영을 맡기도 했는데, 좋은 성과가 나오지 않았다. 처음 창업하는 오너가 작은 가게에서부터 자신의 브랜드를 성장시켜나가야 되는데, 시작부터 식음료 분야에 대한 관심도 없고 잘 즐기지도 못한다면 소비자를 어떻게 이해할 수 있겠는가. 카페는 꼭 커피만 가지고 하는 게 아니기 때문에 식음료시장에서 창업하기 위해서는 가장 먼저 자신이 좋아하는 메뉴부터 고르라고 항상 강조한다. 물론 수익구조나 비즈니스 모델, 그 콘셉트가 먼저 확고하게 기획되었다면 그 콘셉트에 맞는 메뉴가 구성되기도 한다.

식음료 비즈니스 중에서 카페 비즈니스는 더욱 어렵다. 다른 비즈니스와 달리 사업의 패턴이나 구성이 다르다. 정확한 수치로 해결할 수도 없는 분야이기도 하다. 그래서 오너가 카페 창업을 목표로 했다면 더 많은 준비를 해야 하고, 더 좋은 전문가를 만나야 한다.

카페 소비자는 공간을 즐긴다

식음료 분야 대부분이 그렇겠지만, 아메리카노에 들어가는 원두의 원가가 이 비즈니스에 대해 절대 답해주지 않는다. 수치 경영을 좋아하는 사람들은 이 원가를 활용해 카페 비즈니스를 구성하려고 하거나 평가하려고 시도하는데, 절대 맞지 않는다. 게다가 소비자에 관해서도 다르게 접근해야 한다. 카페를 방문하는 소비자는 대부분 기대치가 높다. 우리에게 카페는 상당히 특별한 공간이기 때문이다. 카페는 공간을 제공하는 비즈니스라고 말할 수 있는데, 이 말에는 많은 의미가 담겨 있다.

내가 미국에서 느낀 카페 소비자들은 카페문화가 그냥 생활이었다. 카페에서 커피를 마신다는 것 자체가 특별하지 않았다. 그들에게는 그 카페에서 누구와 있었는지, 어떤 시간을 보냈는지가 더 중요했다. 아무래도 그럴 것이 그들의 주식 안에는 물처럼 커피가 포함되어 있기 때문에 인식 자체가 다를 수밖에 없다. 식사 후 보리차를 찾는 우리처럼 그들은 커피를 찾는다. 반면에 우리에게 카페는 특별한 곳으로 대부분 자신만의 카페가 하나씩은 있고, 그 공간을 즐긴다. 즉 공간에 포함된 모든 것을 따지는 것이다. 공간은 소비자에게 많은 것을 제공해야 한다. 소비자는 메뉴, 시간, 분위기, 서비스, 경험 등 이 모든 것을 다 느끼면서 카페를 인식한다. 번화가의 목 좋은 곳에 대충 껍데기만 잘 만들어서 카페를 오픈하면 성공하는 시대가 아니라는 것이다.

오너도 고객도 만족하는 카페가 되려면?

카페에서 판매하는 메뉴 한 잔당 가격은 그렇게 비싸지 않다. 즉 오너 입장에서 카페를 위해 준비해야 될 비용의 규모는 큰데, 그에 반해 소비자들이 이용하는 비용은 상대적으로 적다고 할 수 있다. 메뉴 가격에는 카페 공간의 임대비용이 한몫하기도 하는데, 그 비용이 만만치 않다는 것은 말하지 않아도 알 것이다.

요즘 커피 값이 식사비용과 비슷하다고 하지만, 카페는 식당의 평균적인 테이블 회전 속도를 가지고 있지 않다. 어떤 소비자가 앉느냐에 따라서 테이블마다 수익성이 전부 다르기 때문이다. 최근 페이스북에 재미있는 글이 올라왔다. "배달음식 사업에서 가장 비싼 비용은 무엇일까?"라는 질문이었다. 글을 올린 사람은 식음료 분야의 서비스 전문가였으며, 이 질문의 정답은 '세워진 오토바이'였다. 그 말을 듣고 보니 100% 이해됐다. 배달음식 사업에서 오토바이는 쉬고 있으면 안 된다. 계속 움직여야 매출이 올라가고 있다는 뜻이기 때문이다. 이런 개념을 카페에 적용하면 회전이 멈춰 있거나 비어 있는 테이블이 가장 비싼 비용일 것이다.

카페 비즈니스가 다른 외식업과 다른 개념이 여기서 나온다. 외식업은 어떻게든 테이블에 소비자를 앉게 하면 크게 1회전을 하면서 수익이 발생한다. 쉽게 말해 만석을 기준으로 몇 회전을 하느냐에 따라서 그 매장의 수익이 결정된다. 그러나 카페는 만석이 되더라도 1회전 이후 2회전으로 이어질 수 있다는 보장이 없다. 그 이유는 카페 자체가 공간을 제공하는 비즈니스이기 때문에 앉은 사람이 언제 일어날지 아무도 모르며, 자리에 앉은 고객이 일어날지 말지를 결정하는 것은 자유이기 때문이다. 나도 가끔 집이나 사무실에서 집중이 잘 안 되면 스타벅스로 향한다. 그렇게 스타벅스에 앉아 작업을 하다 보면 3시간 정도는 금방 지난다. 그때 마신 음료를 보면 '연하게 만든 아이스커피 그란데로 4,600원'이다. 만약 외식업 테이블이라고 생각하면 적어도 6회전은 할 수 있는 시간이지만, 카페에서는 한 사람이 그 시간을 다 사용하는 것이다. 그것도 아메리카노 한 잔 가격에 말이다. 테이크아웃으로 어느 정도 해결할 수 있다고는 하지만, 실상은 테이크아웃으로 해결하기가 상당히 어렵다. 이런 모습을 비유하면 '백조 같은 카페'라 표현할 수 있겠다. 즉 겉은 화려하고 아름다워 보이지만, 오너는 미친 듯이 시장에서 허우적거려야 한다.

고객에게만 잠시 좋은 카페가 되어서는 카페시장에서 살아남기 어렵다. 그렇다면 어떻게 해야 고객에게도, 오너에게도 좋은 카페가 될 수 있을까? 앞에서 테이블에 고객이 오랜 시간 있을 경우, 게다가 만석일 경우에는 테이크아웃으로 해결이 가능하다고 했다. 물론 모든 카페가 가능한 것은 아니며,

가능한 카페라 하더라도 쉽게 해결할 수 있는 것은 아니다. 그러나 카페 비즈니스에 있어서 테이크아웃 메뉴를 잘 활용하면, 시간 단위로 수익을 기대해볼 수 있다. 즉 메뉴 구성을 통해 좋은 수익구조를 만들 수 있다.

따라서 처음 창업하는 오너는 테이크아웃 메뉴에 가까운 아이템을 어떻게 개발할지를 고민해야 한다. 이렇게 개발한 새로운 메뉴에 따라서 수익 결과가 많이 달라진다. 성공적인 테이크아웃 메뉴라면 3~5분마다 수익을 낼 수 있기 때문이다. 그래서 나는 처음 창업하는 오너에게 지금 머릿속에 그리는 카페의 모습을 과감히 지우라고 말한다. 물론 꿈을 지우라는 뜻은 아니다. 경험이 없는 오너가 그리는 카페의 모습은 수익구조가 안 좋을 경우가 많기 때문이다.

수치 경영에서 벗어나야 한다

식음료 비즈니스에서는 디자인도 다른 방식으로 접근해야 한다. 특히 오너가 디자인 경영을 통해 창업을 하고 브랜드를 이끌어나가야 한다. 디자인 경영이 특별하거나 어려운 것은 아니다. 지금까지 우리를 잠식했던 수치 경영에서 디자인적으로 생각하는 습관이 더해지는 것을 말한다. 즉 창업에 관련된 모든 요소에 디자인적인 생각을 더해주는 것이다. 콘셉트 디자인, 브랜드 디자인, 메뉴 디자인, 매장 디자인, 마케팅 디자인, 서비스 디자인 등 창업을 하면서 다뤄져야 하는 모든 요소에 디자인을 붙여서 만들어가는 것이다. 디자인이 더해진다고 해서 시각적인 부분, 외형적인 멋에만 신경 쓴다는 뜻은 아니다. 만들어야 하는 각 요소에 오너의 철학과 생각 기준을 가지고 미학에 대해 고민하는 행위가 더해지는 것이다. 이렇게 노력한 결과물은 단순히 외형에 치중된 창업 과정과 다른 결과물들을 만들어낸다. 아직은 많은 오너가 디자인적인 생각에 익숙하지 않다. 그럼에도 요즘 식음료 비즈니스 세계에서는 점점 좋은 브랜드가 만들어지고 있다. 그리고 이 브랜드들은 오너 스스로 디자인적인 생각을 통해 브랜드를 다룬다는 공통점이 있다. 이렇게 요즘 F&B Food and Beverage 창업 분야는 점점 과거 창업지식에서 많은 변화를 겪고 있다. 이런 시장의 흐름을 오너는 파악하여 제대로 준비해야 한다.

실제로 주변에서 성공적인 점포 운영을 하고 있는 오너들을 만나보면 수치를 잘 다룬다기보다는 사람을 잘 다룬다. 즉 사람을 잘 다룬다는 것은 그만큼 사람에 대한 이해도가 높다는 것이다.

수치는 데이터가 될 수 있고, 결과를 쉽게 이해할 수 있게 만들어준다. 하지만 사람을 보여주진 않다. 이 점을 확실히 인식하는 편이 좋다.

성장하는 오너가 되려면?

작은 가게 하나 오픈하면서 '사명'이라는 단어까지 사용해야 하나 생각할 수 있다. 하지만 작은 가게에서부터 시작해 성공적인 브랜드를 만들고, 기업을 세운 오너는 '사명'의 중요성을 공통적으로 강조한다. 가게가 작다고 현실의 어려움이 빗겨가는 것은 아니기 때문이다. '사명'에 대한 고민도 없이 창업한 오너는 예상치 못한 치열한 경쟁에서 버티지 못한다.

그렇다면 '사명' 있는 오너와 '사명' 없는 오너의 차이점은 무엇일까?

사명 있는 오너 VS. 사명 없는 오너

사명은 영어로 '미션'이라 하고, '임무'라는 뜻으로 해석해도 무방하다. 즉 사명은 절대적인 누군가가 창업하는 오너에게 준 일종의 임무 같은 것이다. 창업시장에서 가장 아쉬운 점 중 하나가 적지 않은 오너가 사명 없이 그냥 창업하는 경우가 많다는 것이다. 지금도 "나도 창업이나 할까?"라는 식의 가벼운 대화거리 정도로 창업을 생각하는 경우가 많다. 포장된 화려한 겉모습에 여전히 많은 사람의 워너비 직업이다. '창업자'. 그렇다면 절대적인 누군가가 오너에게 주는 임무 같은 사명은 창업에 어떤 영향을 끼치는 것일까?

걸어본 적이 없는 길을 걷게 되면 예상했던 방향과는 다른 방향으로 가게 되는 경우가 많다. 왜냐하면 길을 걸으며 만나게 되는 모든 해프닝이 걷는 사람에게 영향을 주기 때문에 처음에 가려던 곳으로 안 가게 될 때도 있는 것이다. 중요한 것은 계속 걷고 있는 것인데, 어느 방향으로든 가고 있는 자신을 만들 수 있기 때문이다. 여기서 사명은 길을 걷다 만나는 많은 장애물을 극복하고 한계를 넘어서게 한다. 이런 점 때문에 사명은 창업하는 오너에게 굉장히 중요하다. 사명은 오너가 창업을 해야 하는 이유를 만들어주기 때문에 어떤 장애물을 만나더라도 한계를 넘어서려는 도전을 하게 한다. 그러나 사명이 없으면 선명한 이유가 없는 것과 마찬가지이기 때문에 낮은 장애물을 만나더라도 쉽게 포기하게 된다. 쉽게 시작한 만큼 쉽게 포기하는 것이다. 이처럼 사명은 오너에게 포기할 수 없는 강력한 이유를 만들어준다.

가끔 오너는 사명을 갖게 되는 방법을 알려달라고 할 때도 있다. 사실 딱히 정해진 방법이 있는 것은 아니다. 마치 한 사람이 살아가는 이유를 찾아가는 것과 마찬가지로 망망대해에서 제대로 된 방향을 찾는 것과 같다. 이런 질문을 하는 오너에게 내 이야기를 들려주는 편이다. 정답은 아니지만 또 하나의 방법일 수 있기 때문이다. 나는 사명에 대해 끊임없이 고민한다. 그래서 나는 사업을 할 때 사명 없이는 실행도 하지 않는다. 대신 작은 사명이라도 생기면 뒤도 안 돌아보고 후회 없이 달려 나간다. 그렇게 무섭게 달릴 수 있는 것도 바로 이 사명이 마음에 불을 지폈기 때문이다.

많은 선배 오너가 한 목소리로 이렇게 말했다. "창업은 시작된 순간 멈춰서는 안 되고, 낮은 파도에서부터 큰 파도까지 다 견디고 넘어야 한다." 그리고 그 파도 없이는 1등 항해사가 만들어지지 않는다. 그 모든 과정을 견딜 수 있게 해주는 원동력이 바로 사명이다. 지금 창업을 준비하고 있다면 자신의 창업에 대해 먼저 깊이 고민해보자.

一喜一悲(일희일비), 목표 없는 오너

'창업'이라는 단어를 시간으로 표현한다면? 처음 창업하는 오너는 대부분 '1년'이라는 시간을 많이 사용한다. "1년 정도면 많이 안정될 것이다"는 표현을 자주 사용한다. 경험이 없는 오너는 창업 후 자신에게 어떤 일들이 다가올지 전혀 예상하지 못한다. 그래서 경험적 근거가 없는 상태에서 창업을 바라보면, 2년이라는 시간은 왠지 너무 길게 느껴지기 때문에 1년이라는 시간이 가장 만만하게 표현할 수 있는 단어가 된 것이다. 이미 창업시장에서 경험이 많은 오너는 1년이라는 시간이 무의미하다는 것을 알고 있다.

선배 오너에게 창업은 인생 그 자체인 경우가 많다. 물론 베테랑 오너가 되면 될수록 한 매장을 어느 정도의 위치에 끌어올리기까지의 감은 있지만, 그렇다고 "1년 만에 안정화시킬 수 있다"는 표현은 사용하지 않는다.

실제로 군인들에게 행군을 할 때 정확한 목표거리와 현재 위치를 알려준 팀과 정확한 목표거리를 알려주지 않은 팀으로 나눠 행군을 한 결과는 많이 달랐다고 한다. 정확한 목표거리를 알려줬던 팀은 전원 완주에 성공했지만, 그렇지 않은 팀은 중도 포기한 인원까지 있었다. 이렇듯 사람이라면 누구에게나 목표가 필요하다. 특히 창업에 있어서는 더더욱 그렇다.

목표가 없는 오너는 하루하루 매출에 의해서 기분이 달라질 때가 많다. 물론 하루하루의 매출이 쌓여서 월 매출로 이어지고, 연 매출로 이어진다. 하지만 목표는 명확해야 한다. '일 매출 평균은 얼마'라는 정확한 수치로 목표를 분명하게 만들면 무슨 일이 있더라도 그 목표를 이루려하고, 이루기 위해 노력해야 한다. 그러나 정확한 목표 없이 매장을 운영하는 오너는 하루하루 매출에 큰 영향을 받게 된다. 마치 하루살이 오너처럼 되어간다. 결국 목적지를 향해 나아가는 것이 아닌 매장이 성장하고 있는지, 침몰하고 있는지 전혀 모른 채 하루하루만 받아들이는 것이다.

나도 한때는 특별한 목표 없이 매장을 운영하고, 사업체를 이끌었다. 규모가 작다 보니 한눈에 모든 게 들어왔고 컨트롤이 가능했다. 그래서 특별한 목표의 필요성을 느끼지 못했다. 그냥 꾸준히 일하면 성장은 자연스럽게 따라오는 것인 줄 알았고, 그렇게 오랫동안 버티다 보면 언젠가는 기대 이상의 성장을 경험할 수 있을 줄 알았다. 그러나 현실은 오히려 퇴보하는 것 같은 결과를 보였다. 나중에 선배 오너를 통해 배운 사실이지만 성장에는 고통이 따르고, 그 한계를 뛰어 넘었을 때 비로소 성장을 한다. 즉 오너 스스로 한계 이상의 목표를 세우고, 그 목표를 이루기 위해서 자신을 관리하고 전략을 세워야 성장할 수 있다. 그날 이후로 나는 전혀 다른 나를 만들기 위해서 노력했다. 하루에 한 가지의 목표를 세우기 시작했고, 그 습관을 완벽히 몸에 배게 하기 위한 훈련을 하다 보니 어느덧 한 달의 목표를 세울 수 있게 되었고, 지금은 1년 단위의 목표도 구체적으로 세울 수 있는 감각이 생겼다.

여기서 내가 말하고 싶은 것은 두 가지다. 오너에게 필요한 것은 목표를 자연스럽게 세울 수 있는 습관과 그 습관은 굉장히 작은 것에서부터 시작해야 한다는 것이다. 한마디로 오너는 목표를 통해서 한계에 도전하고 성장하는 것을 즐겨야 한다.

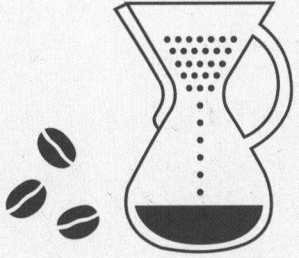

카페,
디자인을 생각하다

카페 창업도 디렉팅되어야 한다

나는 영화 보는 것을 좋아한다. 영화 보는 것을 안 좋아하는 사람은 거의 없겠지만, 취미로 즐기는 수준을 넘어섰다. 그러다 보니 보통 사람들보다 영화를 보는 횟수가 많다. 한때는 개봉작 전부를 즐기는 것이 나만의 목표일 정도였고, 그 외에도 항상 작업을 할 때면 영화를 틀어놓는 습관이 있다. 그러던 어느 날 영화 미술팀에서 활동하고 있는 친구 덕분에 실제로 영화를 제작하는 데 참여하게 되었다. 영화 제작에 대해 조금이나마 알게 되고 나니, 카페 창업과 많이 닮아 있다는 사실을 발견했다. 과연 영화와 카페는 어떤 부분에서 닮아 있는 것인지, 영화가 만들어지는 과정에서 창업자라면 알아두어야 하는 점들이 무엇인지 알아보자.

`카페 디렉터의 역할 1`

창업 과정의 전반적인 계획을 세운다

먼저 영화가 만들어지는 것을 간략히 설명하면, 영화감독은 시나리오를 바탕으로 투자를 받고, 배우를 섭외하는 것으로 영화 제작을 시작한다. 그 이후 영화에 함께할 각 분야의 스태프를 모으고, 각 팀의 팀원들을 구성함으로써 제작 준비를 마치게 된다. 이때부터 영화감독은 각 팀의 감독들과 시나리오를 영상으로 어떻게 표현할지에 대한 회의를 끊임없이 이어나가면서 촬영을 계획한다. 실제로 이 회의는 일반인이 경험했을 때 말도 안 될 정도로 오랜 시간 동안 진행된다. 나 역시도 처음 회의에 참여했을 때, 왜 이렇게 길게 하는 것일까 하고 궁금했다. 그러다 보니 나에게 처음 회의는 너무나 답답한 시간이었다.

그러나 시간이 흘러 실제 촬영이 이루어지는 촬영장을 경험해보니, 왜 그토록 많은 시간 회의를 했는지 알 수 있었다. 오랜 회의를 통해서 서로의 호흡을 미리 맞춰놓았기 때문에 촬영 현장에서 일어나는 무수한 일이 어긋나지 않고 진행되는 것이다. 어느 한 팀에서 호흡이 어긋나거나 오해가 생기면 계획한 대로 좋은 영화는 만들어지지 않는다. 마치 어릴 적 가지고 놀던 합체 로봇과 비슷하다. 촬영장에서는 여러 스태프가 한 몸이 되어 각 부분에서 자신들의 역할에 충실해야 한다. 이런 특수한 상황 때문에 지치도록 긴 회의를 했던 것이다.

카페 창업도 마찬가지다. 영화에 비유하자면 창업자는 배우이고, 시나리오는 카페의 콘셉트와 비슷하다. 배우가 그 시나리오 안에서 충분히 최고의 연기를 펼칠 수 있도록 많은 스태프가 한 호흡으로 생각을 맞춰야 한다. 이는 처음부터 혼자의 힘으로는 힘들다. 즉 감독이 필요한 것이다. 물론 카페 창업에서의 배우, 즉 창업자는 데뷔작을 잘 마무리한다면 그다음 작품부터는 스스로 배우이자 감독이 될 수도 있다. 그리고 더 나아가서는 더 훌륭한 배우를 섭외하고 자신은 더욱 훌륭한 감독이 되기 위해 노력할 수도 있고, 더 나아가서는 더욱 훌륭한 감독과 계약하고 자신은 제작자의 위치에 있을 수도 있다. 이처럼 모든 시나리오가 제대로 만들어지기 위해서는 창업자의 첫 데뷔작이 매우 중요하다. 그리고 평균적으로 짧은 준비기간을 가지고 있는 우리 한국에서는 전문가의 도움을 충분히 받는 것이 좋다. 이런 점에서 카페를 처음 시작하는 경우, 카페는 디렉팅되어야 한다.

카페 디렉팅이란, 창업자가 가진 예산을 투자대비 좋은 결과를 얻을 수 있도록 계획해주고, 창업을 위해 필요한 전문가들을 섭외하여 기획한 콘셉트의 카페가 만들어질 수 있도록 중간에서 컨트롤을 해주는 작업을 말한다. 그렇다고 창업자보다 앞에 서서 창업자를 유도하는 주도적인 위치는 아니다. 창업자가 고용한 첫 번째 전문가일 뿐이다. 즉 창업자는 자신의 기준에 잘 맞춰서 창업을 기획해나가는 데에 전문가의 도움을 잘 활용할 수 있어야 한다.

카페 디렉터가 창업자를 만나 가장 처음으로 하는 것은 창업자와 대화하는 것이다. 대화를 통해서 처음 만난 창업자를 제대로 파악해야 한다. 여기서 말하는 대화는 단순히 생각하는 콘셉트에 대해 몇 마디 주고받고 끝나는 것을 말하는 게 아니다. 처음 카페를 만난 이야기부터 카페 창업을 결심하게 된 순간의 상황과 그 감정에 대한 이야기, 그리고 창업을 통해서 만들고 싶은 나만의 카페 모습 등에 대한 창업자의 생각을 알아야 한다. 이런 대화는 단순히 몇 시간 만으로 해결할 수 없다. 나의 경우를 예로 들어 카페 디렉팅 과정을 간단히 소개하려고 한다.

먼저 정기적으로 창업자를 만나 다양한 카페를 다니면서 대화를 나누는 것을 시작으로 카페 디렉팅을 진행한다. 창업자도 처음에는 어색해하지만 시간이 지날수록 점점 많은 이야기를 하려고 노력한다. 이런 대화의 시간은 결과에 가장 큰 영향을 끼치는 중요한 요소다. 따라서 카페 디렉터는 처음 창업자를 만나 대화하는 시간을 가장 중요하게 여겨야 한다. 이때 나는 대화를 나누는 동시에 창업자만의 카페를 위한 콘셉트를 스케치한다. 시각적인 이미지를 찾고, 운영 전략적인 부분에 적용될 수 있는 사례들을 찾아 정리하고, 창업 과정에 대한 계획을 세운다. 이렇게 창업자와 시간을 보내면서 카페에 대해 어느 정도 윤곽이 나왔을 때 기획된 것에 관한 회의를 진행하고 실행에 옮기게 된다.

창업을 실행에 옮기면서 가장 먼저 하는 일은 각 과정에 필요한 전문가들을 섭외하는 것이다. 창업자는 과정에 따라 만나야 하는 사람들이 있다. 크게 보면 부동산중개인, 인테리어업체, 카페 장비 유통업체, 카페 부재료 유통업체 등이 있다. 대부분의 창업자는 처음 만나는 카페 관련 업체들과 업무적인 대화를 제대로 나누기가 힘들다. 경험이 없기 때문에 누군가 그 방법을 가르쳐주지 않으면 스스로 겪어가며 터득해야 한다. 이럴 때 카페 디렉터는 좋은 결과를 위해 컨트롤하는 역할을 한다. 물론 창업자와 모든 자리에 함께 있으면서 컨트롤하기 때문에 이 과정을 통해서 창업자는 경험을 쌓아 자신의 생각과 기준을 정리해나갈 수 있다.

적어도 이렇게 디렉팅이 된 카페는 창업자 스스로 준비한 카페보다 좀 더 안정적인 모습으로 시장에 등장하게 된다. 물론 그 이후부터는 창업자의 역량이 중요하지만, 이미 디렉터와 함께한 준비 과정 속에서 실전에 대한 준비를 했기 때문에 충분히 창업자 스스로 해결해나갈 수 있다.

카페 디렉터의 역할 2
창업자의 길을 안내하는 내비게이션

카페 디렉팅을 일상에 비유하자면 처음 찾아가는 장소에서의 경험과 비슷하다. 특히 여행지에 처음 도착할 때 겪는 기분과 비슷하다. 낯선 도시에서 여러 장소들의 위치나 거리 등의 관계가 머릿속으로 정리가 되어 있지 않아 헤맸던 경험을 해보았을 것이다. 지도를 보고 찾아가보지만 지도상의 거리보다 실제 체감 거리는 훨씬 더 멀게 느껴진다. 아직 그 도시가 완전히 인식되지 않아서 혼란스럽기만 하다. 하지만 여행하는 동안 자신이 묵는 숙소와 다른 장소들과의 관계가 정리되는 순간 완전히 달라진다. 그렇게 넓게만 느껴졌던 장소도 작게 느껴지기도 하고, 걸어간 정도는 처음과 비슷하지만 훨씬 가깝게 느껴진다. 그러나 여행과 창업의 다른 점은 여행은 여행이기 때문에 헤매는 것도 즐겁게 받아들일 수 있지만, 창업은 두 번 다시 여행을 못하게 될 수도 있다. 따라서 내비게이션이 필요한데, 바로 창업자를 돕는 카페 디렉터가 네이게이션 역할을 해준다.

문의를 통해 상담을 진행하다 보면 많은 창업자가 스스로의 힘으로 창업을 시도하려고 한다. 그 결과는 창업자에 따라 다르지만 제대로 된 경쟁을 하기도 전에 실패하는 경우가 많고, 이제 조금 감을 잡을 만한데 더 이상 버티지 못하고 문을 닫는 경우도 많다. 다시 도전이라도 할 수 있으면 좋은데 아마 대부분의 창업자에게는 두 번 도전할 만한 여력은 쉽게 만들어지지 않을 것이다.

그래서 지금부터는 좀 더 전문적이고 체계적인 창업 과정이 꼭 필요한 것이다. 수많은 창업자 중에서 단 5%만 생존하는 시대다. 치밀하고 감성적인 디렉팅을 통해 생존하는 비율이 높아지는 환경을 만들어야 한다.

02 카페의 정체성을 정하는 테마와 콘셉트

카페 창업을 준비하면서 오너가 제대로 해야 할 것이 있다. 테마와 콘셉트를 잘 이해한 후 자신만의 카페를 기획하는 데 활용하는 것이다. 창업 과정에서 핵심 메뉴가 결정됐으면 테마를 그려야 하고, 동시에 콘셉트까지 잡아야 한다. 그런 다음 기획된 재료를 가지고 실행한다. 실제 시각화하는 작업 전인 기획 단계까지 오너가 잘 정리해놓으면 전문가를 만났을 때 소통하기가 훨씬 수월하다.

창업에 있어서 테마와 콘셉트는 어떻게 활용되는 것일까? 잘 만들어진 테마와 콘셉트는 그 카페의 정체성을 명확하게 해준다. 물론 테마와 콘셉트를 어떻게 잘 표현할 것인가도 중요하다. 하지만 표현하기 이전에 표현할 원석을 잘 만들어놓는 것도 중요하다. 명확한 카페의 정체성은 고객들이 카페를 이해하기 쉽게 만든다. 여기에 매력까지 어필이 된다면 고객은 그 카페를 좋아할 수밖에 없다. 즉 카페를 창업하고 디자인하는 데 있어 테마와 콘셉트는 좋은 재료와 도구이다. 테마와 콘셉트가 제대로 되어 있어야 디자인인테리어 단계에서 빛을 발할 수 있다.

카페의 첫인상을 결정하는
카페 테마 Cafe Theme

테마는 사전적인 의미로 '주제'라는 뜻을 가지고 있다. 카페 창업에 적용해 보면 테마는 카페의 주제라고 할 수 있다. 그럼 카페에서 테마가 되는 것에는 어떤 것들이 있을까? 이 주제를 결정하는 카페의 요소 중 가장 큰 역할을 하는 것은 '메뉴 아이템'이다. 그래서 인테리어 상담을 할 때 메뉴 아이템을 가장 먼저 물어본다. 창업을 할 때도 마찬가지지만 시각적인 언어로 풀어갈 때도 이 '메뉴 아이템'은 굉장히 중요한 역할을 한다. 즉 메뉴가 카페의 주제를 결정하는 기본 요소가 된다.

나는 카페 오너에게 카페의 테마는 한 가지일수록 좋다고 강조한다. 테마가 여러 개인 영화는 흥행에 실패할 수밖에 없듯이 프랜차이즈가 아닌 개인 카페 오너가 가져야 하는 테마는 한가지일수록 더욱 강력해진다. 예를 들면 브루잉 커피가 카페의 핵심 아이템이면 고객이 카페에 들어갔을 때 첫인상부터 그 테마를 쉽게 드러낼 수 있어야 한다. 디렉팅을 하면서 오너에게 추천하는 카페 중 '더블하모니'라는 카페가 있는데, 그 카페에 가보면 말하는 테마가 무엇인지 쉽게 알 수 있다. 마포구에 위치한 '더블하모니'는 아날로그 타입의 브루잉 커피와 간단한 베이커리 메뉴를 즐길 수 있는 감성카페다. 카페 입구에 들어서면 일렬로 놓여 있는 많은 커피 그라인더들을 볼 수 있다. '더블하모니'를 몰랐던 오너를 데려가 현장 디렉팅을 했는데, 그 오너도 단번에 그 카페의 테마를 눈치 챘다. 정확히 전문가처럼 표현은 못했지만 커피를 중심으로 전문적으로 운영되며, 베이커리를 간단하게 즐길 수 있는 커피 전문점이라는 인식을 하고 있었다. 이렇듯 테마는 고객에게 그 카페의 주제를 확실하게 보여준다. 그렇기 때문에 적어도 오너는 자신의 카페를 기획할 때 메뉴 아이템을 구체적으로 계획해서 주제를 확실하게 보여줄 필요가 있다.

영화에서도 테마가 정해지면 장르가 정해지듯 카페 창업에도 메뉴 아이템을 통해서 테마가 정해졌으면 스타일을 결정해야 한다. 스타일은 콘셉트를 결정하는 과정에서 동시에 작업되어야 한다. 영화 장르도 여러 가지로 나누어지듯 카페 스타일도 여러 가지가 있다. 쉽게 말해 주변에서 흔히 들을 수 있는 '빈티지', '모던', '에스닉', '럭셔리', '클래식' 같은 것을 말한다. 이런 스타일이 콘셉트가 될 수는 없지만, 카페를 표현할 수 있는 분위기로 작용된다.

고객에게 줄 혜택을 결정하는
카페 콘셉트 Cafe Concept

창업을 준비할 때 가장 많이 듣게 되는 단어가 바로 '콘셉트'일 것이다. 많은 전문가가 하나같이 콘셉트가 중요하다고 말한다. 브랜드에 관련된 많은 서적에서도 콘셉트의 중요성에 대해서 말하고 있다. 그러나 대부분의 오너는 콘셉트에 대해 매우 어려워한다. 콘셉트에 대한 개념을 정확히 이해하지 못하기 때문에 더욱 어려움을 느끼는 것이다. 나는 이 사실을 상담을 통해서 확인할 수 있었다. 인테리어 상담을 하면서 예비 오너에게 다음과 같은 질문을 한다.

"오너 님이 생각하는 카페 콘셉트가 있나요?"

이 질문에 대한 대부분의 오너의 답변은 이렇다.

"제가 생각하는 카페의 콘셉드는 나무 소재를 활용한 빈티지 스타일입니다."

이것은 콘셉트에 대한 답변이 아니다. 오히려 테마에 가깝고 스타일에 관한 부분이다. 즉 누군가가 나에게 "당신은 누구인가요?"라는 질문에 나는 '청바지와 니트'라고 답변하는 것과 마찬가지다. 모든 사람이 다 똑같아지는 것이다. 즉 이 대답은 콘셉트가 무엇이냐는 질문에 적합하지 않다. 그렇다면 여기서 말하는 카페에 필요한 콘셉트는 무엇일까?

테마가 주제였다면 콘셉트는 이 주제를 표현한 생각이나 의도라고 할 수 있다. 하지만 이런 개념은 오너에게 여전히 어려울 수밖에 없다. 좀 더 쉽게 설명하면 콘셉트는 "어떤 혜택을 줄 수 있는가?"에 대한 답이다. 즉 "핵심 메뉴 아이템을 어떤 분위기로 고객에게 어떤 혜택을 줄 것인가?"에 대한 고민이 창업할 때 오너가 해야 하는 카페 테마와 콘셉트다. 이 콘셉트를 쉽게 이해하기 위해서는 오너 자신이 선호하는 맛집이 어떻게 입 소문이 나는지에 대한 과정을 살펴보면 쉽게 이해된다.

소고기를 좋아한다면 '경천애인'이나 '한와담', '우미학'과 같은 소고기 전문식당의 이름을 들어본 적이 있을 것이다. 이 소고기 전문식당들은 일반 소고기 전문식당과 다른 부분이 있다는 공통점이 있다. 나는 이 소고기 전문식당을 다녀와서 지인에게 이런 말을 한 적이 있다.

"한남동에 위치한 '한와담'이라는 소고기 집이 있는데, 거기 가면 직원이 유니폼을 갖춰 입고 각 테이블에 배치되어 소고기를 직접 구워줘. 중간에 긴 온도계 같은 것으로 불판의 온도까지 체크해가면서 취향에 맞게 소고기를 구워주는, 나에게만 맞춘 서비스를 경험할 수 있어. 가격은 생각보다 비싸지 않아서 가볼만 하고, 맛도 좋아!"

이 말을 들은 지인은 며칠 후 한와담을 가게 되었고, 나와 똑같은 경험을 했다. 그리고 그 지인도 내가 소개했던 것처럼 많은 사람에게 한와담을 소개하고 다녔다. 바로 이것이 '콘셉트'라고 할 수 있다. '한와담'은 고객에게 소고기라는 핵심 메뉴 아이템을 개인에 맞춰 서비스하고 편리하게 먹을 수 있도록 테이블 담당자를 배치해서 그 매장만의 테크닉을 통해 고기를 직접 구워주고 있었다. 이렇게 제대로 된 콘셉트일수록 사람들 사이에서 쉽게 퍼진다.

식음료 창업시장이 성숙해질수록 창업을 준비하는 오너는 이 콘셉트에 몰입해야 한다. 제대로 된 콘셉트만이 고객이 받을 수 있는 핵심 메뉴와 혜택을 설명해줄 수 있기 때문이다. 어떤 전문가는 콘셉트를 쉽게 정의할 수 있어야 한다며 한 단어로만 정의하려고만 하는데, 나는 한 문장이나 길지 않은 문장으로 표현하는 것이 좋다고 말한다. 왜냐하면 너무 함축적인 한 단어는 상황에 따라서 그 해석이 다를 수 있으며, 콘셉트가 퍼져 나가면서 그 의미가 와전될 수 있기 때문이다.

이렇게 테마와 콘셉트의 기획이 완료되면, 오너는 이를 언제 어디서든 활용할 수 있다. 요리에 있어서 좋은 재료와 도구 그리고 훌륭한 셰프오너를 만나면 좋은 결과물이 나올 수밖에 없다. 이처럼 창업에서도 좋은 재료와 도구가 되는 테마와 콘셉트는 깊이 고민해야 하는 중요한 작업이다.

콘셉트 잘 잡는 방법

뭔가 알 것 같기도 하지만, 막상 하려고 하며 쉽게 안 되는 게 '콘셉트 잡기'다. 그렇다고 잘 훈련된 디자이너에게 배울 수도 없다. 잘 훈련된 디자이너는 콘셉트 잡기에 관한 프로세스가 습관적으로 훈련되어 있는 것이지, 마치 레고 블록의 조립설명서처럼 매번 똑같은 순서로 만들어가는 것이 아니기 때문이다. "콘셉트는 본질이다"라는 말을 자주 듣게 된다. 아마 콘셉트를 다뤄야 하는 사람들에게는 교과서적인 문장일 것이다. '본질'이라는 단어는 사전적인 의미로 근본적인 성질이라 말할 수 있는데, 이를 창업에 대입한다고 콘셉트를 쉽게 만들 수 있는 것도 아니다.

나에게 콘셉트 잡기란 지금까지의 경험이 준 습관에 의해서 만들어지는 감각적인 것이다. 이를 바탕으로 최근 강의에서 반응이 좋았던 것들을 중심으로 콘셉트를 잘 잡는 방법 몇 가지를 소개한다. 나는 콘셉트 잡기를 두 가지로 구분해서 생각한다. 하나는 고객 입장에서 그리고 나머지 하나는 오너 입장에서다. 이렇게 구분하여 생각한 개념들을 복합적으로 조합한 후 오너가 창업한 가게만의 콘셉트로 정리하면 된다.

_ 고객 입장에서 생각한 '콘셉트 잡기'

콘셉트 잡기를 고객 입장에서 생각하면 "누가 무엇을 어떻게 즐기는가"로 압축해서 단계적으로 생각할 수 있다. '누가'는 해당 타깃이 될 수 있고, '무엇을'은 주 핵심 메뉴가 된다. 마지막으로 '어떻게'는 즐기고 있는 고객의 모습을 떠올려볼 수 있다. 바로 그 모습 자체가 가게의 콘셉트라고 말할 수 있다. 나는 오너에게 이를 더 쉽게 해보라고 말한다. 오너가 알고 있는 인물을 골라보는 것이다. 영화 속 인물이나 유명인 중 한 명을 고르는 게 가장 쉽다. 예를 들어 내가 좋아하는 배우 정우성을 타깃으로 놓고 가게를 생각해보는 것이다. 과거 정우성이 주연한 영화 〈내 머릿속의 지우개〉에서 건축가였던 '철수'가 좋아할 것 같은 가게를 그려보는 것이다. 영화 속에서 철수는 포장마차에서 소주를 앞에 두고 수진에게 고백을 한다. 이런 감성을 갖고 있는 철수가 좋아하는 가게는 어떤 가게일까? 고급스럽거나 심플하진 않을 것이다. 아마 사람의 손때가 묻은 북적이지만 낭만과 여유가 흐르는 공간일 것이다. 이런 공간의 분위기가 콘셉트로 이어지게 하면 좀 더 쉽다. 반대로 정우성이 광고하는 기네스 맥주 장면을 보면서 어떤 가게의 분위기가 떠오르는지 생각해보라. 세련된 캐주얼함과 심플함, 그리고 도시적인 이미지일 것이다. 이처럼 자신의 가게에 가장 잘 어울릴 인물을 찾아내서 기준을 잡고 콘셉트를 만들어가는 게 훨씬 빠르고 쉽다.

_ 오너 입장에서 생각한 '콘셉트 잡기'

콘셉트 잡기를 오너 입장에서 생각하면 "메뉴를 어떻게 고객에게 전달할 것인가"로 생각할 수 있다. 이번에는 고객 입장에서 고민했던 인물을 대입하는 것과는 다른 관점에서의 콘셉트다. 오너 입장에서는 소비자를 제외하고 메뉴가 가장 중요하다. 가게가 존재하는 이유는 소비자들이 메뉴를 마시거나 먹어주기 때문이다. 그래서 오너 입장에서 생각하는 콘셉트는 메뉴를 어떻게 고객에게 전달할 것인가에 대한 고민의 결과물이다. 예를 들어, 스타벅스의 콘셉트는 "에스프레소로 만든 커피 음료와 다양한 음료를 스타벅스만의 공간 안에서 친절한 서비스와 함께 제공한다"이다. 또한 종로에 위치한 '카페 뎀셀브즈'는 '뎀셀브즈만의 원두로 만든 커피를 좋은 재료로 만든 베이커리와 함께 즐길 수 있는 전문적인 카페'가 콘셉트다. 이렇게 오너 입장에서는 메뉴를 어떻게 고객이 즐기게 할 것인가를 한 문장 또는 길지 않은 문장으로 표현할 수 있어야 한다.

그러나 많은 사람이 창업을 하면서 콘셉트 잡기를 스타일링과 혼동한다. 가게의 콘셉트를 물어보면 '빈티지'나 '엔티크', '모던' 등 스타일 용어들을 말한다. 하지만 콘셉트는 스타일과 다른 말이고, 가게의 핵심이 되기 때문에 아주 진지하게 고민해야 한다.

콘셉트 잡기를 고객과 오너의 입장에서 동시에 생각하는 이유는 대부분 오너 입장에서 생각한 콘셉트 잡기에서 끝날 때가 있기 때문이다. 이 경우 그 결과물의 80% 가까이 고객에게 그대로 전달되지 못할 때가 많다. 즉 오너는 이런 생각으로 가게를 만들었으나 전혀 다른 고객과 다른 모습의 분위기가 형성되는 경우가 그렇다. 이럴 때 재빠르게 콘셉트를 변형하여 끌고 가는 오너는 그나마 시장에서 살아남지만, 대부분 자신이 생각한 게 옳고 고객이 잘못 오해하고 있다고만 생각한다면 시장에서 살아남지 못하고 사라지게 된다.

창업에 있어서 콘셉트 잡기는 오너에게 아주 핵심적인 힘이 된다. "콘셉트는 본질이다"라는 말이 괜히 나온 것이 아니라는 사실을 잊지 말자.

03
성공으로 가기 위해 알아야 할 최소한의 것

뒤바뀐 우선순위를 갖고 창업을 준비하는 오너가 많다. 대부분 처음 창업을 하는 사람들이 저지르는 실수다. 뒤바뀐 우선순위의 가장 큰 특징은 시각적인 부분을 우선순위 첫 번째로 두는 것이다. 창업에서 시각적인 요소도 굉장히 중요한 부분이다. 시각적인 요소로 소비자의 시각과 감성에 충분히 영향을 줄 수 있기 때문이다. 하지만 대부분의 처음 창업하는 오너가 시각적인 요소 이전의 과정을 생략한 채 시각적인 요소만 붙들고 있다. 이 문제의 가장 큰 원인은 카페 창업의 경험이 없기 때문이다.

"아는 만큼 보인다"는 말이 있듯이 창업에서는 "경험한 만큼 보인다"라는 말을 사용한다. 경험이 없기 때문에 가장 쉽게 보이는 시각적인 것에 집착하는 것이다. 그리고 우리는 일상에서도 쉽게 시각적인 요소를 고민한다. 옷을 고를 때도, 자신의 집 인테리어를 할 때도 본인이 직접 여러 가지를 선택하기 때문에 창업을 하면서도 습관적으로 똑같이 하는 경우가 많다.

그런데 베테랑 오너를 보면 처음 창업하는 오너와 다른 우선순위와 사고방식을 가졌다는 것을 알 수 있다. 그들은 시각적인 요소를 마지막 과정으로 보낸다. 즉 창업하는 브랜드의 본질에 몰입한다. 예를 들어 김밥 브랜드라고 하면 일단 '김밥'에 모든 사고를 집중시켜 본질을 정의하고, 정의된 본질을 기준으로 나중에 시각적인 요소를 챙긴다. 사실 베테랑 오너마다 가지고 있는 자신만의 창업 프로세스를 처음 창업하는 오너에게 짧은 시간 내에 전달하기는 힘들다. 여러 번 강조해도 지나치지 않는 "경험하는 만큼 보인다"라는 말을 뒤집을 수 없기 때문이다. 따라서 마지막 과정인 디자인이 잘 되려면 본질에 대한 이해가 먼저 선행되어야 한다.

메뉴 아이템 Menu Item을 찾아라!

카페 테마를 결정하는 요소 중 핵심은 '메뉴'를 결정하는 것이다. 그런데 오너는 메뉴를 잘 모르는 경우가 많다. 이는 메뉴에 대한 경험 부족과 자신이 소비자로서 지내온 시간만 두고 고민하기 때문이다. 회사를 다니면서 '아메리카노'만 즐겨 마셨고, 이를 계기로 카페를 창업한 오너가 있었다. 그는 아침에 출근할 때도, 점심시간에도, 그리고 퇴근하면서도 '아메리카노'를 꼭 손에 들고 다녔다고 한다. 업무 중에도 기회가 되면 2~3잔은 더 마셨다고 하니 하루에 최소 3잔 이상씩은 마셔온 셈이다. 그러다 지루한 회사생활에 '창업'을 결심하게 됐고, 자신이 즐겨 마시던 '아메리카노' 덕분에 창업할 업종으로 '카페'를 선택했다. 이제 그는 자신이 해야 할 일은 '바리스타' 교육을 받고, 구상해놓은 멋진 인테리어로 카페 분위기를 잡으면 될 것 같다고 한다. 이 이야기에 많은 오너가 공감할 것이다. 그러나 앞으로의 창업은 절대 이런 식으로 접근해서는 안 된다.

카페 창업시장은 이미 '과포화 상태'에 있다. 포화 상태를 만드는 주요 요인은 스스로 남들과 똑같은 옷을 입으려고 하는 '오너'가 있기 때문이다. 이 사실을 처음 창업하는 오너일수록 확실하게 알아야 한다. 또한 자신이 창업한 가게가 시장에서 차별성을 가지려면, 즉 남들과 같은 옷을 입지 않으려면 로고나 인테리어 같은 시각적인 요소에 집중하는 게 아니라 '메뉴 아이템'에 집중해야 한다는 것을 명심해야 한다. 시각적인 요소는 자본을 많이 가진 오너일수록 좋은 결과를 만들 수 있다. 이처럼 자본으로 충분히 해결할 수 있는 것에 몰입해서는 안 된다. 자신만의 본질에서 시작된 '메뉴 아이템'을 어떻게 기획하고 전략을 세우느냐에 따라서 그 결과는 전혀 달라진다.

_ 성공한 오너를 먼저 살펴라!

'메뉴 아이템'을 선정하는 데 있어서 가장 먼저 성공한 오너를 살펴볼 필요가 있다. 이때 매장 리서치를 하게 되는데, 주의해야 할 점이 있다. 이제 막 오픈한 매장의 경우 아직 증명이 안 된 경우가 많기 때문이 너무 집중해서 리서치할 필요가 없다. 단 오랜 경력을 가진 오너의 새로운 브랜드 매장은 제외한다. 성공한 오너에게도 '메뉴 아이템'은 운명과도 같았을 때가 있다. 그

운명을 만나기까지 오너의 모습을 보면 운명과 같은 메뉴 아이템을 만난 것이 어쩌면 당연한 것처럼 열심히 리서치했다는 것을 알 수 있다.

어떤 과정이 있었기에 운명을 만날 수 있었을까? 그 조건을 분석해보면 두 가지로 설명할 수 있다.

첫째, '충격적인 경험'이 있었다. 베테랑 오너는 메뉴 아이템과 처음 만났을 때를 정확히 기억하고 있다. 그래서 그 '메뉴 아이템'이 자신에게 어떤 동기가 되었는지 명확하게 설명해준다. 그들과 대화를 나누다 보면 어느덧 그 메뉴가 먹고 싶어진다. 그렇게 선명할 정도로 충격적인 경험을 한 것이다. 여기서 중요한 것은 '충격적인 경험'은 의도할 수가 없다는 것이다. 그래서 나는 오너에게 여행을 자주 가라고 권한다. 여행 중에 만나는 식음료 문화 속에서 '충격적인 경험'을 할 확률이 높기 때문이다. 실제로 베테랑 오너 중 적지 않은 사람이 여행을 통해 '메뉴 아이템'을 찾았다고 한다. 여행이라고 하면 많은 비용과 시간을 투자해야 되는 것으로 생각하는 경향이 있는데, 여기서 말하는 여행은 그렇게 심각한 게 아니다. 일종의 시장조사를 한다고 생각하면 된다. 시장조사에 더불어 경험하기 위해 떠나는 것이다. 이왕이면 선진도시로 떠나 다양한 지역의 식음료 브랜드를 경험하는 것이 좋다.

둘째, 단순히 '카페라면 커피'와 같은 공식에서 벗어나야 한다. 카페 메뉴가 커피로만 이루어졌다는 생각에서 벗어나면 메뉴 기획의 범위는 넓어지고, 시장에서 똑같은 옷을 입지 않을 수 있다. 나는 처음 창업하는 대부분의 오너가 커피 메뉴에만 집중하기 때문에 시장에는 똑같은 카페가 늘어났다고 생각한다. 여기서 알아야 할 점이 있다. 소비자가 다름을 인식하는 것은 '특별한 이름과 로고'가 아니라 메뉴라는 것이다. 그 메뉴가 특별하게 다가

올수록 그곳의 '이름과 로고'가 특별하게 기억되는 것이다. 우리의 일상 자체는 브랜드라 할 수 있다. 우리가 주변에서 구입하는 모든 게 브랜드이기 때문이다.

소비자였던 우리가 오너가 되었을 때 놓치는 게 있다. 브랜드가 우리에게 주는 혜택은 무의식 속에 저장되는 반면, 의식 속에는 브랜드의 '이름과 로고' 그리고 '컬러' 등이 남는다. 이러한 소비자 의식구조 때문에 창업을 준비하면서도 이름과 로고, 컬러 등 시각적인 요소에 집착하게 되는 것이다. 그래서 나는 오너에게 소비자에서 창업자로 '의식구조'를 바꿔야 한다고 강조한다. 우리는 지금부터 브랜드를 관찰하더라도 이름과 이미지 뒤에 숨어 있는 이면, 단단한 본질을 찾아낼 수 있어야 한다.

여행을 통해 메뉴 아이템을 만났다면 이제 경험을 해야 한다. 그러기 위해서는 직접 만들어보는 수밖에 없다. 배울 때는 전문가에게 배워야 한다. 창업을 하면서부터는 매 순간 한계를 넘어서야 하는 게 바로 우리 오너다. 한계를 못 넘어서고 항상 그 한계 안에 갇혀서 가게를 운영하면 어느 순간 성장이 멈추게 될 것이다. 창업에서 멈춘다는 의미는 추락하는 것이다. 그래서 무언가를 배울 때는 그 분야의 프로 전문가에게 배워야 한다. 그래야 한계를 만났을 때 그 한계를 넘어서는 태도를 배울 수 있다.

마지막으로 오너로서 메뉴 아이템에 대한 감을 잃지 않으려면 '먹고, 마시는 업무'를 게을리 해서는 안 된다. 실제적으로 창업에 성공한 오너는 심할 정도로 '먹고, 마시는 업무'를 게을리 하지 않고, 또 그 업무에 큰 열정을 가지고 있다. 한마디로 '메뉴 아이템'을 찾는 작업은 오너의 의지가 없으면 할 수 없다. 이렇듯 창업에서 가장 중요한 것은 '메뉴 아이템'을 어떻게 만나느냐에 대한 부분이고, 이 부분이 바로 우선순위 첫 번째가 되어야 한다.

콘셉트Concept를 발견하라!

F&B 분야에서의 콘셉트는 "메뉴를 고객에게 어떻게 제공할 것인가?"에 대한 고민이다. 앞서도 말했지만 창업하는 많은 오너가 콘셉트의 의미를 제대로 모른다. 대부분의 오너는 브랜드 콘셉트를 스타일과 같은 개념으로 인식한다. 예를 들어 콘셉트가 무엇이냐는 질문에 지금 유행하는 빈티지나 모던, 심플 등 스타일에 관한 용어로 답변한다. 이러한 생각이 시장에서 똑같은 매장을 낳는 것이다. 이는 사람들이 소비하는 옷으로 설명할 수 있다. 번화가에 나가면 비슷한 스타일의 옷을 입은 사람들이 많다. 똑같은 옷이라기보다는 하나의 유행 안에서의 비슷한 스타일이라 말할 수 있다. 옷을 구매할 때 소비자는 유행하는 스타일이나 트렌드를 참고하여 구매하는데, 이러한 소비자 성향 때문에 생기는 결과이기도 하다. 그렇다 보니 번화가에서 만나는 대부분의 소비자는 비슷한 스타일의 옷을 입고 있는 것이다. 항상 강조하지만 창업은 소비자의 의식구조를 가지고 해서는 안 된다. 번화가에서 같은 컬러의 니트를 입은 사람들을 찾기 쉬운 것처럼 창업의 콘셉트를 스타일로 착각하게 되면 번화가에 비슷한 카페를 만들게 된다.

_먹고 마시는 일을 게을리 하지 마라

"메뉴를 고객에게 어떻게 제공할 것인가?"에 대한 고민에서 답을 얻으려면 '먹고 마시는 업무'를 열정적으로 해야 한다. 그리고 그 속에서 콘셉트를 발견해야 한다. 콘셉트는 발견하는 것이다. 백종원의 '대패삼겹살', '구슬떡볶이', 하남돼지집의 '한돈과 국산김치' 등이 전부 발견된 콘셉트다. 실제로 창업에 성공한 오너들 중 콘셉트로 성공한 오너들이 공통적으로 하는 말이 있다. 그들은 스스로 '나보다 같은 메뉴를 더 많이 먹어본 사람은 없을 것'이라고 자부한다. 그런데 대부분 그 말이 맞다. 한 가지 메뉴를 그 정도로 많이 먹어보지 않고서는 콘셉트를 발견할 수가 없다.

스타벅스의 CEO 하워드 슐츠도 커피를 마시면서 겪은 경험을 바탕으로 스타벅스의 콘셉트를 구상했다. 블루보틀 커피의 CEO도 마찬가지다. 평소 '커피중독자'로 유명했던 그는 커피를 마시면서 콘셉트를 그려왔을 것이다.

그리고 '어떻게 How'에 관한 부분은 상상만으로 해결할 수 없는 부분이다. 실제적인 경험이 바탕이 되어야 한다. 콘셉트를 발견하기 위해서 콘셉트 리서치가 선행되어야 하는데, 이때 중요한 것은 팩트를 보는 눈이 높을수록 좋은 콘셉트를 발견할 수 있다는 점이다. 콘셉트 리서치가 제대로 이루어지지 않으면 매장 비판에만 몰두하게 된다. 콘셉트 리서치의 핵심은 비판이 아니라 발견이다. 처음에는 비판 외 다른 것을 보는 눈이 없기 때문에 비판에 그치는 콘셉트 리서치를 하게 된다. 나 역시 그랬다. 하지만 비판적 시선은 그 이상의 것을 가져다주지 못한다. 다른 매장을 비판하는 것에 그칠 뿐이다. 예를 들어 콘셉트를 찾기 위해 어느 카페에 들어가면 대부분 안 좋은 점을 가장 먼저 본다. 자리가 불편하고, 디자인이 별로라는 등 지적하기 바쁘다.

문제는 지적 이후의 것들이 없다는 것이다. 그러나 '발견하기'에 몰입한 이후부터는 좋은 성과를 낼 수 있다.

콘셉트를 발견하기 위해서는 일단 자신과 같은 메뉴를 핵심 메뉴로 하는 매장 리스트를 작성해야 한다. 과거와 달리 요즘에는 리스트 작성이 편해졌다. SNS와 인터넷에 정보가 많아서 쉽게 찾을 수 있다.

매장 리스트를 작성하는 요령을 소개하면 다음과 같다. 이 요령을 제대로 활용해서 '콘셉트 발견하기'를 진행하면 좋은 콘셉트가 기획될 것이다. 그리고 발견하기 위해서는 발품을 팔아야 한다는 사실도 잊지 말자.

매장 리스트 작성하는 팁

오래된 가게	오래된 가게의 조건은 최소 5년 이상 된 가게를 말한다. 5년이 절대 오래됐다고 말할 수는 없지만, 우리나라에서 그래도 한 곳에서 5년 이상을 한다는 것 자체가 어려운 일이다. 오래된 가게에서는 비록 시간이 흘러 시각적인 부분은 전부 낡았을지 모르겠지만, 오래 할 수 있었던 본질적인 조건들이 도드라지게 느껴지기 때문에 좋은 콘셉트를 발견할 수 있다.
유명한 가게	유명한 가게의 조건은 SNS나 블로그 등 다양한 채널에서 가게를 설명할 때 모두 한 목소리로 표현되어야 한다. 가끔 어떤 가게는 노출이 많이 되어 있지만, 그 콘텐츠가 너무 방대하거나 너무 다양할 때가 있다. 즉 일관성 없는 노출은 그때그때 그 가게의 콘셉트를 달리하는 것으로 판단할 수 있기 때문에 오히려 강점이 없는 가게라 해석할 수 있다.
새로운 가게	새로운 가게의 조건은 최근 오픈한 가게들을 의미한다. 사실 새로운 가게는 증명이 안 되어 있기 때문에 좋은 콘셉트의 조건을 발견하기 힘들 수 있다. 하지만 최근 오픈한 가게일수록 기능적인 면이나 장비적인 면에서는 최신의 기종들을 접할 수 있다는 장점이 있다. 때문에 최근 오픈한 가게도 무시할 수 없다. 정보를 쌓기 위해 방문해야 한다.
평범한 가게	평범한 가게라고 표현하지만, 좋은 성과를 내지 못하는 가게를 의미하기도 한다. 이곳 역시 리서치 대상에 포함시켜야 한다. 그래야 하지 말아야 할 점과 개선해야 할 점들이 보인다. 사실 창업 성공 공식은 만들어내기 힘들지만, 창업 실패 공식은 만들어낼 수 있다. 이런 점에서 평범한 가게도 가봐야 한다.

테마Theme를 상상하라!

'메뉴 아이템'을 찾고, '콘셉트'를 발견했다면 이제 '테마'를 상상해야 한다. 그렇다. 테마는 상상하는 것이다. 테마는 콘셉트와 달리 전체적인 분위기라고 할 수 있다. 쉽게 '테마파크'라는 단어에서 떠오르는 이미지라 생각하면 된다. 테마를 통해서 그 공간만의 세계를 보여줄 수 있다. 그런데 오너는 이 전체적인 느낌의 테마를 너무 작은 부분에 집중해서 생각하는 경향이 있다. 예를 들면 어느 오너는 자신의 카페에 음악이라는 콘텐츠를 이용해서 차별점을 두려고 한다. 그 이유는 음악과 관련된 활동을 하다가 창업하는 것이기 때문에 자신의 음악성을 활용하고자 했다. 좋은 생각이다. 음악이든, 미술이든 어떤 것이든 자신의 창업에 잘 활용한다면 좋은 장점이 될 수 있다. 그러나 그는 단순히 매장에서 좋은 음악을 틀려고 노력하는 것에 그쳤다. 아무리 좋은 음악만을 틀어 놓는다고 해서 소비자에게 감흥을 줄 수 있는 것은 아니다. 매장의 음악이 좋아야 한다는 것은 당연하기 때문이다. 이때는 시각적인 부분부터 촉각, 청각 등 다양한 감각적인 부분에서 모두 음악을 향한 콘셉트가 묻어 있어야 한다.

   이처럼 대부분의 사람은 음악을 강조한 가게를 만들고 싶으면 좋은 음악만 틀면 된다고 생각한다. 공간에 좋은 음악이 흐르는 것은 좋은 테마의 여러 조건 중 일부만 만족시키는 것이다. 요즘 소비자의 만족 기준이 점점 상향평준화하고 있다. 사회 모든 영역은 시간이 흐를수록 발전할 수밖에 없다. 영화관을 보면 4D플렉스관에서 더 발전하고 있고, 올림픽 경기 중계를 보면 360도 뷰라는 서비스도 제공하는 시대에 살고 있다. 이처럼 오감을 넘어서 지금은 육감까지 자극할 수 있어야 좋은 테마로 인정받는다.

식음료 분야도 마찬가지다. 과거 식음료 매장에서 오감을 자극한다는 전략은 미래적인 이슈였다. 지금은 오감을 넘어서 육감까지 신경 써야 되는 종합 엔터테인먼트적인 시대다. 따라서 오너는 자신의 '메뉴 아이템'과 '콘셉트'를 위한 '테마'를 구상할 때 종합적으로 생각해야 한다. 일단 테마공간을 만든다고 생각하고 상상해야 한다. 이때부터는 선택과 집중을 번갈아가면서 테마를 상상해야 하고, 그 테마는 메뉴 아이템과 콘셉트 사이에서 유기적으로 발전하여 서로 영향을 주고받아야 한다. 테마를 상상하는 것은 아무래도 공간을 다루는 문제이기 때문에 '어디서'라는 부분에 대한 고민을 많이 하는 것이 좋다. 즉 무엇메뉴 아이템을 어떻게콘셉트, 어디서테마 즐기게 할 것인가에 관한 고민을 유기적으로 해야 하는 것이다.

테마를 상상하는 방법은 많다. 그러나 오너 스스로 어떤 부분을 선택하고 집중하느냐에 따라서 그 결과가 많이 달라진다. 대부분 다음과 같은 방법으로 접근하여 테마를 만들어나간다.

테마를 만드는 방법

기능별 테마	공간마다의 기능은 전부 다르다. 이 기능은 메뉴에 의해서 결정될 때가 많다. 에스프레소 카페, 로스터리 카페, 브루잉 바 카페, 베버리지 카페 등 다양한 기능을 주요 목적으로 한 공간 그 자체가 테마가 될 때가 있다.
시대별 테마	아직까지 미래형 스타일이 실행된 경우는 없지만, 과거의 어느 시대를 잘 반영한 공간의 테마는 이색적인 공간과 독특한 감성을 느낄 수 있는 공간으로 소비자들의 사랑을 많이 받고 있다.

문화별 테마	사람들은 다른 문화 모습에 호기심이 많다. 특히 여행을 다녀온 사람들은 그 여행지에 관한 좋은 기억을 갖고 있기 때문에 어느 공간에서 그 여행지의 모습이 느껴진다면 기분 좋은 공간으로 받아들인다. 이런 경우 사람들이 선호하는 여행지 가운데 한 곳을 선택하면 좋다.
스타일별 테마	가장 흔하게 접근하는 방법으로 빈티지, 모던, 앤티크 등 주거 인테리어에서도 많이 사용되는 방법이다. 가장 쉽고 편하게 접근하는 방법이어서 많이 사용된다.
라이프 스타일별 테마	공간의 테마는 라이프 스타일에 의해서도 결정될 수 있다. 공간은 때에 따라서, 누가 사용할 것인지에 따라서 규정되기 때문에 어떤 라이프 스타일을 가진 사람들이 공간을 사용하느냐에 따라 테마는 달라질 수 있다. 이럴 경우 주 타깃의 사람들이 어떤 라이프 스타일을 가졌는지 먼저 파악해볼 필요가 있다.

이렇게 선택된 각 공간의 테마는 다양한 요소를 통해 표현되는데, 다음 여섯 가지 감각으로 분류할 수 있다.

1 시각

테마 안에서 시각적인 요소는 전략적으로 계획을 세워 표현해야 한다. 많은 오너가 욕심이 분산되어 있다. 전체를 보는 눈이 없다 보니 부분에 집중을 분산시키는 경향이 있다. 그러나 제대로 어필하기 위해선 욕심을 한 곳에 집중해야 한다. 모든 부분에 완벽해서는 안 되는데, 오너는 완벽주의자가 되려고 한다. 너무 완벽한 것은 재미없다. 그렇기 때문에 시각적인 효과를 극대화하기 위해서는 오직 한 가지에 몰입해야 한다. 그리고 그 몰입한 요소를 극대화시킬 수 있어야 한다. 예를 들면, 음악을 테마로 한 카페에서 벽면 전체를 CD나 LP판으로 채우는 행위와 비슷하다. 단순하고 뻔한 액션이지만 강력한 효과를 나타낸다. 또한 강남의 어떤 고깃집을 가면 한쪽 벽면이 전부 소주병으로 채워져 있는데, 이것 역시 고객에게 압도적으로 보인다. 이렇듯 시각적인 부분에 있어서는 표현하고 싶은 디테일한 요소 하나에 집중하여 효과적으로 표현할 수 있는 전략에 몰입할 필요가 있다.

2 후각

무슨 매장에서 후각까지 신경 쓰냐고 생각할 수 있다. 하지만 후각을 자극하는 것은 매장에서 상당히 효과적일 수 있다. 우리는 어쩔 수 없이 먹을 것에 있어서는 향기에 민감해진다. 어떤 음식은 후각으로 느껴지는 것 자체가 전부인 것도 있다. 후각은 긍정과 부정으로 나눠서 관리할 수 있다. 긍정은 최대한 극대화시켜야 되고, 부정은 최대한 없애야 한다. 물론 정해진 콘셉트와 함께 생각해야 하지만 기본적으로 맛있게 느껴지고 미각을 자극시키는 향기가 긍정적인 요소라면, 코를 막게 되는 향기가 부정적인 요소이다. 부정적인 요소는 최소화해야 한다.

식음료 매장에서는 그 메뉴만의 고유한 향을 맡을 수 있어야 한다. 그것도 단순히 고유한 향이 아니라 그 향 중에서도 좀 더 좋고, 맛있는 향이 나야 한다. 앞으로는 점점 후각을 관리하게 될 것이다. 사실 이 향을 관리하기는 정말 어렵다. 후각을 부정과 긍정으로 나누어 관리하면 그나마 쉽다. 예를 들면 카페에서 맥주를 취급할 경우 맥주 안주를 조리하는 과정에서 발생하는 냄새와 카페를 지배할 수 있는 맥주 향기는 카페 고객에게는 굉장히 부정적인 요소가 될 수 있다. 이를 제거하기 위해 테이블이나 바닥재에서 우드 소재를 최대한 피하고, 주방을 분리한 상태에서 덕트를 활용해 배기에 신경을 많이 써야 한다. 반면 커피전문점에서 커피가 분쇄될 때 나는 향기는 고객에게 좋은 영향을 주는 긍정적인 향기이다. 이때 적절한 위치에 브루잉 바를 설치하여 홀에 있는 고객에게 그 향기를 자연스럽게 맡게 하는 것도 효과적인 관리 방법이다.

3 청각

청각은 세 가지 요소로 나눌 수 있다. 매장을 감싸주는 음악과 주방의 작업소음 그리고 홀에서 발생하는 고객소음이다. 오너는 저예산이더라도 사업의 성장을 위해선 디테일한 요소 모두를 컨트롤할 수 있어야 한다. 이 모든 과정을 귀찮게 느낀다면 성장할 수 없다.

먼저 매장에 울려 퍼지는 음악의 선택은 중요하다. 실제로 매장의 음악에 따라 호감도가 달라진다. 나는 음악적인 전략은 반드시 필요하다고 생각한다. 그러나 많은 오너가 생각조차 안 하는 경우가 많다. 하루를 기준으로 아침부터 저녁까지 환경은 변한다. 그리고 사람들의 컨디션도 달라진다. 그리고 영화의 배경음악처럼 공간에서의 음악은 그 공간과 분위기를 어떻게 느낄 것인지를 결정한다. 즉 매장에서 어떤 음악이 흘러나오느냐에 따라 매장에 대한 느낌이 달라진다. 이처럼 음악은 정말 중요하기 때문에 오픈 전에 미리 전략을 구상해서 매장 음악을 생각해두면 좋다. 너무 디테일하게는 아니더라도 시간대와 날씨별로 세팅을 달리 할 필요가 있다.

주방의 작업소음은 대부분 장비에서 나는 편이다. 특히 작은 규모의 매장일수록 그 소음이 고객을 불편하게 할 때가 많다. 사실 개인 카페일수록 주방의 소음을 관리하기가 힘들다. 비용이 들어가는 문제일 수 있기 때문이다. 나도 이 부분에 있어서 설계적인 면에서 관리할 수 있는 부분을 연구하고 있다.

매장 홀에서 발생하는 고객소음은 인테리어 마감재로 어느 정도 관리할 수 있다. 작은 규모에서 발생하는 대화소음도 어느 정도 최소화할 수 있다. 요즘 빈티지 연출방식이 유행하면서 많은 카페에서 콘크리트 벽을 그대로 노출시키고 있다. 이런 환경에서는 사람들의 대화가 울려 퍼질 수밖에 없다. 규모나 층고높이에 따라서 느껴지는 정도가 다르지만, 심한 곳에서는 불쾌할 정도로 소음이 발생한다. 이럴 땐 마감재 중 소리를 흡수하는 재질을 잘 선별해서 디자인 전략을 구상하는 게 좋다. 특히 패브릭이 어느 정도 들어가 있으면 굉장히 효과적이다.

4 미각

식음료 매장 감각의 꽃은 미각이다. '미각'만 중요하게 생각하는 이색 레스토랑도 있다. 이 레스토랑에 가면 홀에 빛이 하나도 없다. 모든 정보를 차단하고 오로지 미각을 통해서만 고객과 소통하는 레스토랑이다. 어쩌면 우리가 창업하는 공간은 미각이 주목적이나 목표일 것이다. 그렇기 때문에 미각으로 표현하고 싶은 요소가 잘 전달될 수 있도록 기획해야 한다. 이때에는 이미 정한 메뉴를 가장 잘 즐기는 사람을 통해서 도움을 받을 수 있다. 주변의 지인 찬스를 사용할 것을 추천한다. 주변에는 특정 메뉴만을 매우 좋아하는 사람이 한 명쯤은 있을 것이다. 그 사람을 잘 관찰해보면 메뉴를 가장 잘 즐기는 사람의 취향을 발견할 수 있다.

5 촉각

칠판을 손톱으로 긁는 것을 상상만 해도 온몸에 소름이 돋는다. 소리가 느껴지기도 하지만, 손톱에서 느껴지는 불쾌한 촉감이 더욱 힘들게 한다.

눈으로 보이는 모든 것에서는 그 촉감이 느껴진다. 나무로 이루어진 바를 보는 것과 벽돌로 이루어진 바를 보는 것이 다른 감각으로 느껴지는 것처럼 말이다. 또한 가구나 문 등을 이용할 때 우리는 촉감으로 먼저 느낀다. 이 촉각을 디테일하게 챙길수록 고객에게는 좋은 점을 어필을 할 수 있다. 나는 촉감을 신경 쓰기 위한 전략으로 테마의 방향성과 연관 지어 생각한다. 예를 들어 매장 자체에서 보여줘야 하는 테마가 따뜻함에 가까운데 인테리어에 사용한 마감재 자체에서 차가운 감각이 느껴진다면 좋은 전략이 아니다. 이처럼 최초 테마에서 어떤 감각을 보여주려고 했는지를 정리해서 마감재 선택에 신경 써야 한다. 물론 마감재가 가지고 있는 시각적인 특징도 함께 고려해야 한다.

6 직감

마지막을 장식하는 감각은 직감이다. 직감은 고객에게도 오너에게도 상당히 중요한 감각이다. 오너가 아무리 철두철미한 준비를 했다고 하더라도 고객들이 생각해주는 시간은 짧다. 사람도 첫인상이 대부분을 말해줄 때가 있듯이 거리의 매장들도 마찬가지다. 고객들의 직감을 자극하는 요소들을 점검하는 것을 마지막으로 디자인적 요소를 총정리할 수 있다. 직감을 의식한 정리는 항상 중요하다. 그 동안 준비해온 공든 탑이 한 순간에 무너질 수 있기 때문이다. 하지만 직감을 너무 의식한 작업을 하다 보면 자칫 보기 민망한 직설적인 형태가 만들어질 수 있다. 이 점을 유의해야 한다.

직설적인 형태는 관광지로 유명한 번화가를 걸어보면 쉽게 볼 수 있다.

복어집에는 아주 큰 복어가 걸려 있고, 꽃게집에는 큰 꽃게가 간판에 걸려 있다. 누가 봐도 한 번에 무엇을 파는 곳인지 알 수 있다. 이런 직설적인 표현이 무조건적으로 안 좋은 것은 아니지만, 적어도 우리가 만들려고 하는 작은 브랜드, 즉 카페 디자인에는 적합하지 않다. 좀 더 은유적인 표현을 통해서 느끼게 해주는 편이 좋다. 이를테면 고유한 컬러와 그래픽 요소들 그리고 적절한 문구가 만들어낸 조합이 모두 한 가지 방향으로 향하고 있다면 고객들의 무의식 속에 굳게 자리 잡을 것이다. 우리는 이를 지향해야 한다.

수익구조 Profit Model 을 잡아라!

지금부터는 수익구조를 생각해야 한다. 오너들이 가장 많이 놓치는 부분이 수익구조다. 사실 경험이 없으면 수익구조를 생각할 수가 없다. 창업에 관련된 책을 봐도 객 단가나 테이블 단가 계산하는 법은 나와 있어도 수익구조를 생각하는 법에 관한 정보는 없을 것이다. 이는 취급하는 메뉴에 따라서 그 수익구조는 천차만별이기 때문에 이를 종합해서 한 정보로 정리할 수 없기 때문이다. 수익구조는 경험이 많은 오너일수록 쉽게 잡아간다. 수익구조는 계획하는 게 아니라 잡는 것이라 표현한다. 말 그대로 잡아야 한다.

나는 처음 창업하는 오너에게 수익구조를 잡으라고 표현한다. 경험이 많은 베테랑 오너는 자신 나름의 공식이 있기 때문에 오픈 전 간단한 테스팅만으로도 정답에 가까운 수익구조를 잡아나간다. 그리고 베테랑 오너일수록 상당히 많은 경우의 수를 열어둔다. 오너가 열린 마음으로 보지 않으면 절대

잡을 수 없기 때문이다. 처음 창업하는 오너도 마찬가지다. 처음 메뉴를 구상하면서 잔 단가를 계산하는 방법으로는 카페의 수익구조에 대한 답은 나올 수가 없다. 딱 부러지게 규정할 수 없는 요소가 너무 많이 얽혀 있는 분야이기 때문이다. 한번은 유명 바리스타와 나누는 대화 중 이런 말을 했다. 많은 기업이 카페 브랜드를 만들어서 고전하는 첫 번째 이유가 기업이 해결할 수 있다고 믿지만, 카페 분야는 이 분야만의 경험이 있지 않으면 제대로 운영되지 않기 때문이라는 것이다. 특히 제조업 기반의 수익구조 방식에 습관화되어 있는 기업은 카페에서도 한 잔 단위로 수익구조를 바라보기 때문에 결국 좋은 성과를 얻지 못한다는 것이다. 가끔 카페에 대한 이해도가 부족한 기자들이 써 놓은 원가에 관한 기사들이 있는데, 그 기사 또한 한 잔 단위로만 카페 수익구조를 바라보고 있다. 그래서 이 분야의 전문가가 보기에는 오류들이 많이 발견된다. 수익구조는 기간 단위로 기록해놓은 수치를 분석하는 것에서부터 잡아나가야 한다.

디자인 Design을 그려라!

나는 맨 마지막 단계로 디자인을 말한다. 여기서 말하는 디자인은 시각화 작업을 의미한다. 디자인에 해당되는 것도 디테일하게 구분하자면 많은 요소들이 있는데 이를 복합적으로 관리할 수 있어야 한다. 로고, 심볼, 매장, 그래픽, 소품, 패키지 등 세세하게 보자면 이보다 더 많은 요소가 있다. 제대로 된 디자인하기 위해선 이 모든 요소가 한 목소리를 갖고 있어야 한다. 사실 이 부분에 있어서 오너 혼자 창업을 준비해나갈 경우 상당히 힘들 수 있다. 왜냐하면 디자인을 해주는 업체를 만나야 하는데 우리나라에서는 브랜드를 통합적으로 책임질 수 있는 업체가 없기 때문이다. 그래서 오너 혼자 준비한 카페를 가보면 모든 디자인 요소가 따로 놀고 있음을 볼 수 있다. 이런 점을 미리 인지하고 각기 다른 전문업체를 만났을 때 오너 스스로 그들을 관리하고 판단할 수 있어야 한다.

디자인에 가장 큰 영향을 끼치는 요소는 바로 '예산'이다. 앞의 여러 단계를 거쳐서 자기 브랜드에 관한 개념이 잡히면 디자인 단계에서는 현실화되기 때문에 예산이 중요하다. 그런데 창업시장에서 대부분의 오너는 소비자식 예산 계획을 하는 오류를 범한다. 소비자식 예산 계획은 결국 시간이 더 오래 걸리고, 복잡하거나 불편함을 제공한다. 상담을 하다 보면 대부분의 오너는 예산을 숨기는 경우가 많다. 과거 창업시장에서의 좋지 않은 관행이 핵심 예산을 공개하지 못하게 만들었을 것이다. 그러나 현재의 창업시장에서는 핵심 예산을 오너 스스로 결정해서 계획할 수 있어야 한다. 그리고 그 안의 세부적인 것은 적합한 업체와 상의해서 조정해야 한다.

매장 인테리어를 예로 들면 오너가 가진 창업 총 예산에서 몇 퍼센트 정도로 계획할 것인지 미리 기준을 정해놓고 상담을 하는 것이 좋다. 창업 총 예산은 어느 한계 범위 이상으로 마련될 수 없다. 그리고 작은 카페를 창업하면서 어느 기준 이상으로 투자할 필요도 없다. 프로젝트마다 최소도, 최대도 아닌 최적의 예산이 존재한다. 그 기준선을 잘 고민해서 인테리어 회사를 방문했을 때 기준 예산을 명확히 밝혀서 해결해야 한다. 여기서 만나는 인테리어 회사는 정식 디자이너설계자가 있는 회사를 말한다. 오너가 만약 10평형 규모의 점포를 염두에 두고 있는데, 3,000만 원 정도 예산을 계획했다면 이 사실을 디자이너에게 전달해야 한다. 지금까지 만들어놓은 콘셉트와 테마, 메뉴 등 정보를 전달하고, 예산을 밝혀 어떻게 해결할 것인지를 알려줘야 한다. 물론 기준과 오차 범위가 생길 수 있다. 이런 부분에 있어서는 디자이너의 제안을 들어야 한다. 이때 담당 디자이너의 답변은 두 가지다. 예산을 활용해서 어느 정도의 결과를 만들 수 있다는 시안으로 답변하거나, 그 예산으로는 조금 부족할 수 있으니 예산에 어느 정도의 금액이 더해지면 이 정도 결과를 만들 수 있다고 답변할 것이다. 이 과정에서 오너 스스로 원하는 결정을 하면 된다.

하지만 대부분의 오너가 그렇게 하지 않고 독특한 순서로 접근한다. 주변에서 괜찮은 디자인 회사를 소개받거나 인터넷에서 검색한 업체에 방문해서 대략적으로 이 정도 평수에 어느 정도 견적이 나오는지를 물어본다. 발품 팔아 견적 기준이 맞는 업체를 선정하는 것도 나쁘진 않지만, 대부분 그렇게 결정된 업체가 좋은 결과를 만든 경우가 드물다는 게 문제다. 물론 제대로 된 디자인 회사를 만날 수도 있다. 이 경우에는 디자이너가 난감해 한다. 의뢰자의 황당한 질문에 도대체 어디서부터 대답해야 할지 난감하기 때문이다. 디자인은 상업예술이고, 상업예술에는 예산이 필수적으로 고려되는 요소다. 확실하지 않은 예산으로는 실행하기가 힘들기 때문이다. 그리고 인테리어에 있어서 견적은 설계한 대로 산정되는 게 정상이다. 이를 평 단가로 미리 구분해놓고 고객과 상담할 수는 없다. 실제로 기업 프랜차이즈도 평 단가를 기준으로 가맹점주와 계약하는데, 그 내부 사정을 보면 현장마다 조건이 달라 복불복인 경우가 많다. 이해가 안 되는 고정 단가 인테리어 시공이지만, 공통적이고 효과적인 확장을 위해서 그 방법을 취한다고 한다.

    나는 디렉팅을 맡은 프로젝트에서 가장 먼저 예산 계획에 대해 대화를 나눈다. 어느 정도의 예산이 오너에게 있고, 이 예산을 가지고 오너가 그리는 브랜드를 어떻게 해야 효과적으로 만들 수 있는지에 관한 고민을 가장 먼저 한다. 그렇게 예산 계획을 충분히 세우고 그에 맞는 설계를 해야 그 설계가 가장 잘 적용될 수 있다. 그리고 브랜드 콘셉트에 맞는 점포를 구해 계약한다면 최적의 결과물이 나온다. 비록 나만의 방법이지만 좋은 결과물이 생산되었고, 이 방법은 지금까지 꾸준히 발전하고 있다.

실전에 적용해야 할
기본 중의 기본

85%의 기준을 두고 시작하라

>> 네이밍, 로고, 심볼 디자인

창업을 준비하는 과정에서 네이밍, 로고, 심볼 디자인을 고민하는 것은 중요하다. 특히 네이밍은 가볍게 고민할 문제가 아니다. 누군가는 세상에 태어난 아이의 이름을 지어주는 것과 같다고 말하기도 한다. 그만큼 브랜드의 이름 짓기는 중요한 문제다. 이는 처음 창업하는 오너도 본능적으로 알고 있는 듯하다. 창업 상담을 하다 보면 이 부분에서 큰 어려움을 겪는 오너를 많이 보게 된다. 어떻게든 네이밍이 정해지면 두 번째 고민거리가 밀려온다. 심볼 디자인과 로고가 바로 그것이다. 이때 처음 창업하는 오너일수록 완벽에 가까운 로고와 심볼이 만들어지기를 기대한다. 아무래도 인생 첫 매장이기 때문에 고민 끝에 얻은 이름만큼 완벽한 로고와 심볼을 얻고 싶기 때문이다. 오너 입장에서 이해하면 당연한 모습이기도 하다.

　브랜드에서 네이밍, 그리고 심볼, 로고 디자인은 중요한 요소다. 하지만 이 중요한 요소가 처음부터 한 번에 완벽할 수 없다는 사실을 미리 알고 단계적으로 준비해야 한다. 자칫 네이밍과 로고, 심볼만 신경 쓰다가 정작 중요한 것을 놓치는 경우가 있기 때문이다. 여러 번의 매장 오픈 경험이 있는 오너와 성공적인 브랜드 론칭으로 성장한 오너가 좋은 결과를 만들 수 있었던 원인을 보면 네이밍과 로고, 심볼이 아니라는 것을 알 수 있다. 네이밍과 로고, 심볼은 충분히 신경 써야 하는 요소인 것은 맞다. 그러나 한 브랜드를 성공시킨 치명적인 이유는 아닌 것이다.

　창업을 결심했다면 단계적으로 성장할 수 있어야 하고, 처음부터 완벽하려는 것보다 다양한 경험을 즐기려고 해야 한다. 그리고 시각적인 부분을 차지하는 것은 영원할 수 없다는 것을 인지하고 성장에 맞춰서 발전시켜야 한다. '닭이 먼저냐 달걀이 먼저냐'의 같은 고민일 수 있지만, 우리가 흔히 알고 있는 '애플Apple' 브랜드를 생각하면 쉽게 이해할 수 있다. 애플의 뜻은 단순히 사과다. 이름에 얽힌 숨은 스토리가 있을 수 있지만, 브랜드 애플이 없었다면 애플은 그냥 사과일 뿐이다. 과연 애플이 이름 때문에 지금의 브랜드 가치를 지니게 되었다고 말할 수 있을까? 아마 아닐 것이다. 애플이 태어나면서 가지게 된 브랜드 철학, 소비자들과 애플 관계 사이에서 만들어진 콘텐츠들 때문에 성공할 수 있었다. 이 과정을 통해 애플이라는 브랜드가 탄생한 것이다.

　이런 식으로 생각해보면 다른 여러 브랜드도 마찬가지다. 우리가 주변에서 쉽게 만나는 제법 유명하다 싶은 브랜드들을 보면 네이밍이 신의 작품 수준으로 완벽하다고 말할 수 없다. 그리고 그 브랜드가 좋은 결과를 만들어내지 못했다면 우리들은 기억조차도 하지 못했을 가능성이 크다. 결국 중요한 것은 브랜드가 담고 있는 생각이지, 네이밍이나 심볼이 아니다. 표현방식일 뿐이고, 시각적인 형태일 뿐이다. 나는 이러한 점을 강조하고 싶다. 처음 창업하는 오너일수록 보이는 겉모습에 많은 시간을 고민하지 말고, 그 안을 단단하게 만들어줄 보이지 않은 것에 대해 고민해야 한다.

네이밍, 85%의 만족이면 오케이!

어릴 적 시험을 보면 선생님들은 주로 평균 85점을 기준으로 평가하는 듯했다. 시험 성적이 평균 85점 이상이면 공부를 잘하는 편이었고, 그 이하로 갈수록 좀 더 열심히 해야 하는 학생이었다. 그래서인지 나도 85점이라는 단어를 많이 사용하게 되었다. 나는 처음 창업하는 오너에게는 평균 85점을 기준으로 창업의 요소를 결정하라고 조언한다. 이유는 창업시장의 경험이 없기 때문에 절대 100점짜리를 한 번에 만들어낼 수 없기 때문이다. 또한 경험을 통해 알게 되었지만 100점짜리를 만들어낼 수 있는 실무자가 있어도 프로젝트의 결정권자가 100점에 대한 기준이 없으면 그 실무자의 결과물을 잘 받아들이지 못한다. 하지만 85점짜리는 어렵지 않게 만들어낼 수 있다.

창업이 처음이라면 같은 시간 내에 다른 오너보다 다양한 경험을 통해 신속한 시도와 결과 분석을 중심으로 노하우를 쌓는 것이 가장 실용적인 전략이다. 이를 위해서 초창기에는 만족의 기준을 85%에 맞추는 게 유리하다.

그렇게 시작해서 나머지 15%를 경험으로 채워 100% 완벽에 가까운 브랜드 성과에 조금씩 가까이 다가가는 편이 좋다.

네이밍에 있어서도 85%의 기준으로 선별하여 결정하는 게 좋다. 재미있는 것은 실제로 오너에게 큰 점수를 받지 못했던 네이밍이 소비자에게는 큰 사랑을 받는 경우가 많았다는 것이다. 그래서 나는 오너에게 더 강력하게 85%의 기준을 요구한다. 사실 오너의 마음을 충족시키는 것도 중요하지만 더욱 중요한 것은 상표등록 가능 여부에 있다. 오너가 100% 확신하는 네이밍이라 하더라도 상표등록이 불가능한 경우 채택하지 않는 게 좋다. 물론 상표등록이 아니더라도 그 지역에서 그 업종에 대한 간판 이름이 보호되도록 처리할 수 있지만, 이 방법을 추천하지 않는다.

오너는 지금 준비하고 있는 매장이 마지막인 것처럼 준비해서는 안 된다. 긴 창업의 여정 중 시작일 뿐이지 그 끝은 누구도 예측할 수 없기 때문에 상표등록을 네이밍 작업에서 중요한 기준으로 두는 것이 좋다. 사업이 성장하고 확장할 때 이왕이면 그 이름 자체가 자신만의 소유가 되어 있는 것이 좋기 때문이다.

네이밍 작업과정은 크게 세 가지로 나누어 설명할 수 있다. 실제 작업과정은 훨씬 더 복합적이지만, 큰 틀에서 정리하면 다음의 세 가지 순서에 의해서 네이밍 작업을 한다.

| 네이밍
작업과정 | 사업의 본질 파악
(오너의 생각과
방향성 점검) | ▶ | 방향성과 일치한
적절한 의미를 담고 있는
네이밍 집필 | ▶ | 상표등록
여부 조회 |

1 사업의 본질 파악

브랜드를 설계하면서 모든 요소에 공통적으로 필요한 가장 중요한 출발점이 바로 사업의 본질을 파악하는 것이다. 오너는 사업의 본질을 충분히 알고 있어야 하며, 그 본질을 실무자에게 잘 전달할 수 있어야 한다. 이 작업을 통해서 '오너의 생각'과 '사업의 방향성'을 점검할 수 있다. 구체적으로 정리가 안되어 있던 오너도 이 과정을 통해서 정리되는 것을 알 수 있다. 이때부터 오너는 다른 외형적인 것보다 본질적인 자신의 생각과 창업에 임하는 태도가 중요하다는 것을 느끼고 알아야 한다. 나는 이 과정 중에 인터뷰를 진행하면서 오너에게 수많은 질문을 던진다. 다른 질문 같지만 한 방향으로 쏘아 올린 화살처럼 단어의 느낌만 바꿔 비슷한 질문을 하는데, 한 가지 생각을 발견하기 위해 다양한 각도에서 접근하는 질문이라고 이해하면 된다.

> **인터뷰 질문 예시**
> "창업을 결심하게 된 계기는?"
> "창업을 통해 이루고 싶은 모습은?"
> "어떤 결과를 예상하나?"
> "이 창업은 창업시장에 어떤 영향을 끼치게 될까?"
> "사람들이 오너의 매장을 찾는 이유는?"

2 네이밍 집필

오너의 인터뷰를 통해 사업의 본질이 파악되었으면 이번에는 창업이 어떤 방향으로 흘러가야 하는지에 대해 어느 정도 설정된다. 그다음 실행하는 작업은 실제 브랜드에서 사용될 네이밍을 집필하는 것이다. 나는 네이밍 작업을 집필한다고 표현한다. 네이밍도 몇 개의 짧은 단어로 표현하는 글을 쓰는 것과 비슷하다고 생각하기 때문이다. 즉 사업의 방향성을 놓고 상상을 많이 해야 되고, 그 상상 속에서는 네이밍을 통해서 연상되는 질감이나 느낌 그리고 발음되는 소리까지도 복합적으로 연상해야 한다. 이런 네이밍 집필은 한 순간에 끝나지 않는다. 따라서 최대한 집중력을 발휘해서 가능성 있는 제안을 열어놓는 게 좋다.

3 상표등록 조회

마지막으로 후보 순위 네이밍을 가지고 상표등록의 가능 여부를 조회해야 한다. 요즘에는 상표등록이 가능할 것이라는 자신의 감을 믿고 개인이 직접 검토하여 진행하는 경우가 있는데, 전문가를 통해서 제대로 검토해야 이후에 발생할 수 있는 문제를 예방할 수 있다. 또한 이미 결정한 네이밍은 고민하지 말고 그대로 진행하는 것이 좋다. 100%에 가까운 완성도를 원하다가는 쉽게 결정하지 못하게 되고, 어쩌면 최고의 선택을 포기하게 될 수도 있다.

상표등록 조회 서비스의 경우는 직접 인터넷을 통해 해볼 수도 있다. 하지만, 상표등록을 할 때는 전문가를 통하는 것이 좋다. 상표등록에 관한 서비스는 변리사를 통해 할 수 있다.

네이밍에 관한 작업과정은 디자이너에 따라 전부 다르기 때문에 기준이 따로 정해져 있지 않다. 나도 할 때마다 다른 과정과 감각을 가지고 이름을 짓는다. 이를테면 어떤 오너는 메뉴가 너무 명확해서 메뉴에서부터 창업 디렉팅이 시작되는 경우도 있고, 백지상태에서 콘셉트부터 잡는 경우도 있다. 또한 오너가 꿈꾸는 것을 정리해보면서 그 꿈을 담은 이름이 지어지기도 한다. 따라서 중요한 것은 정해진 순서나 과정이 아니라 결국 만들어진 이름의 직관적인 판단이다. 소비자는 초 단위로 판단한다. 소비자는 브랜드 이름 앞에서 공부하는 것을 원하지 않는다. 한번에 들었을 때, 보는 순간에 브랜드에 대한 호감을 판단한다. 따라서 내부적으로는 신중한 고민을 거친 후에 이름을 도출했더라도 마지막에는 직관적으로 어떻게 느껴지는지를 점검해야 한다. 소비자는 초감각적인 사람이라는 것을 잊지 말자.

로고와 심볼도 함께 성장한다!

네이밍 작업이 완료되면 오너의 고민은 로고와 심볼로 이어진다. 창업하는 브랜드를 시각적으로 표현하기 위한 첫 번째 과정이다. 대부분의 오너는 네이밍 작업보다 로고와 심볼 작업을 훨씬 어려워한다. 오너가 디자인이나 미술 같은 분야에서 활동했던 경험이 있지 않는 이상 의미를 형태로 표현하는 작업은 난해할 수밖에 없다. 예를 들면 '선인장'이라는 단어를 두고 떠오르는 형태를 표현해보라고 하면 대부분 오너는 비슷한 형태를 말한다. 녹색이고, 뾰족한 가시가 있고, 동그란 형태를 말한다. 하지만 디자이너는 같은 단어라 하더라도 표현하고 싶은 의미를 담아 표현할 수 있는 능력을 가지고 있고, 꾸준히 그 능력을 훈련하는 사람들이다. 그래서 이때부터는 디자이너와 함께 작업을 해야 한다.

 이 작업을 진행하기 전 오너가 미리 인지하면 좋은 점이 있다. 하나는 85%의 기준을 가지고 있어야 한다는 것이고, 다른 하나는 브랜드가 성장할 때 로고와 심볼도 함께 성장한다는 점이 있다. 창업이 처음인 경우 디자이너와도 처음 작업을 하게 된다. 따라서 처음부터 한번에 완벽한 디자인이 나올 수 없다는 사실을 인정하고, 디자이너와 함께 새로운 브랜드를 만든다는 생각으로 호흡을 맞춰가야 한다. 기업의 경우 많은 디자이너가 함께 작업하여 새로운 브랜드에 대한 디자인 작업을 제법 오래 하는 경우가 많다. 그러나 개인의 경우 그 시간이 그리 길지 않기 때문에 오너와 디자이너의 호흡이 한번에 맞아 떨어지는 경우가 드물다. 그래서 처음에는 어느 정도 열린 마음으로 작업해야 한다. 작업과정을 정리하면 다음과 같다.

대부분 이 순서대로 작업하면 별 문제없이 진행된다. 단, 85%의 기준으로 선행될 때 가능하다. 이 작업이 완료된 이후에는 사업이 성장함에 따라 경험에 의해 변화된 방향성에 맞게 조금씩 수정하고 보완해나갈 필요가 있다. 그래서 오너는 미래에 시선을 두고 있어야 하며, 지금 이 순간에는 여유를 가지고 작업하려고 노력해야 한다. 실제로 스타벅스를 보면 시대에 따라서 변화되는 로고와 심볼을 확인할 수 있다. 이런 식으로 강의를 하다 보면 가끔씩 너무 대충대충 하라고 하는 것 아니냐는 질문을 받기도 한다. 그러나 절대 대충 하라는 말이 아니다. 한번에 완벽할 수 없음을 알고 시작하라는 것이다. 좋아하는 외국 브랜드 중 '슈퍼잼SuperJam'이 있다. 이름이 그렇게 거룩하거나 위대한 것 같지는 않다. 이 기업의 대표는 20살에 억대 매출을 달성한 20대 후반의 청년이다. 그가 사용한 슈퍼잼이라는 브랜드 네이밍을 요즘 창업하는 오너에게 말하면 유치하게 생각하는 경우가 많다. 하지만 아무도 무시할 수 없는 훌륭한 브랜드가 되었고, 글로벌 기업으로 성장했다. 세상에는 위대한 브랜드가 많다. 그러나 모든 브랜드가 처음부터 위대하지는 않았을 것이다. 슈퍼잼처럼 브랜드가 성장하는 과정에 시행착오와 변화된 시장에 따라 조금씩 수정, 보완해가면서 성장하게 된다.

　마지막으로 많은 사람이 로고와 심볼의 개념을 혼동하거나 구분을 어려워한다. 로고와 심볼에 대한 견해는 말하는 사람마다 조금씩 다르다. 쉽게 설명하면 로고는 읽을 수 있게 디자인된 문자 형태라고 생각하면 된다. 즉 브랜드 이미지에 알맞은 서체를 디자인해서 눈으로 읽을 수 있도록 표현한 것이다. 반면에 심볼은 브랜드를 상징하는 어떤 형태적인 것, 그림이나 모양으로 브랜드 이미지를 표현한 것이라고 생각하면 된다. 스타벅스에서 여신의 형태가 심볼이고, '블루보틀 커피'에는 파란 병이 심볼이다. 때로는 로고 그 자체가 심볼이 되기도 한다. 청바지 '리바이스'가 여기에 해당한다.

　이렇게 네이밍과 로고, 심볼, 이 세 가지가 완성되면 사업은 본격적으로 시작할 준비를 갖췄다고 볼 수 있다. 대부분의 오너는 사업을 시작할 때 자신만의 것을 갖기를 원한다. 그런 의미에서 최초로 표현된 시각적인 형태는 오너에게 큰 힘이 될 것이고, 기준이 될 것이다. 나는 이 작업을 되도록이면 오랜 시간을 들여서 해볼 것을 권한다. 완벽을 추구해서 오랜 시간을 투자하라는 것이 아니라, 창업을 해야 하는 이유와 브랜드에 대한 의미를 찾는 작업을 시작으로 자신의 브랜드가 소비자에게 어떻게 다가갔으면 좋겠는지 등을 고민해서 한 가지 형태에 담아야 하기 때문이다. 그래서 이 작업은 결코 쉽게 끝낼 수 없다. 나는 계약된 고객의 일정에 맞추기 위해 최대한 빨리 작업할 때도 있지만, 대부분은 이 과정에 최소 한 달 이상을 투자한다.

최대한 쉽고, 재미있게 만들어라!

네이밍을 통해 로고, 심볼이 그려지면 비어 있는 여백에 짧은 한 문장을 넣는다. 그 한 문장은 네이밍에서 부족했던 설명을 채워줄 것이다. 이 문장은 설명일 수도 있고, 어떤 구호일 수도 있다. 또한 네이밍처럼 의미를 담고 있을 수도 있다. 내가 운영하는 '로이스디자인연구소'를 예로 들면, 'Creating Good&Doing it Better'가 슬로건이자 구호다. 즉 '멋있는 브랜드, 맛있는 디자인'이다. 특히 내가 속한 F&B 분야에서는 이 짧은 한 문장이 절대적으로 필요하다. 이 작업은 디자이너가 해줄 수도 있지만 브랜드가 시작된 최초의 영감을 가지고 있는 오너가 더욱 잘 할 수 있다.

흔히 볼 수 있는 브랜드 '에이스 침대'의 "침대는 가구가 아닙니다. 과학입니다"라는 문장이 여기에 해당한다. 이 문장만으로 에이스 침대의 이미지가 소비자에게 각인되었다. 이렇듯 잘 만들어진 강력한 한 문장은 기대 타깃층에게 브랜드가 주는 감성과 목표를 잘 전달해준다.

좀 더 좋게 만드는 것부터 시작하라!

'세상에서 위대한 것일수록 기가 막힌 새로운 것이 아니라, 작은 한 가지를 바꾼 기존에 있던 것'이라는 말이 있다. 어느 책에서 읽은 내용인데, 나는 이 부분이 F&B 분야에 너무 잘 맞는다고 생각한다. 세상에 없는 음식을 만들어내기는 힘들다. 서비스도 마찬가지다. 배달 앱 1위를 달리고 있는 '배달의 민족'도 브랜드를 해체해보면 결국 전단지를 최신기술로 새롭게 만든 것이다. 세상에 없던 개념을 만들어낸 것은 아니다. 스마트폰도 마찬가지다. 처음 애플에서 스마트폰이 나올 때 스티브 잡스가 했던 멋진 프레젠테이션이 있다. 그 영상을 보면 이런 대목이 나온다. "www+itunes+Phone=?" 결국 이 세 가지 개념을 한번에 즐기는 것이 스마트폰이라는 것이다. 스마트폰도 결국 기존의 개념을 좀 더 진화시킨 것이다. 기존의 개념을 진화시키는 것도 상당히 힘들다는 것을 알아야 한다. 그래야 새로운 것을 만들어내려는 몰입을 하지 않는다.

특히 F&B 분야는 소비자에게 일종의 본능과 쾌락을 동시에 자극하는 분야다. 먹고 마시면서 미래를 위해 투자하는 사람은 없다. 여기서 다이어트나 식이요법은 우리가 말하는 F&B에서 제외한다. 개념적으로 다이어트나 식이요법을 위한 F&B는 건강Healthy이나 미용Beauty, 또는 의약Medical 분야에 적합하다고 생각한다. 목적 자체가 다르기 때문이다. 그래서 F&B 분야에서 창업을 생각하고 있다면 너무 새로운 것을 창조하려고 하지 말고 지금 주변을 최대한 많이 살펴볼 것을 추천한다. 사람들이 생활하는 모습을 살피고, 먹고 마시는 모습을 살펴야 한다. 그래야 기존의 것 중 자신의 감각이 몰입되는 부분을 찾아서 더 좋게 만들 수 있다. F&B 분야의 핵심은 발전에 발전을 거듭하는 것이다. 일단 지금보다 더 좋은 것부터 시작해야 결국 새로운 것을 만들어낼 수 있는 역량도 함께 생기기 때문이다.

02 매장이 위치할 좋은 길 찾기

창업하는 오너가 가장 힘들어하는 게 있다면 '점포 찾기'가 아닐까? 아무리 인터넷 기술이 발달된 요즘이라도 점포 찾기에 대한 해답을 갖고 있진 않다. 인터넷에 떠도는 부동산 정보는 사실과 다른 경우가 많고, 제대로 된 정보가 업데이트되어 있지도 않아서 결국 현장을 찾아가야 된다. 사실 이 단계에 있어서 가장 효과적인 방법은 발품을 파는 것밖에 없다. 그래서 많은 창업 전문가는 점포 찾기를 발품 팔다 만나는 인연으로 설명한다. 이 부분에 있어서는 나 역시 동의한다. 많은 장소를 직접 가본 사람을 따라갈 수 없다. 간혹 장소에 대한 경험이 부족한 전문가가 있는데, 이 경우 해당 상권과 점포의 잠재적 가치를 보지 못하는 경우가 많다. 때문에 오너는 늘 이 부분을 조심해야 하고, 이 부분에 있어서 스스로 장소적 경험을 많이 쌓아놓는 게 좋다.

'점포'를 말하면서 '길'을 빼놓고 말할 수 없다. 그래서 나는 항상 점포 찾기를 하면서 길에 모든 초점을 맞추고 기준을 잡는다. 결국 점포는 사람들의 길을 따라 찾아간다. 어떤 길에 위치한 점포인지에 따라서 매출이 달라지는 것은 당연하다. 그래서 점포 찾기의 핵심은 좋은 길에 놓인 점포를 찾는 것이다.

좋은 길이란?

걷고 싶은 길

우리가 생활하면서 만나는 길에는 여러 종류가 있다. 도로의 종류에 따라서 교통수단이 다니기도 하고, 사람이 걸어 다니기도 한다. 때에 따라선 교통수단만 다니기도 하고, 사람과 교통수단이 함께 다니기도 한다. 단순히 도로의 종류만 놓고 보자면 규칙상으로 상당히 많은 종류가 나오는데, 나는 점포 찾기에 기준이 되는 길로는 걷기 좋은 길과 걷기 좋지 않은 길 이렇게 두 가지로 크게 나눈다. 일단 이렇게 두 가지로 구분 지어서 길을 바라보는 이유는 걷기에 좋지 않은 길에 있는 점포일수록 창업에 큰 도움이 되지 않기 때문이다.

신기한 것은 아무리 좋은 콘텐츠를 가지고 마케팅을 잘했다고 하더라도 걷기 좋지 않은 길에는 사람이 잘 가지 않는다. 이건 먼 곳에 있는 찾기 힘든 맛집을 찾아가는 과정과는 전혀 다른 이야기다. 아무리 멀고 찾기 힘들어도 걷고 싶은 길에 위치한 점포는 소비자에게 불편한 일이 아니다. 서울지역만 두고 '핫 플레이스'의 특징을 정리해보면 쉽게 알 수 있다. '핫 플레이스'의 공통적인 특징은 전부 걷기 좋은 길이라는 것이다. 심지어 걷는 그 길 자체가 매력적인 곳들도 있다. 대표적으로 '신사동 가로수길', '이태원 경리단길', '연남동 카페거리' 등이 있는데, 이 장소들은 거리를 걷는 것 자체가 매력적인 곳이라 할 수 있다.

반대로 '역삼동 테헤란로'를 보면 반대의 특징을 가지고 있다. 전혀 걷고 싶지 않은 길이다. 실제로 그 길을 가서 사람들을 관찰하면 걷고 있다기보다는 이동하고 있다는 느낌이 더 많이 들 것이다. 예비 오너는 이 감각을 발달시켜 점포 찾기를 하면서 '길'을 보는 눈을 길러야 한다.

좋은 길이란?
해프닝을 즐길 수 있는 길

'길'을 긍정과 부정 두 가지로 나누는 기준은 걷고 싶은 길인지 아닌지에 대한 것 외에도 '해프닝'으로 결정할 수 있다. '신사동 가로수길'에서 약속장소에 가다 보면 실제 보폭의 평균 이동속도로 걸을 때보다 훨씬 오래 걸리는 것을 알 수 있다. 반대로 '역삼동 테헤란로'를 그렇게 걸으면 '신사동 가로수길'을 걸었을 때보다 같은 거리를 훨씬 빠른 시간에 이동할 수 있다. 이 모든 게 해프닝에서 비롯된다.

일단 식음료를 즐기기 위해 거리로 나온 소비자는 특별한 약속장소가 없을 경우 길을 걸으며 메뉴를 결정하고, 매장을 결정하는 경우가 많다. 이 경우 걷고 싶은 길 위에서는 굉장히 많은 해프닝이 벌어진다. 홍대거리에서 버스킹 공연을 보게 되는 경우나 신사동 가로수길에서 만날 수 있는 많은 멋진 매장이 전부 해프닝에 해당한다. 길 자체에서 많은 영향을 받기도 하지만, 걷는 속도가 느려진 소비자는 자신에게 좀 더 집중하여 메뉴와 방문할 매장을 결정하는 경우가 많을 수밖에 없다. 앞으로 걷는 것 외에는 다른 해프닝이 없는 '역삼동 테헤란로'와는 전혀 다른 결과를 얻을 수 있다.

따라서 나는 점포 찾기를 하면서 걷기 좋은 길인지 아닌지를 먼저 본다. 걷기 좋은 길은 지금 당장 발달되어 있지 않아도 앞으로 발달할 가능성이 크기 때문에 두려움 없이 확신을 가지고 창업할 수 있다. 한마디로 정리하면 좋은 길은 걷기 좋은 길이다.

실제로 요즘 거리의 변화과정을 살펴보면 처음에 걷기 좋은 길에 매력적인 매장들이 오픈하여 1차 핫 플레이스로 불린다. 1차 핫 플레이스는 많은 소비자의 사랑을 받으며 변화가로 성장을 하는데, 그 과정에서 점점 걷기 힘든 길로 변하기 시작한다. 대부분 사람도 많아지고 자동차도 많아진 결과다. 그렇게 되면 자연스럽게 그 이면 길에 상권이 형성되기 시작하는데, 이 이면 길에 생기는 매장들이 훨씬 더 매력적인 콘텐츠와 시각적인 요소를 가진 경우가 많다. 왜냐하면 이미 발달된 변화가의 이면 길을 선택한 오너의 경우 어느 정도 자본금과 경험치는 함께 보유한 경우가 많기 때문이다. 하지만 이렇게 형성되는 2차 핫 플레이스의 경우 처음 창업하는 오너에게는 상당히 어려운 상권일 가능성이 크다. 다들 선수일 경우가 많아서 경쟁이 치열하기 때문이다.

유명한 번화가를 예로 들었지만, 모든 카페 창업의 1순위가 걷고 싶은 길이 되는 것은 아니다. 창업 컨디션에 따라, 오너마다 조건이 다르기 때문에 상권을 선택하는 첫 번째 기준도 달라질 수 있다. 그러나 좋은 길 위에 있는 점포를 찾아야 하는 오너 입장에서는 핫 플레이스와 그 이면, 그리고 아직은 크게 알아주진 않지만 큰 가능성을 지닌 상권 전부를 동일한 기준을 갖고 좋은 길을 먼저 찾아야 한다. 길이 좋으면 가장 좋은 조건을 갖춘 것이라고 보면 된다.

걷고 싶은 좋은 길의 공통적 특성
- 걷고 싶은 길일수록 폭이 좁다.
- 대형 빌딩 숲이기보다는 소형 건축물이 많다.
- 햇빛이 비추는 면적이 넓다.

03 타깃을 설정하는 방법

창업 디렉팅 강의를 하다 보면 많은 카페 오너가 타깃을 설정하는 방법을 어렵게 생각한다는 것을 알 수 있다. 일반적으로 창업과 브랜드에 관련된 서적에 나와 있는 지식을 있는 그대로 받아들이기 때문에 당연한 결과라 할 수 있다. 대부분 처음 창업하는 오너가 겪는 이 어려움의 가장 큰 이유는 바로 경험 부족이다. 아무래도 몇 번의 경험이 있는 오너는 강의를 듣지 않아도 자신만의 로직이 있어 잘 해결하는 편이다. 그러나 처음 창업하는 오너는 자신만의 방법을 모르기 때문에 창업과정 중에서 '타깃 설정'에 관한 부분을 지나치게 되는 경우가 많다. 하지만 디테일한 '타깃 설정'은 중요하다. 쉽게 설명하면 내가 오늘 누구를 만나느냐에 따라 마음가짐부터 외모 스타일이 달라지듯, 타깃 설정은 내가 창업하는 가게가 어떤 고객을 만나느냐에 대한 문제를 고민하게 만들어준다.

　나는 콘셉트를 잡아가면서 오너의 입장에서는 "메뉴를 어떻게 고객에게 전달할 것인가"에 대한 고민을 하라고 말한다. 여기서 '고객에게'에 해당하는 부분이 바로 '타깃 설정'에 관한 부분이고, 이 부분은 오너가 누구를 끈질기게 바라봐야 하는지에 관한 답을 얻게 해준다.

　나는 오너에게 이런 질문을 던진다. "기획하고 있는 카페의 주 타깃은 어떻게 설정하셨나요?" 돌아오는 답변은 각양각색이지만, 의외로 많은 오너가 한 가지 대답을 한다. '20~30대 여성'이 그들의 대답이다. 그렇다. 우리가 거리에서 만나는 대부분의 가게는 20~30대 여성을 대상으로 창업이 이루어졌다. 이 부분만 보더라도 같은 공급자가 너무 많다는 것을 알 수 있다. 이런 결과의 원인은 무엇일까?

　'타깃 설정'이라는 단어 자체의 의미는 알고 있는데, 이를 어떻게 자신의 창업에서 활용해야 하는지 잘 모르고 낯설기 때문이다. 그리고 창업에 관련된 정보가 많이 업데이트되지 않은 결과이기도 하다. 실제로 소비자는 굉장히 다양해졌고, 한 가지 자극에 전혀 다른 반응을 보인다. 그리고 그 영역이 예전보다 훨씬 넓어졌다. 요즘 화두가 되고 있는 '빅 데이터'가 이를 보여준다. '빅 데이터'를 보면 그 범위가 거의 전 세계적이라고 볼 수 있다. 이 모든 결과는 정보에 의해서 결정된다. 과거에는 정보의 양이 지금처럼 방대하지도, 다양하지도 않았다. 그래서 한 상권에 유동인구를 보면 한 가지 정보로 압축해서 정리할 수가 있었다. 이를테면 대학가를 걷는 사람들은 대학생일 확률이 높았고, 오피스 상권을 걷는 사람은 회사원일 확률이 매우 높았다.

　그러나 현재의 상권을 보면 쉽게 한 가지도 정리할 수 없다. 그리고 과거와 달리 신종 번화가가 만들어지고 있다. 한때는 '카페거리'라는 단어로 정리되었던 새로운 길이 지금은 핫 플레이스라는 단어로 정리되고 있다. 지금 핫 플레이스의 유동인구를 어떤 신분으로 정리할 수 있겠는가? 한 가지 단어로 압축 정리할 수 없다. 이태원 경리단길만 보더라도 20대에서 50대까지 다양한 직업을 가진 다양한 소비자가 다닌다. 방대하고 다양한 정보에 의해서 각기 다른 영향을 받는 소비자는 이제 과거처럼 연령과 직업군 그리고 성별로 나눌 수 없다. 그렇다면 지금은 어떻게 타깃을 바라봐야 하는 것일까?

라이프 스타일을 팔아라!

나는 오너에게 타깃 설정을 고민할 때는 일단 성별, 연령대, 직업군을 무시하라고 말한다. 무슨 똥딴지 같은 소리냐고 할지 모르겠지만, 처음 창업하는 오너에게 가장 적합한 방법이라고 생각한다. 우리가 하는 창업은 기업만큼 체계적으로 준비할 수가 없다. 물론 브랜드를 제대로 만들어줄 수 있는 전문가에게 의뢰한다면 모르겠지만, 경험상 처음 창업하는 경우에는 대부분 예산이 전문가를 운용할 수 있을 만큼 넉넉하지 않다. 이런 상황에서는 굉장히 심플한 전략으로 접근해야 한다. 그리고 나머지 부족한 부분은 시간이 흐르면서 쌓이는 경험을 채워야 한다. 처음부터 완벽할 수 없다는 게 내가 생각하는 기준이다.

    타깃 설정을 심플하게 하는 방법은 라이프 스타일을 보는 것이다. 이제 카페는 생활의 일부가 되었다. 이젠 일상에서 '카페'라는 단어를 빼고는 생활하기 힘들어졌다고 말해도 과언이 아니다. 나는 하루에도 카페에 최소 5~6번은 방문한다. 그리고 시간을 보낸다. 내가 하루 24시간 중 많은 시간을 카페에서 보내는 것처럼 많은 소비자의 생활 속에도 카페가 스며 있다. 생활에서 시간을 보내는 장소이니만큼 사람들의 라이프 스타일을 건드려보는 것이다. 이는 가장 쉬운 방법 중 하나로, 처음 창업할 때 좀 더 폭넓은 고객층을 경험할 수 있고, 그 안에서 좁혀나가는 방법을 스스로 찾아내는 좀 더 좋은 결과를 만들 수 있다.

또한 '맥주'나 '와인'은 누가 즐기느냐는 질문에 대한 답으로도 타깃을 설정할 수 있다. 특정 맥주 브랜드는 유명 배우나 연예인을 모델로 하여 특정 타깃층을 공략하는 것처럼 보이지만, 그 광고를 자세히 보면 '시원함'에 호소하든지 '풍미'에 호소하든지 누구나 즐길 수 있는 감각에 호소하고 있다는 것을 알 수 있다. 이런 감각을 원하는 사람들이 타깃 대상이 되는 것이다. '신라면' 광고도 마찬가지다. 얼큰함을 좋아하는 사람이면 누구나 신라면을 집어 든다. 이렇듯 식음료는 특정 타깃이 있는 것이 아니라, 남녀노소 누구나 한 가지 감각을 원하는 사람을 대상으로 하는 것이다.

다양한 라이프 스타일이 있다. '식도락가', '여행가', '운동 마니아', '프리랜서' 등 정말 다양한 라이프 스타일이 있는데, 이중 가장 자신이 응대하기에 익숙한 라이프 스타일을 결정하면 된다. 여기서 중요한 것은 오너 스스로와 밀접한 환경의 라이프 스타일이어야 한다는 것이다. 처음이기 때문에 익숙하지 않은 환경에 자신을 노출시키거나 자신에게 맞지 않은 옷을 입고 있는 것만큼 불편하거나 어색한 것은 없다. 그렇게 자신에게 맞는 라이프 스타일을 설정했으면 그 라이프 스타일을 즐기는 사람들이 가장 좋아하는 것을 리스트업해야 한다.

    이 작업을 하면서 어떤 오너는 그냥 책상에 앉아 직관적인 생각을 적으면서 끝내는 경우가 많은데, 잘못된 방법이다. 어떤 상황에서는 직관적인 판단이 도움이 될 때도 있지만, 직관적인 판단은 실제 상황 속에서 즉각적으로 하는 판단이다. 전략을 세울 때에는 깊게 고민해야 한다. 적어도 거리에 앉아 설정한 라이프 스타일의 사람들을 관찰해서 공통점을 찾아내야 한다. 어떤 사람에게는 주차 여건이 큰 요소가 될 수 있고, 어떤 사람에게는 쾌적한 환경이, 어떤 사람에게는 조용한 분위기가 핵심 요소일 수 있다. 적어도 세 가지 이상 중요한 핵심 요소를 찾아냈다면 타깃 설정에 성공한 것이라 할 수 있다.

    이렇게 설정된 타깃은 잘 가다듬어 콘셉트에서 '누구에게'라는 항목에 활용할 수 있어야 한다. 그리고 그 기준이 다른 것에게 영향을 끼치게끔 만들어야 한다. '무엇을'이 설정되었다고 '누구에게'라는 항목에 무작정 대입하고 순응시키는 게 아니라 '누구에게'라는 항목을 통해서 다시금 '무엇을'이라는 항목을 바라볼 수 있어야 한다. 즉 복합적으로 단계를 넘나드는 시선을 가져야 한다. 이렇게 유기적으로 디자인된 창업은 쉽게 오픈한 다른 오너보다 훨씬 단단함을 갖출 수 있다.

04 좋은 인테리어 파트너 찾기

카페를 준비하면서 창업자의 공통적인 고민은 "어떻게 하면 좋은 인테리어 파트너를 만날 수 있을까?"이다. 현재 창업시장에서 인테리어 파트너는 마치 행운의 존재처럼 여겨진다. 그만큼 창업자에겐 좋은 인테리어 파트너를 만난다는 게 어렵다는 것이다. 좋은 인테리어 파트너는 없는 것일까? 아니면 못 만나는 것일까?

사실 인테리어 디자이너 입장에서 보면 좋은 결과를 만들어낼 수 있는 디자이너가 없다는 것은 말이 안 된다. 디자이너도 자신의 결과를 위해서 최선을 다하고 스스로 발전하기 위해 많은 노력을 한다. 그런데 창업시장에서는 창업자와 호흡이 잘 맞는 인테리어 파트너 찾기가 이렇게도 힘든 것일까? 창업 과정 중에서 이 문제만 지금보다 쉽게 해결할 수 있는 방법을 찾아낸다면 많은 카페 창업자에게 큰 도움이 될 것이다. 나는 이 문제를 놓고 원인을 파악하기 위해 많은 인터뷰와 실제 창업 예정자와 매장 인테리어를 놓고 상담을 진행해왔다. 그 결과 창업자와 다양한 경우를 살펴보니 공통적인 문제의 핵심을 알 수 있었다. 하나는 창업 투자비의 예산이 창업자와 인테리어 파트너 간에 공유되지 않는 것이며, 또 다른 하나는 카페 인테리어에 대한 이해가 부족하다는 점이다.

카페 창업의
예산 기준을 제시하라

창업자와 인테리어 파트너는 대부분 첫 만남에서부터 기준이 명확하지 않은 상태로 대화를 나눈다. 카페 인테리어 때문에 처음 만난 창업자는 대부분 이런 질문을 먼저 했다.

"15평형 정도 되는 규모의 카페 인테리어 견적은 대략 얼마나 될까요?"

창업자의 이런 질문에 어떤 인테리어 업체는 평당 얼마에 가능하다고 답변을 했을지 모른다. 하지만 창업자와 인테리어 업체와의 고질적인 문제는 이 대화에서 시작된다. 왜냐하면 요즘 창업시장에서는 인테리어 견적을 평당 얼마라고 단정 지을 수 없기 때문이다. 이 평당 단가에 대한 개념은 주거 인테리어에서 자주 사용된다. 이를테면 어떤 아파트 단지의 경우 한 집당 평수와 구조가 같기 때문에 몇 채만 인테리어해보면 거주민의 경제력에 따라서 평당 단가가 거의 일치하게 된다. 이런 상황에서는 인테리어 업체와의 미팅에서 평당 단가를 기준으로 대화가 가능하다.

그러나 상업 공간은 전혀 다른 게임이다. 상권마다 그리고 입지와 건물에 따라서 전혀 다른 공간을 만나게 된다. 더불어 공간의 형태도 다르지만 그 공간이 가지고 있는 기본적인 컨디션이 같을 수가 없다. 이를테면 어떤 공간은 이미 전기 증설이 되어 있어 그 작업이 필요 없을 수도 있고, 또 어떤 공간은 철거만 해서 많은 비용이 필요할 수도 있다. 이런 다양한 변수를 가진 공간이 바로 상업 공간이다. 그런데 이런 공간을 놓고 인테리어에 대한 이야기를 나눌 때, 디자인 계획에 맞춰 도면도 그려지지 않았는데 그 단가를 평균 낸다는 것 자체가 말이 안 된다. 이러한 이유로 평당 단가를 기준으로 계약을 한 창업자는 나중에 발견된 예측하지 못한 문제들 때문에 추가 비용을 요청하는 인테리어 파트너에게 불만이 생기게 되는 것이다. 이런 상황에서 다툼은 당연할 수밖에 없다.

입장 차가 너무 다르기 때문이다. 인테리어 파트너의 경우 순수 인테리어만 해서 그 정도 단가를 제시한 것이고, 추가 비용에 대한 요청은 현장 조건이 너무 특수한 경우라서 어쩔 수 없다는 입장이다. 하지만 창업자 입장에서는 가뜩이나 예산이 빠듯한데 처음과 너무 달라진 인테리어 파트너의 말과 행동 때문에 불만이 생길 수밖에 없는 것이다.

따라서 창업자를 만났을 때부터 투자비용의 예산을 물어봐야 한다. 물론 처음부터 예산을 물어보게 되면 약점이라도 보이는 것처럼 대부분의 사람이 거부 반응이 있다. 나 역시도 그랬다. 그러나 창업자가 갖춰야 할 자세에 대해서 자세히 설명해줬더니, 거부 반응이 줄어들기 시작했다. 그 내용은 크게 두 가지로 구분할 수 있다.

첫째, 창업의 주인공은 창업자 자신이다. 즉 카페의 오너가 중심이 되어 창업을 주도적으로 이끌어갈 필요가 있다는 말이다.

둘째, 수치적인 부분은 숨겨야 되는 것이 아니라 가장 드러내야 한다. 창업자는 정해진 예산 안에서 최선을 다해야 한다. 정해진 예산을 계획하고 집행하는 것을 남에게 맡긴다는 것 자체가 잘못된 창업의 방식이다. 총 창업 예산이 있다면 그 안에서 일정 비율을 카페 인테리어 예산으로 잡아놓아야 한다. 물론 창업자 입장에서 인테리어 실무에 대한 감각이 없기 때문에 어느 정도 비율이 현명한지에 대한 고민은 있을 수 있다. 그래도 스스로 할 수 있어야 한다. 자신이 책임져야 하는 사업이기 때문이다. 그 비율이 높고 낮음을 떠나 예산을 산정해놓고, 인테리어 파트너를 만났을 때 먼저 그 조건과 그에 따른 의견을 전달하면 된다. 창업자는 예비 오너로서 최종결정권자이지, 인테리어 실무자는 아니기 때문이다.

이 과정을 간략히 설명하면 다음과 같다. 먼저 창업자는 위의 두 가지 사항을 고려하여 인테리어 업체들의 정보를 살펴보면서 포트폴리오와 인테리어 파트너의 활동 등을 근거로 2~3군데 골라 미팅을 진행한다. 동시에 계약된 현장을 보여주면서 창업자가 생각한 기준을 설명한다. 즉 카페 콘셉트, 공간의 크기, 인테리어에 책정된 예산을 공개해야 한다. 이렇게 충분히 창업자의 의견을 전달하면 각각의 인테리어 파트너는 각자 나름대로의 디자인적인 결과물을 제안할 것이다. 물론 창업자가 제시한 예산에 못 맞추는 경우도 있다. 이때에는 못 맞추면 못 맞추는 대로 필요한 최소한의 예산을 요구할 수도 있고, 포기할 수도 있다.

이런 상황에서 창업자는 부담을 느낄 필요가 없다. 각자의 능력에 따라 어느 경우에는 가능할지 모르지만, 어느 경우에는 전혀 불가능할 수도 있기 때문이다. 이런 다양한 인테리어 파트너들의 제안사항을 검토한 후 조건이 좋은 쪽으로 결정하여 수정을 거친 다음에 인테리어 파트너와 계약하여 좀 더 나은 결과를 만들어가면 된다.

나는 지금까지 의뢰한 창업자의 예산을 듣지 않고 인테리어를 진행한 적이 없다. 디자이너는 상업예술을 하는 사람이다. 상업예술은 어느 작가의 예술 작품처럼 자신을 희생해서까지 몰입하지 않는다. 대신 정확한 예산 안에서 모든 것을 계획하고 콘셉트를 효과적으로 표현해주는 것이다. 예산을 감춘 채로 창업자와 인테리어 파트너가 견적 스무 고개를 하게 되면 시간낭비일뿐더러, 어쩌면 인테리어 업체는 기회를 놓치게 될 수도 있다. 즉 예산 기준이 없으면 창업자가 희망하는 디자인을 잘못 파악하여 전혀 다른 디자인이 나오기도 하며, 창업자의 예산 기준에서 많이 벗어난 견적을 계획할 수도 있다. 이런 경우 인테리어 파트너는 선택받지 못하게 된다.

이렇듯 카페 창업에서 좋은 인테리어 파트너를 만나는 것은 창업자가 어떻게 만드느냐에 달렸다. 따라서 창업자가 좋은 인테리어 파트너를 만나려면 가장 중요한 핵심인 예산을 먼저 계획하고, 파트너에게 예산 기준을 제시할 수 있어야 한다. 한마디로 예산을 통해서 인테리어 파트너와 기준을 명확히 설정해 디자인 제안을 받을 수 있어야 한다.

카페 인테리어에 대한 이해

창업자 자신이 계획한 카페에 적합한 인테리어 파트너를 잘 고르기 위해서는 창업자 스스로가 카페 인테리어에 대해 어느 정도 이해하고 있어야 한다. 앞서 잠깐 설명했듯이 카페 인테리어는 크게 상업 공간 인테리어에 포함된다. 상업 공간 인테리어는 주거 공간과 계획이나 그 쓰임이 전혀 다르다. 살기 위한 인테리어와 팔기 위한 인테리어는 전혀 다를 수밖에 없다. 가정집에 들어가는 전기용량과 카페에 들어가는 전기용량의 차이만 보더라도 그 기능이 전혀 다르다.

상업 공간만 하더라도 분야가 다양하게 세분화되어 있는데, 공간의 역할에 따른 설비가 전부 다르기 때문이다. 예를 들면 패션 스토어와 헤어숍, 카페의 경우 그 공간에 들어가는 집기와 그 역할에 큰 차이가 있다. 그래서 패션 스토어만 담당했던 디자이너가 카페를 디자인하게 되었을 때 헤맬 수밖에 없는 것이다. 나 역시 오래 전 카페 외에 패션 스토어를 디렉팅할 기회가 있었는데 패션 스토어에서 발생하는 예외적인 상황으로 인해 당황한 적이 있다. 행거에 옷을 다 걸었는데, 그만 행거가 뜯어져버렸다. 아마 패션 스토어를 전문적으로 했던 사람이었다면 파이프의 두께와 강도를 좀 더 높은 것으로 선택했을 것이다. 하지만 경험이 없었던 나는 파이프가 옷 무게를 버티는 부분을 생각하지 못했고, 기본적인 파이프로 깔끔하게만 제작했다. 그 결과 그 파이프는 옷의 무게를 견디지 못하고 휘어지고, 뜯어졌던 것이다.

이렇듯 상업 공간은 그 공간마다 특수한 경우를 알고 있는 인테리어 파트너와 계약하는 것이 좋다. 그래서 창업자는 디자이너 파트너를 선택할 때 자신이 원하는 매장에 대해 어느 정도의 경험이 있는지 파악해야 한다. 즉 포트폴리오를 확인하면서 설명을 요구하면 평소 이 디자이너가 어떤 방식으로 일을 해결하는지 간접적으로 알 수 있다.

창업자는 최종결정권자가 되어야 한다

좋은 인테리어 파트너를 만나는 방법을 이해했다면 지금부터 창업자는 스스로 오너가 되어 최종결정을 잘 내릴 수 있는 역할을 맡아야 한다. 간혹 창업자 중 시간이 흐를수록 인테리어 파트너와 비슷하게 디자이너가 되는 경향이 있다. 창업에 있어서 오너는 디자이너가 아니라는 것을 확실하게 인지하고 있어야 한다. 카페 인테리어를 하면서 서로의 역할이 겹치면 책임만 전가받는 느낌을 받게 되며, 인테리어 파트너는 좋은 결과를 만드는 것에 부담을 느끼게 된다.

따라서 창업자는 오너라는 사실을 잊지 말고, 계약 전에 파트너와 많은 대화를 통해 업무과정을 상세하게 협의할 필요가 있다. 계약 이후부터는 인테리어 파트너가 좋은 결과를 만들어갈 수 있도록 환경을 만들어줄 수 있어야 한다. 좋은 관계를 먼저 만들어야 좋은 결과도 따라오는 것이라는 사실을 잊지 말자.

05 인테리어 견적 제대로 받는 법

　　　　　　　창업 준비과정에서 인테리어에 들어가는 비용은 전체 창업 예산에서 상당한 비중을 차지한다. 적어도 30% 이상의 자본이 들어가는 과정이기 때문에 창업자는 신중하게 된다. 그러나 막상 인테리어가 진행되는 과정을 살펴보면 전략적으로 미숙한 부분들이 보인다. 당연히 첫 경험은 미숙할 수밖에 없기 때문에 이런 모습들로 진행되는 게 당연하다. 하지만 큰 비용이 들어가는 부분인 만큼 처음부터 제대로 접근할 수 있는 방법을 알 필요가 있다.

　가장 먼저 인테리어 견적이 구성되는 룰을 알면 마음이 한결 편하다. 대부분 자재비, 인건비, 설계비와 진행비용의 비율, 포함 내역과 비포함 내역을 중심으로 견적이 구성된다. 어떤 부분에서 신중해야 하는지 알아보자.

자재비는 업체마다 다르다

어떤 창업자는 인테리어 업체와 계약하기 전 견적에 대한 대화를 나눌 때 견적서의 자재비 하나하나를 상세하게 살피기도 한다. 물론 항목별로 신중히 살펴보는 것은 당연하다. 하지만 간혹 창업자 중에는 다른 업체의 자재비와 비교하거나 네이버 지식쇼핑 등에 제시된 자재와 그 비용을 비교하기도 한다. 이럴 경우 대부분 인테리어 업체와 좋은 관계를 만들지 못한다.

창업자는 자재비에 대해서 본인이 창업하려는 카페와 비교하여 생각하면 훨씬 이해가 쉽다. 카페도 많은 부재료를 유통회사에서 유통 받아 그 카페만의 메뉴를 만들어내듯이 인테리어 업체도 똑같다. 인테리어 업체의 특성과 잘 맞은 자재상들과 거래해서 매장을 만든다고 생각하면 된다. 따라서 자재비의 경우는 인테리어 업체가 책정하는 것이 아니기 때문에 자재상에 따라 조건이 다를 수밖에 없는 것이다. 소비자도 마찬가지다. 자신이 마시는 커피에 어떤 재료가 들어가는지 궁금해할 수 있어도 재료 단가 하나하나에 민감하게 반응하거나 지불한 메뉴 가격에 불만을 갖지 않는다.

견적서를 살펴볼 때 자재 단가보다는 자재 종류에 좀 더 관심을 갖는 게 좋다. 자재 종류는 직접 눈으로 보이는 것으로, 만져지거나 구조적으로 쓰이기 때문에 안전에 영향을 준다. 그러므로 자재 종류는 최대한 같은 기준으로 생각할 수 있도록 상세히 질문하여 원하는 대답을 들을 수 있어야 한다.

인건비는 공정의 영향을 받는다

견적서에서 자재비 다음으로 보게 되는 것이 인건비다. 인건비는 순수 작업자들의 하루 일품을 의미한다. 대부분 인테리어 업체는 그들만의 전문 시공팀을 꾸리고 있다. 인건비는 도서산간 지방을 제외하고 대부분 비슷하다. 그런데 결과를 보면 왜 인건비가 집행되는 게 천차만별일까? 바로 공정 때문이다. 공사 내용에 따라서 인건비의 쓰임이 다르게 계획된다. 목수 작업이 많은 공사 내용이 있고, 도장 작업이 많은 공사 내용이 있다. 그리고 각 공정별로 어떻게 계획되느냐에 따라서 작업자들이 편성되는 게 조금씩 다르다. 견적서는 인건비가 거의 전부라고 해도 과언이 아니다. 과거 목수 작업이 주를 이루었던 어느 카페를 진행했을 때, 공사비의 대부분이 인건비로 나갔다. 그 이후 목수 작업에 있어서는 적절히 계획하게 되었다. 아무래도 큰 효과를 얻을 수 있는 한옥 같은 곳이 아니라면 다른 형태저인 것과 소재, 그리고 색감적인 것으로 충분히 쉽게 대체할 수 있기 때문이다.

또한 창업자는 공사가 시작되면 공정이 잘 진행될 수 있도록 흐름을 지켜줘야 한다. 간혹 미팅 때 자세한 이야기를 나누지 않아서 공사 중간에 창업자에 의해 내용이 변경되는 경우가 있다. 이럴 경우 계획된 일정에 변수가 생기면서 비용이 허무하게 지불된다. 대부분의 인건비는 작업이 잡히는 순간 지불된다고 생각하는 것이 좋다. 대부분의 시공팀은 그 업체만을 위해서 존재하지 않고, 다른 업체 현장에서도 활동하기 때문에 하루하루 공사 일정을 잡아놓는 게 굉장히 중요하다. 그런데 미리 잡은 일정이 갑작스럽게 취소되면 작업자는 수익을 잃게 된다. 즉 수익이 생길 수 있었는데 잃게 되니 손해라고 생각하게 된다. 따라서 설계하는 시간은 오래 걸려도 되니 최대한 치밀하게 인테리어 파트너와 대화를 나눈 후 공사가 시작되면 자연적인 것 외에는 어떤 변수도 생기지 않도록 창업자가 적극 협조해야 한다.

설계비용과 진행비용 비율을 확인하라

어떤 인테리어 업체는 견적서에 설계비용과 진행비용이 표기되지 않은 경우가 있다. 그러나 견적서에는 시공 이윤이라는 항목으로 업체의 수익이 표기되어 있어야 한다. 이 부분에 있어서는 의견이 다양하다. 매장 인테리어도 하나의 제품처럼 생각할 수 있기 때문에 제품 영수증에 직접 이윤을 표기하지 않는 것처럼 인테리어 견적서도 마찬가지로 생각할 수 있지 않느냐는 것이다. 어떻게 생각하면 맞는 말인 것 같기도 하다. 그래서 어떤 견적서를 보면 전체적인 공사비용에 대한 큰 항목들의 비용만 표기한 채로 창업자에게 전달된다. 그런데 사실 창업자는 이런 견적서를 보면 의혹을 품게 된다. 그리고 그 의혹은 공사 처음부터 끝까지 서로에게 알 수 없는 벽을 만들게 된다.

    이런 의미에서 업체 이윤에 대한 부분을 직접적으로 노출시킨 견적서가 훨씬 도움이 된다. 나 역시도 초창기와는 달리 견적서의 내용이 많이 변경되었다. 지금의 견적서에는 설계비용과 진행비용이 공사 내용에 따라서 %로 표기되어 있다 이는 다양한 경험을 통해 최근의 견적서로 고정된 것이다. 설계비용은 말 그대로 설계한 것에 대한 대가이다. 그리고 진행비용은 공사를 진행하는 그 기간 동안 현장을 운영하면서 발생하는 다양한 기타 비용이다. 창업자는 견적서를 살펴보면서 이 %를 잘 확인하여 합리적인지 판단해야 한다. 그래야 인테리어 업체에 대한 신뢰가 생긴다. 인테리어 업체별로 이윤을 표기하는 법은 다르다. 용어는 다르지만 목적은 이윤이다.

포함 내역과 비포함 내역을 확인하라

대부분의 창업자는 인테리어 상담 중 어디까지 진행해줄 수 있는지 묻는다. 인테리어가 진행되는 범위를 포함하는 것은 규정하기 나름이다. 즉 계약하기 나름이라는 것이다. 창업자는 자신의 특수한 상황을 이해하고 있어야 한다. 주거 공간을 인테리어하기 위해 만난 게 아니라, 차가운 상업 공간에 기능적이고 미적인 감성을 그려내야 한다.

창업자는 인테리어 견적에 있어서 어떤 공사 내용이 포함되어 있고, 어떤 내용이 포함되어 있지 않은지를 알고 있어야 한다. 포함되어 있지 않은 부분은 창업자가 감당해야 한다. 따라서 인테리어 견적을 받을 때 비포함 내역을 넣을 필요가 없다. 제반설비까지 전부 포함해서 견적을 받으면 된다. 대부분 견적에 포함되어 있지 않은 항목은 냉난방기와 가스, 전기승합, 간판, 어닝, 테라스 등이며, 이 상태로 미팅이 진행되는 경우도 있다. 이런 견적으로 인테리어가 진행되면 공사 중간에 수시로 견적 때문에 문제가 발생하게 된다. 한마디로 창업자는 여러 업체에 견적을 의뢰할 때 모든 내용을 포함한 견적서를 요청해야 한다. 그래야 디자인 시안과 비교할 수 있으며, 업체를 결정하는 데 도움이 된다.

시스템 중심으로 디자인하다

01 테이크아웃 카페
Take-Out Cafe

얼마 전 다녀온 호주 '브리즈번'과 '시드니'의 기분 좋은 날씨는 거리를 걷게 만들었다. 공원이나 거리에는 이 날씨를 충분히 즐기는 사람들이 많았는데, 특히 '브리즈번' 공원에는 인공해변도 있어 사람들이 야외활동을 더욱 좋아하는 듯했다. 이렇게 날씨가 좋다 보니 자연스럽게 테이크아웃Take-Out 카페 형태가 발달했을 것이다. 카페 안에서 시간을 보내는 사람들도 있지만, 호주의 많은 사람은 외부에서 커피를 더 많이 즐긴다. 야외 테라스 카페가 많이 발달되어 있었고, 길을 걷거나 야외에서 커피를 마시는 사람들이 많이 보였다. 이런 모습들을 보면서 소비문화는 환경에 영향을 많이 받는다는 생각이 들었다.

나는 걷는 것보다는 한 곳에 앉아 있는 시간을 더 즐긴다. 또한 항상 카페에 들어가 카페 분위기와 함께 커피, 그리고 시간을 즐기는 것을 좋아한다. 그런데 호주에서는 평소와 다른 모습으로 커피를 즐겼다. 호주에서는 '아메리카노'를 '롱블랙'이라 부르는데, 나는 '롱블랙'을 주문해서 거리를 걸으며 마셨고, 공원 벤치에 앉아서 커피를 즐겼다. 작업할 일이 있으면 카페 안보다 공원에서 했다. 이런 모습은 나뿐 아니라 많은 사람에게서도 볼 수 있는 자연스러운 모습이었다. 그 당시 호주 날씨는 우리나라의 5월에서 6월 초 날씨와 많이 비슷했다. 우리나라에서도 이 시기가 되면 많은 사람이 커피를 들고 길로 나선다. 그렇기 때문에 테이크아웃 카페는 이런 환경에서 가장 큰 강점을 드러낸다.

테이크아웃 카페를 방문하는 사람들을 살펴보면 대부분이 현재 자신의 모습을 좀 더 만족스럽게 끌어올리기 위한 경우가 많다. 즉 날씨 좋은 날에 길을 걸으면서 이왕이면 커피꼭 커피가 아니더라도 한 잔까지 손에 들려 있기를 원하는 것이다. 평균적으로 테이크아웃 카페의 에너지는 다른 타입의 카페보다 조금은 업$_{up}$되어 있는 모습이다. 아무래도 가만히 머물러 있기를 바라는 사람보다는 활동적인 사람이 많이 찾기 때문일 것이다. 그래서인지 바리스타의 기분 좋은 한마디가 더해지면 자연스럽게 고객과 적극적인 소통이 이루어진다.

이처럼 테이크아웃 카페에서는 메뉴가 만들어지는 동안 바리스타와 가벼운 대화를 나눌 수 있다. '날씨가 좋다', '여행 중이냐', '오늘 어떠냐', '오늘 뭐 하냐' 등 일상의 가벼운 대화를 나누다 보면 바리스타와 금세 친해진다. 이렇게 친해지는 경우가 많다 보니 사람들마다 자신의 생활 동선 안에 단골 테이크아웃 카페 하나쯤은 있다. 나도 호주 멜버른에 머무는 동안 그런 카페 하나가 있었다. 'Market Lane Coffee마켓 레인 커피'였는데, 내가 머물렀던 숙소 근처에 있던 약 3~4평 정도의 아주 작은 카페다. 이곳은 동네에서뿐 아니라 멜버른에서도 유명했다. 바리스타는 무척 친절해서 사람들에게 사랑을 받았으며, 무엇보다 커피 맛이 좋은 곳으로 더욱 유명했다. 이것만으로도 테이크아웃 카페의 매력은 충분하다. 물론 어떤 것에 포커스를 두느냐에 따라 매력의 기준은 달라질 수 있다.

고객이 커피를 즐기는 형태에 따라서 카페를 두 가지로 분류할 수 있다. 그 중 하나가 호주에서 많이 볼 수 있었던 테이크아웃Take-Out 카페다. 말 그대로 고객들은 이곳에서 커피 등을 사서 나가면서 커피 및 음료에 대한 욕구를 즉각 채우게 된다. 그렇기 때문에 테이크아웃 카페는 주로 유동인구가 많은 번화가에서 쉽게 만날 수 있다. 즉 길을 지나다 커피 한 잔이 생각났는데, 마침 테이크아웃 카페가 보인다면 자연스럽게 다가가 주문할 수 있다. 목적지까지 가는 길에 한잔의 커피나 원했던 음료를 마시며 목을 축인다. 이어폰으로 음악까지 듣고 있다면 이보다 더 좋은 조건은 없을 것이다.

그리고 테이크아웃 카페는 카페 형태 중에서 가장 작은 규모의 매장을 갖는다. 이런 이유로 창업을 준비하는 많은 오너가 원하기도 하고, 창업하기도 쉬워 주변에서 흔하게 볼 수 있다. 그러나 규모가 작아도 되고, 창업하기에 접근성이 좋다고 해서 쉬운 카페 타입은 아니다. 입지의 영향에 예민하게 반응하고, 카페 오너나 커피를 만드는 바리스타의 영향을 크게 받기 때문에 절대 쉽다고 볼 수 없다. 즉 자유도가 높은 만큼 컨트롤해야 하는 변수가 많다. 실제로 한 블록, 길 건너의 차이로 매출 차이가 크게 나타난다. 따라서 작다고 쉽게 볼 게 아니라 오히려 더 치밀하고, 디테일하게 점검한 후 창업해야 한다. 테이크아웃 카페는 성장과 확장에 있어서 빠른 피드백을 받을 수 있어서 많은 오너가 선호하는 카페 타입 중 하나로, 좋은 결과를 얻을 확률이 높다.

테이크아웃 카페의 Good & Bad Point

Good Point 1   소자본 창업에 적합하다.

테이크아웃 서비스 형태가 강조될수록 카페는 주방 외에 최소한의 공간만 필요하다. 어쩌면 그 최소한의 공간도 필요 없을 수 있다. 약 3평 정도로 최소화된 카페에서는 고객이 거리에서 바로 메뉴를 주문할 수 있다. 그렇다 보니 작은 규모의 점포에서 창업이 가능한 것이다. 결국 이런 조건적 특징은 소자본 창업을 가능하게 만든다. 상권에 따라서 다를 수 있지만 상대적으로 작은 규모의 점포는 평균적인 다른 카페들보다 임대 조건이 저렴하고, 인테리어 비용도 작은 규모만큼 적게 들기 때문에 소자본으로 카페를 창업할 수 있다. 또한 운영하면서 발생하는 고정비의 부담도 조금이지만 줄일 수 있다.

Good Point 2   회전율을 최대한 높여 수익을 극대화할 수 있다.

테이블 카페 형태와는 달리 테이크아웃 형태가 강조될수록 회전율이 높아진다. 아무래도 메뉴 한 개당 공간 내에서 고객이 머무르는 시간이 다르기 때문에 자연스럽게 테이크아웃 카페의 회전율은 높을 수밖에 없다. 그리고 카페 음료 메뉴의 경우 객 단가가 다른 식음료 매장의 메뉴보다 낮기 때문에 수익을 신경 쓴다면 회전율을 높여야 한다. 그래서 나는 디렉팅을 할 때 테이크아웃 메뉴 구성에 신경을 많이 쓰는 편이다. 테이블 매장과 비교했을 때, 20석 기준으로 20명이 테이블에 앉아서 메뉴를 즐기는 경우와 테이크아웃 카페에 20명이 방문한 경우는 시간적인 측면에서 차이가 크다. 20명이 테이블에 앉아 있을 경우, 단정적일 수 있지만, 최소 30분에서 1시간 이상은 그 수익이 고정적이다. 하지만 테이크아웃 카페의 경우 20명이 방문했을 때 한 메뉴당 1분 30초 정도로 잡고 약 30분 후면 새로운 고객들을 맞이할 수 있는 조건이 된다. 이런 장점을 잘 활용하여 좋은 전략을 만들어내면 수익적으로 좋은 결과를 얻을 수 있다.

Good Point 3 | 점포의 성장 및 확장의 시기가 빨리 오는 편이다.

규모가 큰 다른 카페보다 상대적으로 적은 비용으로 창업한 만큼 투자된 금액도 빨리 회수되거나 캐시 플로우 Cash Flow, 현금흐름가 좋다. 따라서 테이크아웃 카페를 선택한 오너는 좀 더 큰 규모로 점포를 확장하거나 두 번째 점포를 오픈하는 데까지 시간이 그리 오래 걸리지 않는 경우가 많다. 내가 경험한 오너들 중 어떤 분은 1년 만에 확장하기도 했지만, 평균적으로 2년 정도 걸렸다. 그렇다고 테이크아웃 카페 창업에 도전한 모든 오너가 성장과 성공을 거머쥔 것은 아니다. 창업에 성공한 경우를 보면 카페를 지지해주는 고객에게 주는 것을 먼저 생각했다는 공통점이 있다.

Bad Point 1 오너만의 브랜드력을 제대로 갖추지 않으면 생존조차 힘들다.

최근에는 '저가 커피'라는 단어가 이슈화되면서 그 이슈를 이용한 형태의 카페가 많이 생겨나고 있다. 대부분 테이크아웃 카페이거나 프랜차이즈 브랜드다. 사실 우리나라에서는 프랜차이즈 브랜드가 고객에게 많은 영향을 주는데, 바로 군중심리를 자극하기 때문이다. 일단 거리에서 많이 보이면 판단기준이 되어버리는 경향이 강하다. 프랜차이즈 브랜드는 먼저 디자인에서 완성도가 높은 편이고, 소비자에게 익숙하다. 그리고 전문 디자이너가 작업하기 때문에 목표한 콘셉트가 고객에게 잘 전달되는 편이다. 이런 점이 프랜차이즈 카페 창업을 선택하지 않은 오너를 위협한다. 그렇기 때문에 경쟁이 치열한 거리에서 생존하기 위해서는 자기 매장만의 경쟁력을 갖춰야 한다. 여기서 말하는 경쟁력이란, 쉽게 말해 다른 매장과 겹치지 않는 자신만의 매력적인 콘셉트를 갖는다는 것을 뜻한다. 특별한 오너 메이드 메뉴나 독특한 서비스 방식이 매력적인 콘셉트가 될 수 있고, 그 매력적인 콘텐츠와 어떤 시각적인 기획이 만났느냐에 따라 경쟁력이 될 수 있다.

Bad Point 2 오너에게 테이크아웃 카페만의 감성이 필요하다.

테이크아웃 형태가 강조된 카페일수록 사실 작업자에게는 좋지 않은 환경이다. 일단 바리스타가 교대 근무를 한다고 하더라도 몇 시간 동안 좁은 공간에서 고정적인 자세로 일을 해야 한다. 이는 작업자에게는 좋은 환경이 아니며 자칫 피로도가 심하게 쌓이게 될 경우 고객에게 안 좋은 영향을 끼칠 수도 있다. 또한 다른 카페 타입과는 달리 바리스타의 커피 및 음료를 만드는 테크닉뿐만 아니라 현장에서 고객을 사로잡을 수 있는 매력이 필요하다. 바리스타와 고객의 거리가 기본적으로 가깝기 때문에 고객과 편한 관계를 형성해야 하고, 이 정도에 따라 카페 매출의 결과가 달라지기도 한다. 따라서 테이크아웃 카페만의 매력을 발휘할 수 있는 오너가 창업을 하든지, 그 장점에 걸맞은 바리스타를 고용해야 한다. 어쩌면 사람이 카페를 살릴 수도 죽일 수도 있다.

Bad Point 3 상권과 입지를 잘 선택해야 한다.

테이크아웃 카페는 1차선 도로를 건너고 안 건너고의 차이에서도 매출에 큰 영향을 받고, 한 블록 차이로도 영향을 크게 받는다. 즉 작기 때문에 영향을 받는 요소가 많아진 것이다. 거리나 그 거리 조건이 만들어낸 사람들의 움직임에 의해 치명적인 영향을 받을 수 있기 때문에 그만큼 치밀한 전략적 분석이 있지 않으면 좋은 결과를 얻지 못할 가능성이 크다. 규모가 작다고 절대 무시하면 안 된다. 작을수록 작은 흐름에도 쉽게 영향을 받기 때문에 오히려 더 디테일하고 철저하게 준비해야 한다. 강물에 띄워 놓은 나뭇잎과 같다고 생각하면 이해가 쉽다.

카페 디렉터가 알려주는 **디렉팅 레시피**

STEP 1
롤 모델 선정하기
마켓 레인 커피 Market Lane Coffee, 호주 멜버른, **빽다방, 스탠딩 커피, 쥬시, 이디야**스몰숍, 스트릿 추로스 등

STEP 2
적정 규모 알아보기
최소 3평형~최대 10평형
ㄴ 10평형 이상부터는 테이크아웃 카페로 분류하는 것보다 테이크아웃 서비스가 가능한 다른 형태로 구분해야 한다.

STEP 3
추천 상권 및 입지
힙Hip한 거리, 걷고 싶은 거리, 공원 근처, 대학가, 버스정류장 앞, 지하철 역 지하상점, 쇼핑몰 등

STEP 4
창업비용 예상하기
약 최소 3,000만 원대 이상 부동산 임대료 제외
ㄴ 조건에 따라서 비용의 변동 폭이 크지만 통계적으로 약 3,000만 원대부터 창업이 가능하다.

STEP 5
인테리어 비용 예상하기
최소 1,000만 원대~최대 3,000만 원대 +500만 원
ㄴ 최대 10평형 이하로 조건을 압축했을 때 인테리어 예상 비용은 통계적으로 최대 3,000만 원대까지가 좋은 결과가 있었다. 단, 복층 계획과 일정 규모 이상의 테라스 계획이 있으면 비용은 상향 조정된다.

어울리는 메뉴 결정하기
커피, 음료, 티, 스무디, 아이스크림, 크레페, 샌드위치, 와플, 추로스 등
ㄴ 조리가 간편해서 빠른 시간에 처리할 수 있는 메뉴일수록 테이크아웃 카페에 유리하다.

추천 디자인 레시피
1 매장 전면Facade은 카페의 얼굴, 파사드에 나만의 감각을 표현하라!
공간의 규모가 작기 때문에 내부에서 많은 시도를 하는 것보다는 외부 계획을 먼저 하는 것이 좋다. 공간에 따라서 사람의 눈은 인지하는 정도가 다르다. 작은 공간일수록 전체를 인지하기보다는 시야거리가 짧아져서 인지 범위도 좁아진다. 때문에 부분적인 요소들을 각각 인지하고 그 요소들을 조합하여 전체 공간을 이해하게 된다. 그렇기 때문에 상대적으로 규모가 작은 테이크아웃 카페의 경우 공간 내부는 톤을 맞춰주는 것에 목표를 두는 것이 좋다. 반면에 외부, 매장 전면의 경우는 최대한 독특하게 보이도록 디자인을 기획하는 편이 좋다. 아무래도 지나는 고객 중 마침 커피나 음료 욕구가 생긴 고객의 시선을 바로 사로잡아야 하기 때문이다. 인테리어 비용적으로 봐도 매장 전면에 들어간 비용의 비율이 클 가능성이 높다. 예산적인 문제로 평범한 매장 전면 계획이 나올 경우, 컬러나 과감한 패턴을 활용해서라도 눈에 띄는 계획을 세워야 한다. 그리고 입간판이나 엑스배너 등을 효과적으로 활용할 수 있어야 한다.

2 테이크아웃 용기는 걸어 다니는 광고판이다. 패키지 디자인을 신경 써라!
타입별로 카페를 이루는 요소들에 강약을 적절히 주는 것이 좋다. 오너는 카페가 자신의 것이고, 적지 않은 비용이 들어가기 때문에 점점 욕심이 커질 때가 많다. 그러다 보면 하나의 카페를 만들 때 구성되는 모든 요소에 완벽을 추구하게 된다. 그러나 완벽한 것에서는 오히려 매력이 느껴지지 않는다. 그렇기 때문에 오너는 어느 부분에서 힘을 뺄 수 있어야 하고, 집중해야 할 부분에는 투자를 아끼지 않아야 한다. 즉 리드미컬한 강약을 잘 활용해야 한다. 많은 오너가 창업을 준비하면서 당장 눈앞에 직면한 문제를 해결하는 데 급급하다 보니 상대적으로 테이크아웃 용기에는 신경을 덜 쓰게 되고 나중에 챙기게 된다. 테이크아웃 용기는 카페를 홍보하는 걸어 다니는 광고판이라 할 수 있다. 들고 다니는 것만으로도 카페 홍보 효과를 누릴 수 있는 테이크아웃 용기 디자인에 신경 쓰도록 하자. 창업을 위해 예산을 계획하는 과정에서부터 매장 전면 디자인과 테이크아웃 용기 디자인 정도는 미리 예산을 잡아두는 게 좋다.

❸ 작은 소품으로 매장 내부를 연출해야 효과적이다.

소품을 잘 활용하는 공간연출 전략을 활용하면 좋다. 작은 공간일수록 소품으로 연출했을 때 좋은 효과를 얻을 수 있다. 주거 공간 인테리어에서도 작을수록 심플한 공간을 만들고, 그 안에 놓이는 가구·제품 및 소품들에 신경 쓰게 된다. 또한 가구나 집기 그리고 소품들을 계획할 때도 공간 스케일과 비례감이 잘 맞아야 한다. 작은 집에 큰 TV를 놓으면 가시거리 때문에 효과도 없을뿐더러 오히려 큰 물체 때문에 답답함을 느끼게 되듯이 카페도 마찬가지다. 작은 공간일수록 다이내믹하게 표현하기보다는 시선이 머무는 곳에 다양한 이벤트들로 재미를 부여해야 한다. 단, 소품 연출을 할 때는 큰 콘셉트 안에서 계획해야 한다. 너무 다양한 콘셉트가 한 공간에 겹치게 되면 아무것도 없는 공간이 될 수 있다는 점을 주의하자. 창업을 순비하는 오너의 연령대가 높을수록 공간에 효과적인 계획을 선택하기보다는 무조건 크거나 가격대가 높은 것을 선택하려는 경향이 있는데, 창업에 있어서는 매우 좋지 않은 습관이다.

❹ 작은 주방 동선을 디테일하게 설계해야 한다.

규모가 작아서 무시하기 쉬운 주방의 작업 동선을 끝까지 잘 살펴보고 설계해야 한다. 테이크아웃 카페일수록 속도전이다. 고정적으로 오는 고객들이 어느 정도 한정되어 있다면 얼마나 많은 잔을 판매할 수 있는가에 따라서 카페 수익이 좌우된다. 속도전에서 우위에 서려면 주방 설계가 잘 되어 있어야 한다. 커피 바에서 일하다 보면 자연스럽게 알게 되는 것이 있는데, 한두 동작 차이로 같은 시간 내에 만들 수 있는 메뉴의 수가 달라진다. 이 동작을 좌우하는 것이 바로 주방 설계다. 주방 설계의 경우 현장 경험이 많거나 이 분야의 전문가여야 잘할 수 있다. 실전 경험이 없는 상태에서 오너 스스로 멋진 설계를 구상할 수 없다. 그렇기 때문에 좋은 트레이너에게 테크닉을 배워야 하며, 그분들의 도움을 받아서 주방 설계를 해야 한다. 그래서 나는 디렉팅 할 때 메뉴 설계에 있어서는 오너에게 톱Top 코치들을 연결해주려고 노력한다. 최고의 전문가를 만날수록 제대로 된 테크닉을 얻을 수 있기 때문이다. 또한 주방 설계는 메뉴 세팅이 좌우하는 경우가 많기 때문에 집중된 메뉴가 세팅되도록 해야 한다. 가끔 욕심 많은 오너는 5평 카페에서 15평 이상 카페에서나 해결할 수 있는 메뉴판을 가지려고 한다. 결과는 안 봐도 버겁다.

5 입에 척! 달라붙는 별명이 기억에도 오래 남는다.

작은 테이크아웃 카페일수록 네이밍에 신경을 많이 써야 한다. 의미만 강조하다 보면 오히려 평범해진다. 오히려 조금은 가벼워 보일지 몰라도 B급 정서의 네이밍이 사람들의 구미를 확 당기게 되고, 매력이 잘 어필되어 기억에 오래 남는다. 따라서 다른 것보다 카페 이름 짓기에 신경을 많이 써야 한다. 카페라고 해서 너무 깊은 의미를 갖거나 고풍스러울 필요는 없다. 출판전문가들은 '모든 독자가 쉽게 읽을수록 좋은 책'이라고 말한다. 카페도, 그 카페가 가진 콘텐츠도 마찬가지다. 오너 취향에만 몰입되어 이해도가 떨어진다면 좋은 카페가 되지 못한다. 어릴 적 부르던 친구의 별명을 생각하면 쉽다. 카페만의 테마와 콘셉트를 일차적으로 구상했다면 그것에 잘 어울리는 별명을 만들어 보는 것이다. 기초적인 데이터만 만들어지면 실제 네이밍은 전문가가 잘 만들어줄 것이다. 오너는 엑기스만 잘 갖고 있으면 된다.

카페 디렉터가 알려주는 3D 모델링

3 평형①

▲외부

위▶

◀내부

▲외부

위▶

◀내부

▲전면

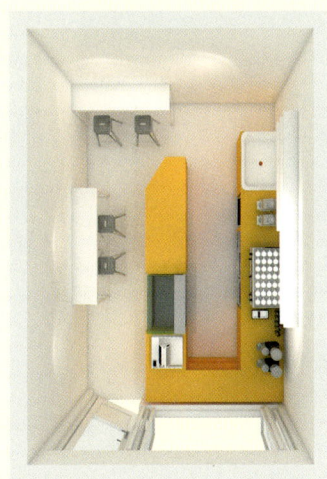
위▶

▼내부

▲위

전면▶

▼내부

▲외부

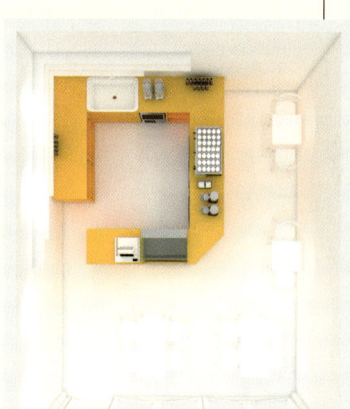

▲위

▼내부

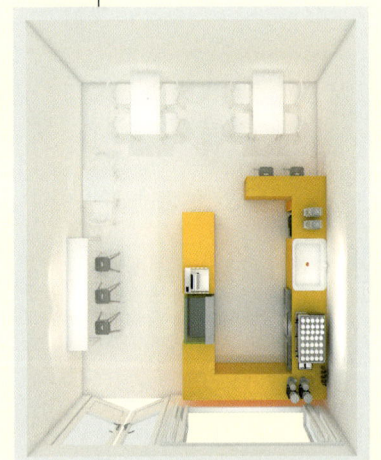

▲위　▲외부

▲내부

창업 전략 Q&A

 지속 가능한 테이크아웃 카페를 창업하기 위해서는 어떤 장소가 좋을까요?

대학가나 버스정류장과 같이 사람들이 어떤 목적에 의해서 자연스럽게 모이는 곳을 선택하는 것이 좋다.

대학가나 버스정류장과 같이 어떤 목적에 의해 많은 사람이 모이는 곳에서는 테이크아웃 카페가 얻을 수 있는 장점이 많다. 사람들이 지나는 길에 쉽게 목을 축일 수 있기 때문이다. 특히 대학가 근처의 테이크아웃 카페는 학생들의 차지가 되기도 하는데, 학생들은 원하는 음료만 챙겨서 캠퍼스에서 시간을 보내기 때문에 잠깐 들렸다 가는 것이다. 그리고 카페 오너나 바리스타의 역량에 따라 학생들과 소통이 잘 이루어진다면 입 소문에 의해서 많은 단골을 확보할 수 있다. 통계적으로 버스정류장 앞 카페는 좋은 결과를 많이 얻었다.

 테이크아웃 카페 메뉴는 어떻게 구성해야 하나요?

메뉴의 수를 줄이고, 한 메뉴만 전문적으로 다루는 것이 좋다.

테이크아웃 카페에서 해결할 수 있는 메뉴에는 어느 정도 한계가 있다. 테이블 카페처럼 라이트 푸드 Light Food나 시간과 기술을 쏟아야 하는 메뉴를 해결하기가 힘들기 때문이다. 가장 만들기 간편하고 빠른 시간에 해결할 수 있는 메뉴들로 구성한다. 테이크아웃 카페의 핵심은 속도전이다. 그리고 실제 거리에서 선전하고 있는 매장들의 공통점은 한 가지 메뉴에 집중에서 전문성을 동시에 인정받는 경우가 많다.

창업 전략 Q&A

 사람들의 눈에 잘 띄게 하려면 어느 곳이 좋을까요?
걷고 싶은 거리를 선택하는 편이 좋다.

거리는 그 거리가 갖고 있는 조건에 따라서 사람들의 걷는 속도가 달라진다. 서울에서만 보더라도 신사동 가로수길이나 홍대 상권과 강남 테헤란로의 거리 분위기는 사뭇 다르다. 신사동 가로수길에서는 사람들이 천천히 걷는다. 거리에 점포도 많으며, 눈에 보이는 이벤트가 다양하다. 자주 방문하더라도 다른 이벤트를 만난다는 장점이 있어서 이런 곳에서는 확률상 테이크아웃 카페가 선택받을 경우가 많다. 하지만 테헤란로 같은 경우 신사동 가로수길에 비해서 현저히 이벤트 수가 적다. 그렇기 때문에 사람들도 거리에 많이 보이지 않을뿐더러 걸음도 빠르다. 주목적이 테헤란로 구경이 아닌 이상 빠르게 통과하는 것이다. 이런 곳에 존재하는 테이크아웃 카페는 사람들의 눈에 잘 띄지 않을뿐더러 눈에 띄더라도 그 사람을 잡기가 힘들다.

테이블 카페
Table Cafe

내가 경험한 테이블 카페의 진수는 뉴욕의 거리에서였다. 겨울의 뉴욕은 여행하기에는 힘든 곳이다. 내가 방문했을 때는 눈도 많이 내렸고, 눈이 섞인 비도 많이 내렸다. 매우 추웠고, 바람도 많이 불었다. 거리를 걷다가도 중간중간 카페에 들어가서 시간을 보내지 않으면 힘들어서 돌아다닐 수가 없었다. 이렇게 힘들어할 때 마주하는 뉴욕의 카페는 나의 추운 마음을 눈 녹듯 녹여주었다. 대부분 건물 1층에 어김없이 카페들이 자리하고 있었는데, 힘들 때 만나니 그렇게 반가울 수가 없었다. 힘이 들면 들어가서 따뜻한 커피를 마시면서 몸을 녹였다. 테이블 좌석에 앉아 몸을 녹이면서 카페를 살펴보니 테이크아웃 카페와는 또 다른 매력을 느낄 수 있었다.

테이크아웃 카페 타입의 반대 개념이 테이블 카페라고 할 수 있다. 서로 목적 자체가 다르다. 테이블 카페는 고객들을 공간으로 모은다. 그리고 머무르게 한다. 그리고 테이크아웃 서비스는 말 그대로 서비스지 테이블 카페의 주목적이 아니다. 테이블 카페 타입은 콘셉트 기획이 잘 될수록 그 카페만이 고객에게 줄 수 있는 공간이 명확히 표현되고, 이런 카페일수록 고객들은 시간을 충분히 즐기게 된다.

테이블 카페에서는 테이블의 형태에 따라서 다양한 시간을 제공해줄 수 있다. 테이크아웃 카페에서는 메뉴만을 제공하지만, 테이블 카페에서는 메뉴 외에 시간을 제공한다. 이것은 테이크아웃 카페와 구별되는 차이점이자 테이블 카페 타입의 특징이다. 모든 공간에는 그 공간만의 시간이 있고, 공간만의 정체성은 그 공간에서 어떤 시간을 보내느냐에 있다. 이를테면 갤러리라는 공간에 들어서면 우리는 '작품 감상'을 하며 시간을 보내게 된다. 즉 공간은 사람에게 '작품 감상'이라는 시간을 제공해주고, 그 시간을 누린 사람들은 그 공간을 갤러리라고 부르는 것이다. 이렇듯 테이블 카페 형태도 소비자에게 어떤 시간을 제공해줄 수 있다. 오너가 기획한 전략적인 시간을 제공해줄 수도 있고, 자유롭게 누릴 수 있는 자유를 제공해줄 수도 있다.

시간을 제공해준다는 개념은 두 가지로 나누어 설명할 수 있다. 첫 번째는 메뉴, 두 번째는 콘셉트다.

첫 번째, 메뉴를 충분히 즐기는 시간을 제공한다는 것은 전문적이라는 뜻이다. 국내에서도 '로스팅 전문 카페'나 '디저트 전문 카페'는 메뉴를 즐길 수 있는 시간을 제공해주는 형태로 자리 잡혀 있다. 로스팅 전문 카페에 방문한 고객들은 다양하게 로스팅된 원두들을 다양한 추출방식으로 즐기며 전문적인 테크닉 서비스를 즐긴다. 디저트 카페에서도 마찬가지다. 눈을 즐겁게 하고 입을 즐겁게 하는 디저트와 그에 어울리는 커피와 차$_{Tea}$ 등을 즐기며 시간을 보낸다. 요즘 소비자들은 '가짜'를 바로 눈치 챈다. 그렇기 때문에 전문적인 테크닉을 갖추는 것은 필수 요소다. 오너가 직접 갖추느냐에 대한 문제는 선택사항이다. 오너 메이드 카페가 될 수도 있고, 좋은 직원을 고용할 수도 있다. 어떤 선택을 하든지 중요한 것은 '진짜'를 만들어야 한다는 것이다.

두 번째, 콘셉트를 즐기는 시간을 제공한다는 것은 특별한 경험이 존재한다는 뜻이다. 상업 공간에서의 경험은 매우 중요하다. 소비자가 지불한 비용에는 영수증에 찍힌 메뉴 외에 경험도 함께 포함하고 있기 때문이다. 정확한 비용으로 책정되어 있지 않지만 소비자들은 무의식적으로 자신의 경험을 기준으로 그 브랜드를 평가하는 경향이 있다.

이 때문에 콘셉트를 상품으로 하는 곳에서는 경험을 중요하게 생각해야 한다. 그렇다면 카페에서는 어떤 경험들을 할 수 있을까? 요즘에는 카페에서 할 수 있는 경험이 다양해지고 디테일해졌다. 스터디를 하거나, 모임을 갖고, 회의를 하거나, 데이트를 하기도 한다. 심지어 어떤 카페는 전시나 공연과 결합한 콜라보레이션을 진행하기도 한다. 이렇듯 특별한 경험을 바탕으로 한 콘셉트형 카페는 고객에게 다양한 경험을 제공해주면서 수익을 만들어간다. 아쉬운 것은 갈수록 치솟는 월 임대료 때문에 점점 테이블 카페 타입은 프랜차이즈 브랜드의 몫이 되어간다는 점이다. 거리를 둘러보면 바로 눈치 챌 수 있다. 적정 규모 이상의 브랜드만이 콘셉트를 제공하는데, 대부분 프랜차이즈 브랜드가 차지한다. 콘셉트를 주요 상품으로 하는 테이블 카페를 창업하려는 오너는 최소 20평 정도의 규모를 선택하는 게 좋다. 그 이상은 규모적으로 프랜차이즈와 겹치기 때문에 프랜차이즈 브랜드와 개인 브랜드를 구분할 수 있는 소비자가 선택해주지 않는 이상 기업과 경쟁을 해야 한다는 무리가 따른다. 물론 기업과 경쟁해서 이길 수 있는 방법은 있지만 결코 쉽지 않다. 창업을 준비하는 오너 10명 중 겨우 1명 정도만이 자신이 프랜차이즈 브랜드와 경쟁을 해야 되고, 그 경쟁은 그리 쉽지 않다는 사실을 제대로 인지하고 있다. 또 그 1명들이 모여 이룬 100명 중 3~5명만이 시장에서 지속적인 운영을 하고 있는 것이 현실이다. 정말 어려운 시장에 뛰어드는 것이고, 테이블 카페로 창업하기 위해서는 오랜 준비기간과 기가 막힌 전략이 필요하다는 것을 잊어서는 안 된다.

테이블 카페의 Good & Bad Point

Good Point 1 고객에게 쾌적한 공간과 좋은 서비스를 제공할 수 있다.

테이블 카페 타입은 말 그대로 카페에 테이블이 존재한다는 뜻이다. 물론 테이크아웃 카페 타입에서도 작은 공간에 테이블이 존재할 수도 있다. 하지만 테이크아웃이 강조된 카페의 테이블은 그 공간을 즐기는 것보다는 잠깐 머물렀다 포장되는 메뉴를 받아서 가는, 대기하는 목적에 가깝다. 이처럼 10평형 기준에서 테이크아웃 카페와 테이블 카페의 형태가 겹치는 것 같지만 테이블의 역할을 보면 그렇지 않다. 테이블 카페 타입의 10평형부터는 공간을 제공하는 데 목적이 있다. 이 공간은 일종의 권력을 가질 수 있는데, 테이블 카페의 공간은 카페를 찾은 사람들을 자연스럽게 리드하면서 권력을 갖게 된다. 여기서 말하는 리드는 카페의 공간을 즐기고 그 공간에서 시간을 즐기려는 사람들이 많아지게 한다는 것이다. 이것은 콘셉트가 잘 보이는 카페의 공통점이기도 하다. 한마디로 테이블 카페는 카페의 기본적인 서비스, 즉 커피 및 음료를 즐기며 시간을 제공할 수 있는 카페다.

Good Point 2 다양한 형태의 콘텐츠와 제약 없이 쉽게 결합할 수 있다.

테이블 카페 타입의 가장 큰 장점 중 하나다. 시간을 제공한다는 것은 어떠한 시간도 다 포함할 수 있다는 것이기 때문에 다양한 콘텐츠와 쉽게 결합이 가능하다. 테이블 카페 창업을 준비하는 오너라면 고객에게 어떻게, 어떤 시간을 제공할 것인가에 대한 고민을 해야 한다. 이런 고민의 결과물이 바로 콘셉트다. 대부분 가장 먼저 생각하는 콘셉트가 예술·문화 콘텐츠를 결합하는 것이다. 이를테면 갤러리나 음악·공연 등의 콘텐츠를 결합시키려는 경우가 많다. 이때 단순히 콘텐츠의 외형만 보고 표면적인 형태만 가져온다면, 이랬을 경우 그 카페의 콘셉트는 매력적이지 않을 확률이 높다. 쉽게 말해 갤러리의 작품을 감상하게 하는 콘텐츠를 제공하기 위해 한쪽 벽면에 단순히 그림 몇 장 걸어놓는다고 좋은 콘셉트가 될 수 없다는 것이다. 실제 갤러리에서 감상하는 작품의 느낌을 제공하고 싶다면, 오너 스스로가 작품을 보는 눈이 기본적으로 있어야 하며, 사람들에게 좋은 작품을 감상할 수 있는 기회를 제대로 만들어줘야 한다.

Good Point 3 기업 이미지를 상승시킬 수 있는 서비스를 제공할 수 있다.

가끔 개인 창업과는 목적이 다른 오너를 만날 때가 있다. 예를 들면 어느 기업에서 서비스 목적으로 사옥 1층에 카페를 하고 싶다는 경우다. 요즘에 이런 내용으로 상담해오는 경우가 많아졌다. 기업의 입장에서는 좋은 목표라고 생각한다. 카페는 좋은 이미지를 담고 있기 때문에 기업의 브랜드 이미지를 위해 할 수 있는 좋은 방법이기 때문이다. 그런데 상담을 하다 보면 이 좋은 콘텐츠를 제대로 활용하지 못하는 경우가 많다. 기업에서 자체적으로 운영하는 카페는 기업의 이미지를 제대로 표현하도록 디자인되어야 한다. 그러나 상담을 한 대부분의 기업은 단순하게 거리에서 볼 수 있는 흔한 카페를 만들려고 한다. 이는 처음 목표와는 전혀 다른 결과를 낳게 된다. 거리의 일반적인 카페와 경쟁하는 구도가 되고, 효과적인 결과를 얻지 못하는 경우가 많다. 카페에 기업의 브랜드 이미지를 제대로 표현한다면 기업 이미지가 상승되는 효과를 거둘 수 있다. 따라서 이때에는 기업의 이미지를 제대로 표현할 수 있는 전문가와 작업하는 것을 추천한다.

Bad Point 1 준비기간을 충분히 확보하지 않으면 쉽게 망한다.

창업을 준비하는 많은 오너가 범하는 가장 큰 오류 중 하나가 준비기간을 충분히 갖지 않는다는 점이다. 여기서 말하는 준비기간은 단순히 몇 년의 시간을 의미하는 게 아니다. 점포 계약을 한 이후 서둘러 창업을 준비하는 사람이 많다는 것을 의미한다. 상권과 점포의 위치가 창업에 영향을 끼치는 것은 맞지만, 과거처럼 창업의 키(Helm)를 쥐고 있는 것은 아니다. 여기서 준비기간을 가져야 한다는 것은 고민의 시간을 많이 가져야 한다는 것이다. 고민 없이는 좋은 것을 창조할 수 없다. 창업을 위해 고민을 해야 되는 것은 의외로 본질적인 부분이 많다. 오너 스스로 창업을 해야 되는 이유와 카페를 해야 되는 이유를 찾아내야 한다. 이 고민은 곧 사명으로 연결되는데, 이 부분에 대한 고민의 결과물이 단단해질수록 좋은 미션이 만들어지고, 매력적인 콘셉트로 이어진다. 좋은 결과물은 절대 꼼수나 끼 부리는 것만으로 만들어지지 않는다는 점을 명심하자.

Bad Point 2 창업 컨디션과 콘셉트, 부동산 조건의 밸런스를 잘 맞춰야 한다.

처음 창업하는 오너의 경우 경험이 없기 때문에 밸런스를 잘 잡는다는 의미를 이해하기 어려울 수 있다. 쉽게 설명하면 창업은 세 가지 조건이 함께 균형을 이뤄서 만들어진다.

첫 번째로 먼저 오너의 창업 컨디션이 중요하다. 창업 컨디션은 오너십, 테크닉, 예산으로 나눠진다. 처음 창업하는 경우 대부분 오너십과 테크닉은 가능성으로 보고, 예산으로 주로 평가된다. 예산이 많을수록 할 수 있는 액션이 많아지는 것은 사실이지만, 예산이 많다고 좋은 것을 창조할 수 있는 것은 아니다. 어느 정도 기준 이상의 예산일 경우 차라리 프랜차이즈 매장을 오픈하는 게 좋을 때도 있다.

두 번째로 중요한 조건은 콘셉트다. 콘셉트에 따라 규모를 계획할 수 있고, 수용할 수 있는 고객들도 계획할 수 있다. 콘셉트에 맞춰서 상권도 계획되는 경우가 많기 때문에 창업 컨디션 다음으로 고려해야 할 중요한 요소다.

마지막으로 고려해야 할 밸런스 조건은 부동산이다. 현실적으로 월 임대료 수준과 보증금, 권리금 때문에 결정되는 초기 투자자금은 창업에 큰 영향을 준다. 따라서 부동산 조건에 따른 창업 예산의 전반적인 밸런스를 확실히 잡아야 한다. 창업 컨디션과 콘셉트가 커버할 수 있는 부동산 조건이 아니면 절대 점포 계약을 해서는 안 된다.

Bad Point 3 수익구조를 잘 잡아야 한다.

테이블 카페 형태는 수익구조를 잘 보고 설계해야 한다. 무턱대고 주변 카페 정도만 리서치해서 자신의 카페에 적용시킨 전략은 시장에서 경쟁력을 가질 수 없다. 창업이 오래 유지되려면 수익구조를 잘 설계해야 한다. 물론 이 수익구조는 초보 창업자가 한 번에 좋은 설계를 할 수 없다. 또한 수익구조까지 제대로 설계해주는 전문가를 만나기도 힘들다.

베테랑 오너는 저마다의 수익구조 설계방식이 있지만, 상대적으로 정보가 부족한 초보 오너는 오픈 이후 카페를 운영하면서 꾸준히 수익구조를 설계해나가야 할 것이다. 문제는 카페의 수익구조는 다른 산업군들과 조금은 다르다는 점이다. 예를 들어 수익구조를 위해 아메리카노 한 잔의 원가를 단순히 컵 속에 담긴 음료로만 계산하는 것은 카페의 수익구조를 설계하는 데 맞지 않다. 하지만 카페만의 수익구조를 계산하는 공식이 따로 있는 것은 아니다. 실제로 POS기에 기록된 매출과 장부상에 기록된 매입, 매출을 아무리 비교해도 그 수익률은 매달 달라진다. 또한 장부상 기록되는 수치를 기준으로 운영한다고 수익률이 높아지는 것도 아니다. 카페 비즈니스는 그래서 어렵다는 것이다.

"수익구조를 잡아라!"는 표현처럼 카페에 있어서 수익구조는 운영 경험을 통해 점차적으로 잡아가야 한다. 그리고 자신의 브랜드만의 수익구조는 오너만이 알 수 있고, 잡을 수 있다. 이처럼 기본적인 제조업의 수익구조 계산 방식으로는 카페를 수치적으로 다룰 수 없다. 그렇기 때문에 처음 창업하는 오너일수록 수익구조를 설계한다는 마음가짐으로 임해야 한다. 특히 테이블 카페의 경우 수익구조를 굉장히 많이 신경 써야 한다. 다른 방식의 카페보다 훨씬 어렵기 때문이다.

실전 TIP1 | 카페 디렉터가 알려주는 **디렉팅 레시피**

STEP 1 롤 모델 선정하기
스타벅스, 블루보틀 커피, 폴 바셋 커피, 카페 뎀셀브즈 등

STEP 2 적정 규모 알아보기
최소 10평형부터 그 이상

ㄴ 테이블 카페 형태의 규모는 조건에 따라서 얼마든지 달라질 수 있다. 즉 딱히 제약은 없다. 현실적인 부분을 고려하여 개인 창업자라면 최대 30평형 규모 이하로 창업하는 편이 좋고, 충분한 콘셉트 전략을 기획하는 게 좋다. 물론 자가 건물 창업자라면 상황이 달라진다.

STEP 3 추천 상권 및 입지
힙Hip한 상권, 신축상가 건물, 번화가 뒷골목, 오피스 상권 등

ㄴ 메뉴를 즐기는 시간을 제공하는 카페인지 콘셉트를 즐기는 시간을 제공하는 카페인지에 따라서 상권이나 입지가 달라진다. 메뉴를 즐기는 시간을 제공해주는 전문적인 카페의 경우라면 조금 뒷골목 상권으로 빠져 조건을 최소화하는 전략이 좋다. 반면에 콘셉트를 즐기는 시간을 제공하는 카페의 경우라면 사람들이 기본적으로 어떤 목적을 이루기 위해 찾는 상권에서 오픈하는 게 좋다. 단 월 임대료가 높을 수 있는 상권이니 전략을 잘 기획해서 창업해야 한다.

STEP 4 창업비용 예상하기
약 5,000만 원대 이상 부동산 임대료 제외

ㄴ 약 5,000만 원대의 비용은 최소 10평형 기준에 맞춰서 산정된 예산이다. 최소 10평형이라면 콘셉트를 제공해주는 카페보다는 메뉴를 제공하는 카페로 기획하는 게 좋다. 왜냐하면 10평형에서는 콘셉트의 힘이 제대로 어필되지 않기 때문이다.

STEP 5

인테리어 비용 예상하기

최소 3,000만 원대 이상

ㄴ 인테리어 비용은 계획하는 만큼 들어간다. 최소 10평형 카페 기준 3,000만 원대 예산으로 인테리어했을 때 가성비가 좋다.

STEP 6

어울리는 메뉴 결정하기

ㄴ 메뉴 자체가 카페의 콘셉트가 되는 카페는 그 메뉴에 대한 인식이 전문적일수록 좋기 때문에 3~4개의 메뉴에 집중하여 기획하는 것이 좋다.

ㄴ 메뉴 외에서 콘셉트를 제공하는 카페는 공간에서 주는 복합적인 콘셉트 요소들이 중요하기 때문에 메뉴는 가장 대중적으로 구성하는 편이 좋다. 개인 브랜드라면 프랜차이즈의 메뉴 구색을 참조하여 자신의 콘셉트에 맞는 메뉴로 기획하는 것이 좋다.

STEP 7

추천 디자인 레시피

1 장르 설정부터 시작하라!

테이블 카페에서는 디자인 전략이 중요하다. 고객에게 특별한 공간을 제공하는 카페 형식이기 때문에 이 공간을 어떻게 디자인할 것인가가 중요한 것이다. 공간을 어떻게 디자인할 것인가에 대한 고민은 자연스럽게 인테리어에 대한 고민으로 이어진다. 그래서 많은 오너가 인테리어에 대한 답을 찾기 위해 리서치를 하고 전문가를 만난다. 이때 놓쳐서는 안 되는 중요한 요소가 있는데, 요즘에는 인테리어만 신경 써서는 고객에게 좋은 반응을 얻어낼 수 없다는 것이다. 공간의 개념은 브랜드로 확대되었다. 따라서 인테리어뿐 아니라 그 공간에서 느낄 수 있는 모든 것을 신경 써야 한다. 즉 네이밍부터 보고 느낄 수 있는 모든 것을 브랜드라는 단 하나의 감성과 개념으로 묶을 수 있어야 한다. 나는 이를 위해 오너에게 장르 설정부터 고민해보라고 말한다. 영화에서도 장르는 그 영화의 분위기를 크게 잡아주는 정리 개념이다. 장르가 '로맨스'면 사랑 이야기로 풀어가는 것처럼, 카페도 장르로 설명할 수 있어야 한다. 장르 설정만으로도 창업을 설계할 때 많은 도움을 받을 수 있다. 선택에 있어서 기준이 되기 때문이다.

❷ 규모가 작을수록 매장 전면에 신경을 많이 써라!

카페 규모가 30평형 이상 정도 되면 공간을 디자인하는 데 큰 어려움 없이 진행할 수 있다. 규모 있는 공간만이 가지고 있는 공간감이 많은 도움을 주기 때문이다. 그러나 규모가 작아질수록 디자인은 어렵고, 많은 요소가 장애물로 작용된다. 규모가 작기 때문에 고객들이 공간을 인지하는 데 한계가 있다. 즉 좁은 공간에서 사람들의 시선은 어느 한 부분에 머무는 경우가 많기 때문에 부분만 인지되는 것이다. 공간을 설계할 때 전략적으로 계획하지 않는다면 브랜드가 전체적으로 느껴지지 않게 된다. 따라서 규모가 작은 카페를 창업할 때는 공간을 디자인할 때 많은 요소를 넣지 않을 것을 추천한다. 공간 자체를 단순하게 정리하여 하나의 톤으로 인지되도록 하고, 오히려 외부에 신경을 많이 쓰는 전략을 세우는 것이 좋다. 규모가 작을수록 외부에서 카페를 제대로 발견하기 힘들다. 또한 거리의 고객들을 카페 내부로 끌어당겨야 하는데 규모가 작을수록 주변의 규모 있는 매장들의 영향을 많이 받는다. 그렇기 때문에 규모 있는 매장들 사이에서 그 존재를 드러내기 위해선 매장 전면 디자인에 신경을 많이 써야 할 것이다. 즉 카페 규모가 작을수록 매장 내부에 사용될 수 있는 예산을 외부에 좀 더 집중하는 편이 좋다.

❸ 배려하는 설계에 도전하라!

공간은 배려하는 설계로 다뤄지는 것이 좋다. 예를 들면 '조명'을 설계할 땐 조명의 역할에 대해서 한 번 더 고민하고 설계할 필요가 있다. '테이블 위에는 조명이 1개씩 놓여 있는 것이 좋다'는 무조건적인 정보에 의존해 조명을 설계한다거나, 자신의 취향에 맞는다고 해서 무작정 구입해 보기 좋은 위치에 배치하는 것은 조명의 본래 목적에 맞지 않은 설계다. 대부분의 오너는 자신의 취향에 따라 아주 예쁜 조명을 구입해서 자신이 보기 좋은 위치에 설치한다. 이럴 경우 이 조명 계획은 단순히 오너만 보기 좋을 뿐 브랜드에 도움이 되거나 테이블에서 대화를 나누는 고객에게 좋은 혜택을 제공하지 못할 수도 있다. 지금까지 이뤄진 대부분의 카페 인테리어는 설계를 했다기보다 단순 장식에 대한 의미가 컸기 때문에 많은 고객이 카페라는 공간에서 느끼는 디자인적 불편함이 점점 커지고 있다. 조명의 경우 너무 눈이 부시게 느껴지거나, 너무 밝거나 어두워 대화를 방해할 정도로 계획되어 있으면 고객은 불편함을 느낀다. 뿐만 아니라 음향 스피커가 대화에 방해될 정도의 위치에 설치되어 있으면 고객들은 불편함을 겪고 있는 것이다. 그렇기 때문에 배려하는 설계가 브랜드의 성장에 많은 도움이 될 것이다. 테이블의 높이, 의자의 높이, 조명의 밝기와 위치, 스피커의 위치와 음악의 선택 등 다양한 요소를 통해 브랜드만의 배려를 보여주고 느끼게 해줄 수 있다.

카페 디렉터가 알려주는 **3D 모델링**

▲좌 1층, 우 2층

▲좌 1층, 우 2층

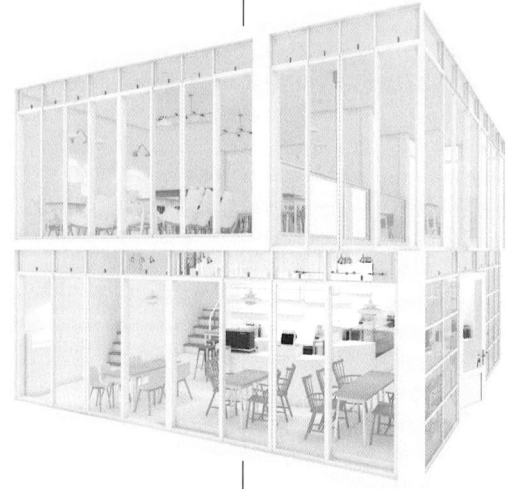

창업 전략 Q&A

Q 카페 테이블에서 수익을 기대하기가 힘들 것 같은데, 이를 어떻게 극복해야 할까요?

카페 규모와 월 임대료, 위치, 콘텐츠의 조화가 중요하다.

카페 테이블은 회전율이 낮다. 테이블 카페의 목적 자체가 커피 한 잔만을 즐기는 게 아니라 복합적인 혜택을 즐기는 공간이기 때문이다. 게다가 테이블 카페는 소규모가 아니기 때문에 월 임대료에 대한 부담도 만만치 않아서 어려움이 적지 않다. 그렇기 때문에 현재 카페시장에서 테이블 카페를 통해서 성공적인 매출을 만들어내는 곳은 극소수에 불과하다. 그래서 테이블 카페를 창업할 때에는 점검해야 할 조건들이 많다. 적당한 규모와 월 임대료 그리고 위치적인 조건까지, 매력적인 콘텐츠가 잘 조화를 이뤄야 한다. 그동안의 경험으로 살펴봤을 때 25평형 규모에 1층, 월 임대료는 150만 원 기준, 메인 번화가에서 5~10분 거리 골목 상권 정도의 조건에 SNS에 노출시키고 싶은 메뉴들과 좋은 분위기를 가진 카페를 만들어낸 곳이 경쟁력이 있다고 할 수 있다. 또한 테이블 카페에서는 온전히 테이블 수익만을 기대하기보단 어느 정도의 테이크아웃 상품을 함께 만들어내야 한다. 예를 들면 요즘 유행하는 '딸기케이크'와 같은 이슈 메뉴 등을 만들어 판매하는 것이다. 이런 메뉴들은 테이블에서도 즐길 수 있지만, 누군가를 위한 선물로 포장 서비스를 받을 수 있기 때문이다.

Q 투자금 회수에 대한 계획은 어떻게 해야 할까요?

투자금 회수보다는 어떤 목표를 설정한 것인지를 먼저 고민하라!

규모가 어느 정도가 되었든 투자금 회수에 대한 개념은 모든 오너에게 똑같이 적용될 것이다. 사실 카페 창업시장에서 아쉽지만 보장을 못 받는 것 중 하나가 투자금 회수다. 주변 오너들 중에서 일반 창업 책에 나와 있는 공식대로 투자금이 회수되는 경우는 극히 드물었다. 그렇다고 오너가 경영을 못했기 때문이라고 볼 수는 없다. 개인적으로는 카페시장 자체가 아직 미성숙했기 때문이라고 생각한다. 현재 카페시장은 아직 정리되지 않은 혼돈의 시기이며, 지금 경험하는 많은 시행착오의 경우들을 통해 앞으로 시장을 잘 정리해야 한다. 지금 카페 창업의 성공을 투자금 회수로 판단하기보다는 어떤 목표를 향해 달려갔는지 등으로 판단해야 한다. 그렇게 달리다 보면 창업 후 일정기간 내에 꾸준히 성장하며 조금씩 성과로 돌아올 것이다. 지금은 그 목표가 무엇인지에 관한 고민이 더 중요하다.

 건물 자체를 카페로 만들고 싶은데 수익성이 있을까요?
건물의 위치부터 모든 정보를 분석하고 체계적으로 점검, 설계해야 수익성을 알 수 있다.

작은 카페를 오픈하는 것과 건물 자체를 카페로 하는 것과는 개념을 달리 해야 한다. 그래서 창업하는 과정도 다른 방법으로 진행된다. 적지 않은 창업자들이 건물을 인수하거나 신축하여 그 건물에 브랜드 오픈을 시도한다. 하지만 좋은 결과가 만들어지는 경우는 기업을 제외하고는 극소수라 할 수 있다. 아마도 이는 건축물을 다룬다는 개념 때문일 것이다. 건축물을 다루는 것은 건축물의 일부인 작은 점포를 다룰 때와 다른 접근방식이 필요하다. 환경적인 조건에서부터 브랜드가 가지고 있는 매력적인 콘텐츠까지 모든 정보를 활용하여 체계적으로 만들어나가야 한다. 건축 분야에서는 한 건축물을 설계할 때 위치를 선정하는 것에서부터 수익성까지 많은 조건을 분석하며 설계한다. 따라서 창업의 방식 중 건축물을 다뤄야 할 때는 단순히 작은 점포를 창업하는 정도가 아니라 그 규모에 걸맞는 준비를 해야 한다. 또한 건물 자체를 카페로 한다고 해서 수익성이 보장되는 것은 아니기 때문에, 이를 극복하기 위해서는 수익성에 대한 부분을 체계적으로 점검하고 설계해야 한다.

오너 중심으로 디자인하다

카페 오너 카페
Cafe Owner Cafe

카페 오너에 탁월한 사람이 있다. 오너마다 카페를 이끌어가는 스타일은 다르지만 체계적으로 성장하는 모습을 보여준다. 이 오너는 전체적인 밸런스와 시스템에 신경 쓴다. 이 오너가 추구하는 것은 자신이 시스템을 설계하고 그 시스템에 의해 카페가 운영되는 것이다. 즉 오너의 역할은 시스템이 무너지지 않도록 지속적으로 신경 쓰는 것과 그 시스템이 지속적으로 성장할 수 있도록 업그레이드해주는 것이다. 말은 쉽지만 이 카페 오너 타입도 분명히 쉽지 않다. 아무리 작은 카페라도 오너가 훌륭하지 않으면 그 결과가 좋을 수 없다. 창업을 결심하면서 이 카페 오너 타입 쪽으로 방향을 잡았다면 당장 공부부터 시작해야 하며, 많은 준비를 해야 한다. 또한 경험이 동반되어야 하기 때문에 다양한 시행착오를 겪을 각오가 되어 있어야 한다.

주변에서도 탁월한 오너십을 보여주는 카페 오너가 있는데, 이 오너도 처음부터 그 위치에 있었던 것은 아니다. 작은 일부터 경험하면서 점점 카페 시스템을 단단하게 잡아갔다.

여기서 말하는 오너십이란 무엇을 의미하는 것일까? 이 부분에 있어서 나도 많은 공부를 하고 있지만 각 오너마다의 특징이 전부 달라서 특별히 한 가지로 정의하기는 힘들다. 그러나 한 가지 공통점은 바로 '시스템'을 이해하고 만들어나갈 수 있다는 것에 있다.

적합한 시스템을 찾아라!

좋은 경영 상태에서 말하는 시스템은 자동차와 같다. 시스템이 브랜드를 움직인다는 것은 자동차와 운전자의 관계로 설명할 수 있다. 운전자는 핸들을 잡고, 자동차 상태를 파악하면서 엑셀과 브레이크를 적절히 밟을 수 있어야 한다. 운전자의 판단에 의해서 모든 기계와 부품이 맞물려 움직이는 게 바로 시스템이다. 그런데 이 시스템을 만들어낸다는 것 자체가 굉장히 어렵다. 좋은 시스템을 만들기 위해서는 오너가 하나씩 역할을 줄여가는 게 좋으며, 구성원에게 구상하는 방향성을 잘 제시해주고, 역할을 맡은 구성원이 제시한 방향성에 맞게 잘 나아갈 수 있도록 해주는 게 좋다. 이렇게 하나씩 하나씩 역할을 나눠주다 보면 결국 오너의 역할만 맡게 되는데, 이것이 카페 오너 타입 카페의 목적지다.

하지만 이렇게 만들어가는 작업은 결코 쉽지 않다. 예를 들면 일반 에스프레소 카페만 생각하더라도 많은 역할이 공존한다. 손님을 맞이하는 역할, 메뉴를 만드는 역할, 메뉴를 서빙하는 역할, 홀 서비스를 담당하는 역할, 기계장비를 관리하는 역할, 청소 서비스를 관리하는 역할, 재정 상태를 관리하는 역할 등 작은 카페에도 굉장히 많은 역할이 필요하다. 물론 처음부터 작은 카페에서 이 역할들을 한 사람 한 사람에게 맡길 수는 없다. 작은 카페에서는 큰 카테고리로 나눠서 역할을 분류하는 게 좋다. 크게 고객 서비스 역할과 메뉴 역할, 이렇게 두 가지로만 분류하고, 그 카테고리 안에서 점차적으로 역할을 세분화해서 관리해나가면 된다. 물론 가장 중요한 것은 이 시스템이 만들어져가면서 성장을 지속적으로 이뤄나가야 한다는 점이다.

이런 오너 경영 형태가 이루어질 수 없다고 말하는 사람들이 더러 있다. 오너가 주방에서 바리스타 역할을 맡고 있을 때 주로 나오는 이야기다. 나도 주방에서 바리스타 역할만 하고 있을 때는 어쩔 수 없었다. 내 손에서 커피 한 잔이 나와야 마음이 편했다. 또한 내가 내린 커피와 다른 사람이 내린 커피는 맛이 다르다고 생각하기 때문에 역할을 맡기기가 상당히 불안한 것이다. 하지만 점점 시스템화하면서 브랜드 자체에 몰입하면 점점 더 성장하는 폭이 커진다는 것을 알게 된다. 사실 소비자는 내가 내린 커피만을 마시기 위해 카페에 방문하는 것이 아니다. 그렇기 때문에 오너는 점점 다른 각도에서 부족한 것들을 채워나가고, 성장의 재료들을 만들어나가야 한다.

카페 오너 카페의 Good & Bad Point

Good Point 1 하나의 브랜드를 시스템화하여 확장, 성장하는 기틀을 마련할 수 있다.

아직 기업에서 시작한 프랜차이즈 모델만큼 영향력 있는 개인 브랜드의 프랜차이즈 모델은 없다. 이는 아직도 시장에서의 기회가 많다는 의미이기도 하다. 물론 기업이 가진 역량을 개인 브랜드가 단번에 쫓아갈 수는 없지만, 아직 기업도 카페 비즈니스에서 풀지 못한 숙제는 많이 있다고 카페 관련 전문가들은 말한다. 기업은 수적인 규모로 시장에 진입하거나 가격적인 측면에서 경쟁력을 앞세워 시장에 진입할 수 있는 힘을 가진 건 사실이다. 하지만 그 브랜드를 지속적으로 성장시키고 유지하는 것에 관한 좋은 사례는 아직 만들어지지 않았다. 기업이 아직까지는 이슈 메이킹에 있어서 많은 노하우를 가지고 있다. 하지만 장기적으로 브랜드 이미지를 만들어가며 끌고 갈 수 있는 노하우, 즉 브랜드에 관한 노하우는 국내 시장에서 부족한 편이다. 그렇기 때문에 개인 브랜드를 통해 잘 성장하면 그 시장 안에서 주인공이 될 가능성이 있다.

Good Point 2 오너 메이드 카페에서 다루지 못하는 영역을 다룰 수 있다.

오너 메이드 카페의 경우 오너가 신경 쓰는 메뉴 외에는 다른 곳에 신경을 쓰기가 힘들다. 오너 메이드 상품 자체의 개념이 품질을 제대로 신경 쓴 것들이기 때문이다. 하지만 카페 오너 카페는 오너 메이드 카페의 오너가 보지 못하는 영역들을 살펴볼 수 있다. 이를테면 대외적인 활동이 그렇다. 오너 메이드 카페의 경우 오너가 주방에 묶여 있는 경우가 많다. 레스토랑은 중간 브레이크 타임이 있지만, 카페는 그렇지 못하다. 그래서 대부분 오너 메이드 카페의 경우 오너가 출근해서 마감까지 카페라는 공간 안에서 지내는 경우가 많다. 반대로 카페 오너 타입은 다른 영역으로 시선을 돌릴 수 있다. 다른 분야로 이동한다는 개념보다는 새로운 시도에 대한 가능성이 열려 있다는 뜻이다. 행사나 이벤트를 진행할 수도 있고, 다른 분야와 결합한 형태의 비즈니스를 시도할 수 있다. 이런 가운데 성장 포인트를 찾을 수 있는 기회를 만나게 된다.

Bad Point 1 좋은 선배를 잘 만나야 한다.

경영이라는 것은 적절한 경험과 사람이 함께 있어주지 않으면 성장의 한계가 있다. 나는 좋은 선배를 잘 만나야 한다고 생각한다. 그렇다고 그 선배가 꼭 같은 분야에 있으라는 법은 없다. 나의 한계를 극복하게 도와준 사람들은 전부 선배였다. 여기서 말하는 선배가 단순히 학교 선배와 같은 개념은 아니다. 이미 이 길을 한 번쯤은 먼저 걸어본 사람이 해주는 조언들은 많은 도움이 된다. 하지만 그 좋은 선배를 만나는 것 자체가 쉬운 일은 아니다. 그리고 아직 발달하지 않은 한 분야에서는 서로간의 경쟁이 치열하기 때문에 더더욱 자신에게 진심 어린 조언을 해줄 수 있는 선배를 만나기가 힘들다. 나에게는 이 카페 비즈니스 세계에서 10~15년 정도 경험의 차이가 있는 좋은 선배들이 있는데, 나는 여전히 그 선배들을 보면서 나의 길을 살피고 있다.

Bad Point 2 많은 시행착오를 경험할 각오를 해야 한다.

어느 분야든 어느 형태든 시행착오는 성장하게 한다. 하지만 많은 오너가 이 시행착오를 두려워한다. 실패를 두려워하는 것은 당연하다. 그러나 그 실패를 통해 더 큰 성장을 하겠다는 의지도 오너가 가져야 할 마인드 중 하나다. 아무리 베테랑이라도 한번에 완벽한 무언가를 만들긴 힘들다. 초보와 프로 오너의 가장 큰 차이는 이 시행착오를 어떻게 대하느냐에 있다. 시행착오를 충분히 겪겠다는 마인드가 갖춰지면 그 이후로는 좋은 시행착오를 위한 작은 도전들을 이어가야 할 것이다.

Bad Point 3 오너 중심적 카페가 되어서는 안 된다.

개인 브랜드의 오너가 되면 자칫 브랜드를 위한 결정인지 자신을 위한 결정인지 헷갈릴 때가 있다. 카페 오너 카페에서는 철저히 브랜드를 위한 결정을 하도록 매사에 신중하게 고민해야 한다. 사실 장사가 사업이고 사업이 곧 장사이지만, 시장에서 말하는 장사와 사업의 차이에서 볼 때 카페 오너 카페는 장사에서 벗어나려고 노력하는 단계라고 볼 수 있다. 이렇게 말하면 하위단계와 상위단계의 개념으로 나누어서 생각해야 한다고 오해할 수 있지만, 이런 위치적 의미보다는 다른 분야로 넘어간다는 개념이 맞을 것이다. 오너 메이드 카페에 있어서는 철저히 오너 취향이 드러나는 것이 좋다. 그러나 카페 오너 카페에서는 오너 개인의 취향이 앞서는 것보다 오너의 결정이 브랜드에 효과적이어야 하고, 그 브랜드의 취향이 잘 드러나는 게 좋다.

카페 디렉터가 알려주는 **디렉팅 레시피**

추천 디자인 레시피

1 철저히 자신이 발견한 브랜드에 집중하라!

카페 오너 카페는 브랜드를 집중적으로 표현하는 게 좋다. 물론 처음에는 오너 메이드 카페 같은 분위기가 느껴질 수 있다. 아무래도 시장에 처음 진입한 상태이고 아직까지는 브랜드가 정확히 어떤 느낌인지 감이 잘 잡혀 있지 않기 때문이다. 따라서 시간을 두고 자신이 발견하고 만들어가는 브랜드의 정체성이 무엇인지 지속적으로 평가하고 관리해야 한다. 브랜드가 처음부터 훌륭할 순 없다. 디자인을 할 때도 결정한 모든 것이 브랜드가 결정한 것인지를 잘 파악할 수 있어야 한다. 쉽게 말하면, 나는 그린컬러에 큰 흥미를 못 느끼지만 내가 만든 브랜드는 그린컬러가 맞을 수 있다. 이런 점에서 브랜드가 내린 결정에 대해 판단하는 것이 오너가 해야 되는 역할이다.

2 인테리어 스타일보다 브랜드가 원하는 감성을 어떤 스타일로 표현할 것인지를 먼저 생각하라!

처음 창업하는 오너의 경우 집 인테리어를 고민하듯 브랜드를 대할 때가 있다. 즉 브랜드의 정체성을 반영한 디자인을 고민하기보다는 스타일링에 신경을 많이 쓴다. 빈티지나 모던 스타일 같은 스타일링은 일종의 표현수단일 뿐이다. 제일 중요한 것은 브랜드가 원하는 정체성이 무엇인가에 대한 고민이다. 예를 들면 브랜드 자체가 인간적이고, 시간의 흐름이 느껴질 정도로 무게감이 느껴지길 원한다면 인테리어 스타일 자체도 빈티지나 인더스트리얼을 활용해 표현하면 도움이 많이 된다. 또한 세련된 미와 여유를 통한 고급스러움이 브랜드가 가진 성격이면 심플한 스타일로 표현해볼 수 있을 것이다. 이렇듯 표현수단의 방법은 활용할 수 있는 것이 많기 때문에 이보다 중요한 브랜드에 집중해서 생각해보는 습관을 길러야 한다.

창업 전략 Q&A

 작은 카페에서 카페오너로서 성장을 위해 무엇을 준비해야 하나요?

단기적, 장기적 전략을 세워 브랜드를 성장시켜야 한다.

무엇보다 가장 중요한 것은 오픈 전부터 미래에 대한 목표를 미리 설정해둘 필요가 있다. 그래야 단기적 전략과 장기적 전략을 관리하면서 브랜드를 성장시킬 수 있다. 개인 브랜드 카페의 경우 자칫 미래적 설계가 뒷받침되지 않으면 한 곳에서 제자리걸음을 하게 될 때가 많고, 미래를 생각하지 않은 상태에서 완성된 브랜드는 변화 앞에서 무너질 때가 많다. 따라서 성장을 위해 가장 먼저 준비해야 할 것은 창업 전 자신의 브랜드에 대한 고민이다. 그리고 그 고민을 현실화시켜줄 분야의 전문가를 통해 브랜드를 완성할 것을 추천한다.

 작은 카페에도 경영이라는 개념이 필요할까요?

경영 마인드가 있어야 브랜드가 성장한다.

경영이라는 개념이 꼭 기업에만 필요한 것은 아니다. 큰 기업도 마찬가지로 작은 경영에서부터 성장한 오너 마인드가 만들어놓은 결과물이다. 개인적으로 강의 때마다 오너에게 이 경영 마인드를 강조한다. 작은 카페에서부터 오너십을 이용하여 브랜드를 만들어나가는 습관을 길러야 시간이 흐를수록 그 노하우가 쌓여 탄탄한 브랜드를 만들 수 있다. 한 곳에서 오래 지속적으로 성장하며 브랜드를 만들어가는 오너를 보면 이미 시간을 초월한 믿음을 갖고 있다는 것이 느껴진다. 좋은 브랜드는 단순히 수치적인 성장만이 만들어주는 것이 아님을 알아야 한다.

02 오너 메이드 카페
Owner Made Cafe

식음료 분야에서 요즘에는 특히, 오너 메이드 카페가 많아지고 있다. 단어 그대로 오너 메이드 카페는 오너가 주방을 장악하는 것이다. 우리나라 사람들은 손재주가 뛰어나다. 그래서일까? 대부분의 사람은 일단 창업을 결심하면 가장 먼저 무언가를 배우는 것부터 시작한다. 무언가를 배우는 자세는 아주 좋다. 다만 무엇을 배울 것인지에 대해서는 신중히 고민해야 한다. 즉 자신의 브랜드에서 어떤 메뉴를 주력으로 할 것인지에 대한 고민을 먼저 해야 한다는 것이다. 대부분의 오너가 무작정 카페를 창업하기 위해서 '바리스타 학원'부터 찾는 것은 문제가 있다. 그런 오너의 행동이 만들어낸 결과는 똑같은 메뉴를 가진 비슷한 카페들이며, 스스로 경쟁을 높이는 꼴이다. 그래서 나는 오너에게 배우려고 하는 마음을 먹기 이전에 과연 내가 무엇을 배워야 할까를 신중히 고민하기를 권유한다. 누구나 무언가를 만들 수 있지만, 모두가 소비자의 사랑을 받기는 어렵다.

오래 전 알았던 어떤 오너는 커피를 마시는 게 너무 좋아서 카페 창업을 준비하기 시작했다. 나는 처음 그 오너의 이야기를 들으면서 다시 한 번 생각해보기를 권했다. 이런 마음으로 카페 창업을 결심하는 오너가 너무 많기 때문이다. 창업시장에서는 자신과 같은 생각을 하는 오너가 많다는 생각을 먼저 해야 한다. 이를 무시하고 실행에 옮기면 감당하기 어려운 결과를 떠안게 된다. 그 오너 역시 커피를 마시는 게 너무 좋아서 카페를 창업하는 경우가 대부분이라는 사실을 몰랐다. 창업 준비를 시작한 그는 바리스타 학원을 다녔고, 자신이 좋아했던 한 카페와 똑같은 카페를 오픈했다. 하지만 그 이후 점점 힘들어져만 갔다. 결국 그는 1년이 조금 넘은 시점에 카페를 정리해야 했다. 나중에서야 그는 자신은 커피 마시는 게 좋았지 만드는 것은 힘들었다고 이야기했다.

경험이 없는 오너는 순간의 기분으로 창업하는 경향이 있다. 특히 식음료 분야에서 무언가를 만들어 소비자에게 제공한다는 것은 보통 어려운 일이 아니다. 소비자마다 취향이 다르고, 많은 소비자의 입맛을 즐겁게 해줘야 한다. 그것도 모자라서 소비자의 모든 감각을 만족시켜야 한다. 오너 메이드 카페라는 것 자체가 엄청난 용기 없이는 도전하기 힘든 영역이다. 그런데 창업을 하는 이유가 단순히 어느 하나의 메뉴나 행위가 좋아서라고 한다면 오너 메이드 카페 창업은 적합하지 않다. 애초에 기술력이 있었던 오너만이 할 수 있는 영역이다.

일생에 처음 창업에 도전하면서 오너 메이드 카페를 꿈꾼다면 시간을 오래 갖고 창업하기를 권유한다. 특히 테크닉을 익히는 시간과 그 분야의 감각을 익혀가는 시간을 가장 오래 할애해야 한다. 셰프들이 그래서 인정받는 것이다. 정통 셰프는 접시를 닦는 것부터 시작해 메인 셰프로 올라가기까지의 과정을 단계적으로 거치는 것에 훈련되어 있다. 그래서 나중에 자신의 레스토랑을 오픈할 때 탄탄한 감각과 기술력을 중심으로 창업할 수 있는 것이다. 물론 그 레스토랑을 경영하는 것과는 다른 문제다. 중요한 것은 오너 메이드 카페를 하기 위해서는 많은 시간과 경험을 통해서 배우고 실력을 쌓아야 한다는 것이다.

그런데 어떤 오너는 순식간에 시장에서 그들과 같은 대우를 받길 원한다. 나는 카페 창업 디렉팅을 하면서 이런 경우를 많이 목격했다. 아무런 준비 없이 블로그를 통해 배운 레시피로 자신의 가게를 오픈했다가 정말 짧은 시간에 정리하는 경우도 많다. 이처럼 우리나라 식음료시장에서 반짝 스타는 쉽게 만들 수 있지만, 진국이 되기는 어렵다. 이보다 더 큰 문제는 진국까지 쉽게 되려고 한다는 것이다.

시간을 충분히 갖고 테크닉과 시장 감각을 익혀 오픈한 오너의 결과는 다르다. 최근 기대되는 몇몇 오너가 있다. 디렉팅을 맡은 오너들 중 정말 체계적으로 준비하고 있는 오너가 있다. 그런 오너를 디렉팅하면 그 결과가 좋을 수밖에 없다는 확신이 들고, 절대 안 좋은 일이 생기지 않았으면 하는 바람이다. 창업은 솔직하다. 뿌리는 대로 거둔다는 말이 그대로 통하는 시장이다. 물론 좋지 않은 외압 때문에 안 좋은 일이 있기도 하지만, 대부분은 노력한 만큼 돌아오는 시장이다. 그렇기 때문에 오너 메이드 카페를 결심했다면 시간을 충분히 갖고 시장 감각과 기술을 꼭 먼저 확보할 것을 추천한다. 기분파 창업으로 괜한 경쟁만 치열하게 만들지 않았으면 한다.

오너 메이드 카페의 Good & Bad Point

Good Point 1 고객과의 소통에서 빠른 결정을 내릴 수 있다.

규모에 따라서 다를 수 있지만, 오너가 주방에서 고객과 직접 소통하게 되는 경우가 많다. 아무래도 결과물을 오너가 직접 만들기 때문일 것이다. 이럴 경우 좋은 점은 오너가 즉각적으로 결정할 수 있어서 고객 입장에서는 자신의 요구가 즉시 처리되는 시원함을 느낄 수 있다. 고객 입장에서는 자신의 요구가 즉각적으로 반영되고, 처리되니 그 가게의 단골이 될 확률이 높다. 그래서 오너 메이드 카페의 단골을 보면 그 오너를 보러 가는 경우가 많다.

Good Point 2 메뉴가 심심치 않게 업그레이드 된다.

오너 메이드 카페에서는 오너가 직접 메뉴를 개발하고 만드는 경우가 많기 때문에 새로운 메뉴가 자주 개발될 때가 많다. 오너 메이드 카페만의 매력이라 할 수 있다. 가끔 단골가게에 가면 오너가 메뉴판에 없는 메뉴들을 주면서 평가를 부탁한다. 단골에게 직접적인 평가를 받고 싶은 것이다. 이런 과정 자체가 소통이다. 자신이 다니는 단골 가게의 메뉴에 자신의 의견이 어느 정도 반영된다면, 이 때문에라도 더욱 그 가게의 단골이 될 것이다. 그리고 지루하지 않은 메뉴의 변화로 고객에게 재미를 줄 수 있다.

Good Point 3 오너의 전문성은 고객에게 신뢰로 표현된다.

오너 메이드 카페는 기본적으로 오너 자체가 전문가라는 또 다른 의미의 표현이다. 카페에서 오너가 만들어낼 수 있는 것들은 무수히 많다. 로스팅, 디저트, 바리스타, 베이커리, 음료 등 다양한 메뉴에 있어서 전문성을 보일 수 있다. 단, 중요한 것은 한 우물을 꾸준히 판다는 생각으로 오너 메이드 카페에 도전해야 한다는 것이다. 아무래도 전문가는 특성상 한 분야에서 인정받는 경우가 많기 때문이다. 따라서 가장 먼저 메뉴에 있어서 어느 한 카테고리를 결정해서 전문성을 갖추는 게 좋다. 이런 모습 자체가 고객에게는 신뢰로 다가간다.

Bad Point 1 오너 자체가 브랜드가 될 때가 많다.

브랜드를 보면 브랜드 자체가 떠오를 때가 많다. 쉽게 '블루보틀 커피'를 말하면 그 오너가 쉽게 떠오르기보다는 '블루보틀 커피'만의 이미지가 떠오른다. 하지만 오너 메이드 카페는 오너가 떠오를 때가 많다. 아무래도 단골고객은 오너를 보기 위해 방문하기 때문이다. 이럴 경우 주의해야 한다. 오너 자체가 브랜드가 된다는 것은 오너가 브랜드가 되어 움직여야 한다는 것이다. 그렇지 않을 경우 오너 자체의 행동과 언행이 고객에게 실망감을 안겨줄 수 있다. 이것은 오너만이 감당할 수 있는 것이다.

Bad Point 2 전문성을 갖추지 않은 오너는 시도도 하지 말아라!

많은 오너가 전문성을 갖추지 않은 채로 오너 메이드 카페에 도전한다. 물론 무언가를 만든다는 것은 그리 쉬운 작업이 아니다. 고민을 해야 하고, 정성스럽게 잘 만들어야 한다. 또한 내부적으로 알고 있는 수고스러움과 상관없이 고객들의 절대적인 평가에도 잘 반응해야 한다. 즉 말처럼 쉬운 분야가 아니라는 것이다. 그렇기 때문에 전문성을 먼저 갖춘 상태에서 창업을 준비하는 것이 좋다. 전문가는 전문가만의 마인드, 프로페셔널이라고 하는 특성이 있다. 이 마인드부터 배우고 갖추고 있어야 테크닉이 훌륭하지 않더라도 오너 메이드 카페를 잘 이끌어나갈 수 있다.

Bad Point 3 입 소문이 날 때까지의 시간을 견뎌야 한다.

오너 메이드 카페로 인정받기까지는 조금 시간이 걸릴 수 있다. 경험한 바에 의하면 대부분 오너 메이드 카페는 각 분야마다의 특수조건 때문에 메인 번화가에서는 운영이 힘든 경우가 많았다. 예를 들면 로스팅 전문가가 오너인 경우 번화가에서 로스팅을 한다는 것 자체가 힘들다. 왜냐하면 로스팅 머신을 매장에 설치해야 하는데 그만큼 매장 규모와 비용을 많이 투자해야 하기 때문이다. 그래서 로스팅 전문가는 두 가지 경우로 이를 해결한다. 하나는 자본을 제대로 투자해 완벽에 가까운 설비시설을 갖춰서 해결하는 것이고, 또 다른 하나는 번화가에서 조금 벗어난 지역의 상권을 선택한다. 10명 중 8명은 아마 벗어난 지역을 선택할 것이다. 이럴 경우 단골이 생겨나고 입 소문이 날 때까지 시간이 어느 정도 걸릴 수 있다.

카페 디렉터가 알려주는 **디렉팅 레시피**

추천 디자인 레시피

1 오너를 활용한 브랜딩을 하라!

가장 효과적인 전략이다. 물론 오너에게 상품가치가 있어야 더욱 효과적이다. 신기하게 최현석 셰프의 레스토랑은 소비자들 사이에서 '최현석 셰프 레스토랑'이라 불린다. '엘본 더 테이블'이라는 정식 이름이 따로 있어도 최현석만의 브랜드 효과가 더 큰 영향을 끼치기 때문이다. 제대로 된 한 사람의 브랜드력은 굉장히 강하다. 그래서 처음부터 오너는 이 전략을 활용할 필요가 있다. 오너 스스로 준비해야 한다면 자신을 철저히 분석하여 나만의 브랜드력을 찾아보자. 그 이후 전문가를 통해 브랜딩이 이루어지면 효과적인 브랜드를 만들 수 있을 것이다.

2 쉽게 변할 수 있는 것들을 체크하라!

오너 메이드 카페는 사람처럼 항상 변한다고 생각하는 게 좋다. 오너 자체가 브랜드가 될 경우가 많기 때문에 기존에 알고 있는 브랜드처럼 평생 한 컬러만 고집하고, 한 가지 콘셉트로 소비자를 만나지 않는다. 오너가 나이를 먹고 생각이 변하면서 스타일이 변하듯 오너가 만든 결과물들도 함께 변해가는 게 정상이다. 그렇기 때문에 쉽게 변하는 것들에 대해서 미리 체크하고 계획을 세우는 게 좋다. 특히 메뉴판의 경우, 오너가 그때 그때 메뉴를 구성하는 경우가 많기 때문에 일반 프랜차이즈 매장처럼 고정적이라면 한 번 변화를 줄 때마다 에너지와 비용을 들여야 한다.

3 오너의 취향을 확실히 드러내라!

오너 메이드 카페는 단골고객이 오너를 보러 가는 경우가 많다. 처음 방문하는 고객도 마찬가지다. 오너 메이드 카페에 관한 소식을 듣고 그 오너가 궁금해 방문하는 경우가 많다. 그렇기 때문에 오너 메이드 카페에 있어서는 디자인의 방향을 철저히 오너 취향으로 정하는 것이 좋다. 고객으로 하여금 오너의 작업실에 방문하는 것과 같은 느낌을 줄 수 있도록 전략을 구사하면 더 효과적이다. 오너가 주방에 있는 경우가 많다 보니 고객과 소통을 자유롭게 못할 경우가 많은데, 이때 오너 취향이 물씬 풍기는 공간은 고객에게 오너 대신 말을 걸어주고 있을 것이다. 즉 고객은 무의식적으로 오너의 취향을 경험하는 것이다. 일종의 간접적인 소통을 통해 고객에게 감성을 어필할 수 있다.

창업 전략 Q&A

Q 카페가 처음인데 시간은 얼마나 필요한가요? 그리고 전문가가 될 수 있을까요?

제대로 된 전문가가 되기 위해선 그 분야의 톱TOP을 만나라!

오너 메이드 카페를 준비할 때 투자되는 시간이 정해져 있는 것은 아니다. 만약 전문가로서의 시간이 정해져 있다면 누구나 그 시간만 보내면 전문가가 되어 있지 않을까? 이때에는 일종의 보장이 필요하다. 그래서 오너에게 그 분야의 톱을 찾아가라고 권한다. 톱의 위치에 있는 전문가에게 교육을 받거나 교육이 아니라 조언을 듣더라도 그 조언은 보장이 되어 있기 때문에 뭔가 해결책을 만들어볼 수 있을 것이다. 국가적으로 자격이 주어지는 전문 영역에서는 전문가의 말 한마디가 법적으로도 인정을 받기 때문에 조심해야 되는 경우도 있다. 그만큼 제대로 된 전문가를 찾아가는 게 더 중요하다. 즉 자신이 하고자 하는 분야의 전문가와 상의할 것을 추천한다. 하지만 전문가를 만났더라도 처음에는 어려울 수 있다. 나도 처음에는 커피를 만들지 못했다. 아버지께서 커피를 많이 좋아하셨고, 집에서 커피를 즐겼을 뿐이다. 이런 가정환경을 제외하고는 내게 커피기술이 잘 맞는다는 징조나 단서는 없었다. 그러나 좋은 전문가를 만나고 아버지와 함께 좋은 커피를 만들고 제공하는 환경을 조성하니 스스로 재미와 열정이 생겼다. 가장 중요한 건 자신에게 맞는 분야를 찾았느냐는 것이다. 이것부터 고민해서 창업 전략을 구상한다면 충분히 가능할 것이다. 분명한 건 이런 고민 끝에 성공을 이룬 오너가 많다는 것이다.

오너 메이드 카페는 오너가 평생 만들어야 하나요?
오너 메이드 카페를 평생 만들 자신이 없다면 포기하는 것이 낫다.
실제로 유명한 오너 메이드 숍은 평생 동안 오너가 만든 경우가 많다. 메뉴 전부가 아니더라도 핵심적인 테크닉 일부는 오너가 담당한다. 평생 만드는지, 안 만드는지가 중요한 것이 아니라 오너 스스로 이 분야에 고집이 있는지부터 점검해야 한다. 만약 평생 만들어야 한다는 게 부담스럽거나 힘들 것 같다면 애초에 오너 메이드 카페와 맞지 않을 수 있다. 그럴 때는 창업 전략에서 대해서 다시 한 번 검토해볼 필요가 있다.

음료 중심으로
디자인하다

에스프레소 카페
Espresso Cafe

어릴 적 아버지 심부름으로 자주 가던 카페가 바로 에스프레소 카페였다. 지금처럼 멋진 디자인과 좋은 머신은 없었지만, 그 모습은 지금과 크게 다르지 않다. 심부름을 갈 때마다 카페 바리스타가 나를 신기하게 쳐다본 기억이 있다. 아무래도 너무 어린아이가 에스프레소를 주문했기 때문일 것이다. 에스프레소 카페 타입의 원형은 유럽에서 시작된 것으로 알고 있다. 유럽의 에스프레소 카페에 다양한 커피 음료가 더해지면서 지금의 에스프레소 카페는 에스프레소 베리에이션 카페Espresso Variation Cafe가 되었다고 볼 수 있다. 그 주역으로 하워드 슐츠를 빼놓을 수 없다. 하워드 슐츠는 유럽에서 카페를 경험하였고, 그 경험을 바탕으로 지금의 스타벅스를 만들었다.

가장 흔한 카페 타입인 에스프레소 카페를 쉽게 이해하기 위해서는 스타벅스를 보면 된다. 에스프레소를 기본으로 하여 만든 다양한 커피 메뉴들과 음료, 가볍게 즐길 수 있는 사이드 메뉴쿠키, 조각케이크, 와플 등를 경험할 수 있는 데일리 카페다. 이런 카페는 1999년 스타벅스 1호점이 이화여대 부근에 생기면서 본격적으로 생겨나기 시작했다. 물론 1999년 스타벅스 이전에도 에스프레소 카페는 있었지만, 국내 커피시장에 많은 영향을 끼친 것은 스타벅스가 들어오면서부터라 할 수 있다. 지금도 번화가 거리에서 가장 많이 보고 경험할 수 있는 카페 타입이다.

나는 에스프레소 카페를 다른 말로 '데일리 카페'라고 부른다. 일상에서 쉽게 즐길 수 있는 카페이기 때문이다. 비슷한 카페가 있지만, 데일리 카페라고 부를 수 있을 만큼 우리가 쉽게 찾을 수 있는 곳에 어김없이 에스프레소 카페가 있다. 에스프레소 카페는 상권과 입지의 영향을 크게 받는 타입이다. 그러다 보니 번화가에는 대부분 프랜차이즈 브랜드가 위치한다. 과거 번화가에는 별다방과 콩다방이라 불렀던 브랜드만 있었는데, 어느덧 국내 프랜차이즈 카페 브랜드는 수십 개로 늘어났다. 이 때문에 안타깝게도 번화가에는 개인 카페가 점점 사라지고 있으며, 개인 창업을 준비하는 오너는 에스프레소 카페 타입을 선호하지 않는다. 물론 여전히 이 시장을 자세히 들여다보지 않고 여전히 "카페 할래요" 하고 카페 창업을 결심하지만, 최근 카페 창업시장의 가장 큰 변화를 어느 정도 파악하고 준비하는 오너는 에스프레소 카페를 기피한다.

만약 카페 창업을 준비하는 오너들 중 에스프레소 카페에 목표를 갖고 있다면 다음의 세 가지 정도는 잘 기억해야 한다.

첫 번째는 예산이다. 에스프레소 카페는 잘 갖춘 디자인과 콘텐츠로 번화가에 등장해야 한다. 규모도 어느 정도 되어야 하고, 시스템도 잘 갖춰져 있어야 한다. 그래야 프랜차이즈 브랜드와 경쟁할 수 있다. 어설프게 도전해서는 성공하기 힘들다. 그래서 창업 예산이 어느 정도 규모 이상이어야 현실적으로 제 기능을 하는 에스프레소 카페를 만들어낼 수 있다.

두 번째는 목표다. 에스프레소 카페는 규모 이상의 예산을 필요로 한다. 매장 1개로는 좋은 피드백이 돌아오지 않는 구조를 갖고 있기 때문에, 카페 오픈에 목표가 없어서는 안 된다. 처음부터 제대로 콘셉트를 잘 기획하여 브랜드 사업으로 성장, 확장할 수 있어야 한다. 단, 여기서 규모 이상의 예산이 필요하다고 해서 매장의 규모가 크다는 것은 아니다. 10평형 스몰 카페여도 좋은 브랜드를 만들기 위해선 규모 이상의 예산이 필요하기 때문이다.

세 번째는 콘셉트다. 에스프레소 카페의 경우는 브랜드력이 강해야 성공하기 때문에 콘셉트가 더욱 중요하다. 도대체 무엇을 소비하게 만들 것인가에 대한 고민을 끝없이 한 뒤 카페를 번화가에 오픈해야 한다.

사실 이 세 가지 조건은 어떤 카페여도 비슷하게 필요하다. 굳이 에스프레소 카페에서 강조한 것은 다른 카페 타입보다 그 중요성이 더 크게 작용하기 때문이다.

국내에 있는 브랜드 중 에스프레소 카페로는 여전히 스타벅스가 우위를 점하고 있다. 최근에는 '폴 바셋'과 '할리스커피'를 주목하고 있다. 폴 바셋은 기업이 유명 바리스타와 손을 잡고 만든 브랜드다. 처음에는 이벤트적인 느낌이 강한 브랜드라 생각했는데, 시간이 흐를수록 브랜드력이 점점 강해지고 있다. 지금은 어느덧 스타벅스를 위협하는 국내 카페 브랜드가 되어가는 듯하다. '할리스커피'도 최근 리뉴얼을 통해 그들만의 브랜드 느낌으로 소비자의 사랑을 받고 있다. 이와 같이 에스프레소 카페 타입은 프랜차이즈 브랜드가 강세를 보인다. 그렇기 때문에 에스프레소 카페 타입으로 창업을 희망한다면 브랜드력을 통해 소비자들의 사랑받을 수 있을 만큼의 제대로 된 창업 전략이 필요하다.

에스프레소카페의 Good & Bad Point

Good Point 1 소비자에게 브랜드를 제공할 수 있다.

에스프레소 카페로 창업하기 위해선 좋은 브랜드를 만들 생각으로 준비해야 시장에서 살아남을 수 있다. 단순히 과거처럼 바리스타 자격증을 취득하고, 에스프레소 머신을 구입하고, 목 좋은 곳에 매장 인테리어를 빈티지 스타일로 연출한다고 해서 살아남는 시기는 지났다. 지금은 좋은 콘셉트를 통한 브랜드로 시장에 등장해야 한다. 소비자에게 카페가 하나의 브랜드로 인식되기 시작한다면 사업적으로 좋은 결과를 만들어볼 수 있다. 연남동에서 시작한 카페 '리브레'가 그렇고, 종로의 '카페 뎀셀브즈'가 그렇다. 처음 시작은 한 개인이 운영하는 카페였다. 하지만 지금은 하나의 브랜드로써 소비자에게 인정받고 있고, 그 브랜드가 있는 곳에는 항상 사람이 모이는 것을 볼 수 있다. 이것이 바로 브랜드의 힘이다.

Good Point 2 고객에게 가장 익숙한 카페 타입이다.

에스프레소 카페는 최초 스타벅스를 시작으로 지금까지 많은 소비자가 가장 쉽게 인식하는 카페 형태다. 번화가에서 길을 가다 카페인 듯싶어 들어가면 대부분이 에스프레소 카페다. 소비자에게 익숙하다는 것은 창업자 입장에서도 익숙하기 때문에 거부반응이 크지 않다는 장점이 있다. 새로운 콘셉트와 새로운 형태로 소비자에게 사랑을 받으려면 시간과 노력이 필요한데, 에스프레소 카페는 이미 많은 소비자에게 익숙하기 때문에 어렵지 않게 홍보할 수 있다. 그러나 익숙하다는 것은 약일 수도 있지만, 독이 될 수 있다는 점을 유념하자.

Good Point 3 좋은 브랜드력을 갖췄다면 사업적인 성장을 이룰 수 있다.

브랜드력을 갖췄다는 것은 사업적인 성장과 확장을 이룰 수 있는 좋은 무기를 가졌다는 것과 같다. 하나의 가치 있는 브랜드로 성장할 수도 있고, 좋은 브랜드 모델이 되어 프랜차이즈 사업에 도전할 수도 있다. 이런 이유로 많은 사람이 에스프레소 카페를 통해 브랜드를 만들고 싶어 한다. 그러나 좋은 브랜드력은 절대 한순간에 마법처럼 만들어질 수 없다는 점을 알아야 한다. 브랜드를 향한 오너의 고민이 결국 좋은 브랜드를 만들어낸다. 대부분 로또와 같은 '대박'이라는 희망에 사로 잡혀 작은 성공을 잘 모르고 지나치는 경우가 많다. 좋은 브랜드를 만들어낸 오너의 공통점은 작은 성공을 소중하게 생각하고, 이런 작은 성공들이 모여 결국 대박 브랜드를 만들어낸다는 것이다. 발전 가능성이 있는 모델인 만큼 좋은 브랜드를 만들어 고객들과 함께 성장해야 한다.

Bad Point 1 매력적인 콘셉트 없이는 지속적인 카페 운영이 어렵다.

에스프레소 카페에서 가장 중요한 것은 콘셉트이며, 콘셉트가 잘 표현되면 브랜드가 된다. 에스프레소 카페를 가장 쉽게 이해할 수 있는 모델이 스타벅스나 폴 바셋, 이디야 커피와 같은 브랜드다. 결국 개인 브랜드 카페는 이들과 경쟁할 수 있는 콘셉트를 만들어 경쟁력을 갖춰야 한다. 오너는 프랜차이즈 브랜드와 경쟁을 제대로 하려면 자본이 많이 필요하다는 생각을 먼저 한다. 물론 외형을 그대로 따라가려면 분명히 자본도 많이 필요한 게 사실이다. 하지만 외형보다 더 중요한 게 콘셉트다. 강력한 콘셉트는 자본에서 나온다는 생각을 버려야 한다. 프랜차이즈 브랜드들도 자세히 분석해보면 외형적인 멋 이전에 탄탄한 콘셉트가 있었다. 그리고 실제로 우리 주변에는 개인 브랜드지만, 강력한 콘셉트로 프랜차이즈 브랜드 이상의 팬층을 확보한 카페들이 많다. 따라서 창업하는 오너는 외형 이면에 흐르는 콘셉트를 잘 살필 수 있어야 한다.

Bad Point 2 카페 경영에 대한 감각을 길러야 한다.

에스프레소 카페로 시장에서 좋은 성적을 거두기 위해선 오너의 경영 마인드가 가장 중요하다. 결국은 카페가 운영되기 위한 전체적인 밸런스를 디테일하게 잡아갈 수 있는 능력이 필요하다는 것이다. 이를 위해선 두 가지 과정을 통해 오너 스스로 성장해야 한다.

첫 번째는 카페 창업을 준비하면서 필요한 경영 마인드인 창업자 마인드다. 소비자 마인드로 창업을 준비하면 결국 창업 자체를 소비하게 된다. 창업 준비 과정부터 오너는 창업자 마인드가 되어 준비해야 한다.

두 번째는 오픈 이후 경험을 통해서 알아가는 경영 마인드로, 오픈 전에는 전혀 예상 못한 경험들이 다가오게 된다. 이 경험 하나하나를 쉽게 흘려보내서는 안 된다. 그 안에서 성장 요인들을 발견해 오너 스스로 성장을 이뤄야 한다. 결국 시장에서 오래 버티는 카페는 오너 스스로 경영 마인드에 대한 감각에 신경 쓴 경우다.

Bad Point 3 메뉴 개발에 대한 감각을 배우고 익혀야 한다.

메뉴는 항상 어려운 부분이다. 특히 에스프레소 카페의 경우 시장의 흐름을 잘 탈 수 있는 메뉴들을 지속적으로 개발할 수 있는 역량이 필요하다. 하지만 메뉴 개발이 쉽게 되는 것은 아니다. 재료에 대한 이해와 카페 음료에 대한 이해가 충분히 있어야 한다. 나는 이 부분에 있어서는 스스로 연구하는 것보다 전문가의 교육을 받아 볼 것을 추천한다. 전문가 과정을 교육받은 후 지속적으로 메뉴에 관심을 갖고 시행착오를 겪는다면 메뉴 개발은 충분히 해낼 수 있을 것이다.

실전 TIP 1 | 카페 디렉터가 알려주는 **디렉팅 레시피**

 **STEP 1** 롤 모델 선정하기
스타벅스, 블루보틀 카페, 폴 바셋, 할리스 커피, 이디야 커피 등

 **STEP 2** 적정 규모 알아보기
최소 10평형부터, 평균 40평형

 **STEP 3** 추천 상권 및 입지
유동인구가 많은 번화가, 역세권 등

 STEP 4 창업비용 예상하기
최소 약 6,000만 원대 이상 부동산 임대료 세외

 STEP 5 인테리어 비용 예상하기
최소 3,000만 원대 이상+브랜딩 비용

 STEP 6 어울리는 메뉴 결정하기
커피, 음료, 차, 스무디, 아이스크림, 크레페, 샌드위치, 와플, 추로스 등

 STEP 7 추천 디자인 레시피
1 브랜드의 콘셉트를 쉽게 알아차릴 수 있도록 디자인하라!

가장 훌륭한 모델이 있다면 스타벅스일 것이다. 스타벅스는 어떤 환경에서 만나더라도

스타벅스라는 것을 알 수 있다. 그렇게 느껴지는 이유는 바로 브랜딩 작업 때문이다. 사실 이 브랜딩이라는 단어가 최근 이슈가 되면서 많은 창업자의 입에 오르내리고 있으며, 디자이너들 사이에서도 이슈 키워드로 통한다. 하지만 이를 한마디로 정의하는 것은 매우 힘들다. 또 정의하는 사람마다 그 표현방법이 다르다. 그래서 제대로 하기 힘든 작업이 바로 브랜딩 작업이다. 나는 브랜딩을 지휘자로 표현한다. 교향악단의 지휘자 역할과 같기 때문이다. 지휘자는 한 곡 안에서 각기 다른 악기와 연주법을 이끌어나간다. 지휘자를 통해서 특색 있는 한 곡이 완성되는데, 나는 이런 과정과 브랜딩이 닮았다고 생각한다. 오너도 지휘자가 되어 카페 안의 다양한 요소가 한 곡을 연주하고 있게끔 관리해야 한다. 에스프레소 카페의 특별함은 이 콘셉트가 만들어놓은 브랜드에 있다는 점을 잊지 말자.

2 메뉴판 기획을 전략적으로 고민하라!

메뉴판을 기획하는 곳은 기업밖에 없다. 대부분의 메뉴판은 메뉴가 텍스트화하여 정보가 잘 전달되도록 만들어놓는 것에서 그친다. 즉 특별한 기획 없이 만들어진다. 하지만 기업들은 메뉴판에 대해서도 많은 디자이너가 고민한다. 기업 브랜드를 경험해보면 별다른 특징이 없는 것 같지만, 적절히 이슈 메뉴들은 따로 분류하여 눈에 잘 보이게 배치하고, 이벤트 메뉴들 또한 따로 분류하여 관리한다. 반면에 개인 브랜드 카페의 메뉴판은 단순히 텍스트만 있는 것으로 마무리된다. 메뉴판 기획을 집중적으로 고민해주는 디자이너와의 협력이 없기 때문이다. 개인 브랜드 카페의 경우 단순히 메뉴가 리스트업 된 것으로 끝나지 않게 최대한 신경 써야 한다. 메뉴의 이름이 중요한 게 아니다. 다른 카페와 같은 메뉴라도 사람들에게 어떻게 보이게 하느냐에 따라 메뉴판만으로도 다양한 메뉴를 주문할 수 있게 유도할 수 있다. 편집 디자인이라는 분야가 괜히 있는 것이 아니다.

3 배려하는 서비스를 디자인하라!

에스프레소 카페의 경우 일반 프랜차이즈 카페들과 경쟁을 해야 될 때가 많다. 아무래도 그 분위기가 비슷해서 일 것이다. 개인 브랜드 카페가 현저하게 부족하지만 프랜차이즈 브랜드에서도 부족한 부분이 바로 서비스 영역이다. 현재 많은 고객이 서비스의 부재를 인식하고 있다. 식음료시장 소비자들은 산업의 현주소보다 앞서 갈 때가 있다. 소비자 입장에서는 더 좋은 문화와 서비스를 빨리 경험하려 하기 때문에 서비스의 중요성을 더 빨리 인식하는 것이다. 커피 한 잔의 가격은 몇천 원이지만, 그 커피 한 잔이 전해주면 좋은 것들은 매우 많다. 특히 감성적인 부분, 즉 손끝에서 느껴지는 따뜻함도 좋지만 마음까지 따뜻해지게 만드는 서비스를 디자인해야 한다. 예를 들면 카페 문을 열고 들어오는 고객들을 쳐다보며 미소를 짓고, 반갑게 맞이해주는 서비스는 현재 우리나라 모든 카페에서 부재하다고 해도 과언이 아니다.

 실전 TIP 2

카페 디렉터가 알려주는 3D 모델링

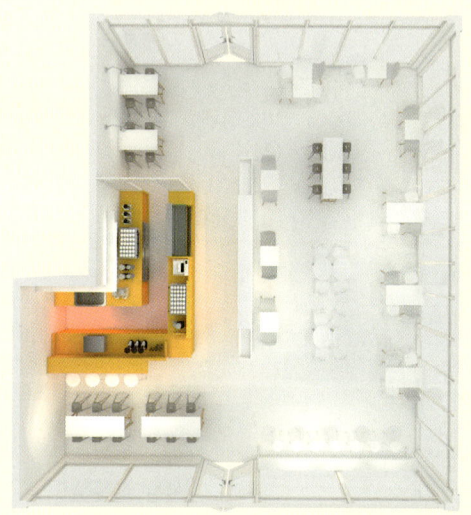

위 ▲

▲ 외부

▼ 내부

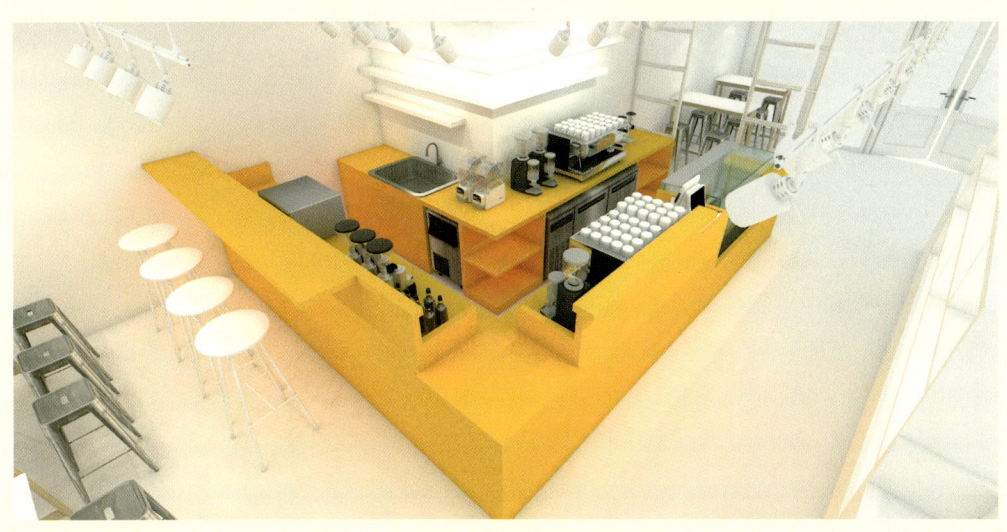

창업 전략 Q&A

Q. 어떤 메뉴를 선택해야 그 상권에서 시장성이 있을까요?

메뉴로 시장성을 따지기 전에 어떤 브랜드를 고객에게 전달할 것인지를 고민하라!

처음 창업하는 오너 대부분이 해당 상권에서 효과적인 메뉴를 발견하기를 희망한다. 그것도 아주 획기적인 메뉴이기를 기대한다. 물론 식음료 창업에 있어서 어떤 메뉴를 선택할 것인지는 중요한 문제다. 하지만 메뉴 선택 이전에 오너로서 먼저 고민해야 할 게 있다. 바로 자신이 창업하려는 이유와 자신만의 브랜드가 고객에게 줄 수 있는 것이 무엇인가이다. 요즘은 특정 메뉴 하나가 이슈가 됐다고 그 카페가 지속적으로 유지된다는 보장은 없다. 그래서 브랜드라는 개념이 개인 창업자에게도 적용되기 시작한 시기라고 볼 수 있다. 쉽게 말해 시장에 존재하는 스포츠 브랜드는 많다. 그리고 그 브랜드가 판매하는 스포츠에 관련된 상품들도 거의 비슷하다. 하지만 그 가운데 어느 특정 브랜드를 구매한 것에 대한 의미는 조금 다를 수 있다. 즉 같은 신발이라도 '나이키'라는 브랜드를 신었다는 것은 사람마다 다르겠지만 특별한 의미가 될 수 있기 때문이다. 카페 창업에서도 이것을 노려야 한다. 시장의 많은 카페가 아메리카노라는 메뉴를 가지고 있고, 비슷한 디저트와 베이커리 메뉴가 있다. 이 가운데 내가 만든 브랜드는 구매 고객에게 어떤 의미를 줄 수 있는지에 관한 고민이 선행되어야 한다.

머신은 어떤 기준으로 선택해야 하는 것일까요?
성장하면서 조정이 가능한 품목에 욕심 내지 말고, 고객과 결과 중심의 전략적 고민이 필요하다.

나 역시 처음 머신을 고를 때 굉장히 심각하게 고민했다. 그러나 이 고민은 오래 가지 않았다. 막상 시장에서 활동해보니 이 고민은 크게 중요한 문제가 아니었다. 물론 자신이 커피 전문가로서 성장하기 위해선 필요한 과정이다. 이때는 고객을 놓고 생각하면서 결과를 두고 전략적으로 고민할 필요가 있다. 어떤 오너는 커피 테크닉을 단기간에 전문적으로 배운 후 카페를 창업하면서 유독 고급 머신 브랜드만 고집하기도 한다. 카페 창업 경험자는 중급 모델과 고급 모델에 따라서 카페 매출이 달라지지 않는다는 사실을 알고 있다. 이 모델 간의 금액은 약 1,000만 원까지도 차이가 난다. 물론 기업적으로 창업을 하는 경우에는 큰 고민거리가 아닐 수 있다. 그러나 개인 브랜드를 준비하는 오너에게는 1,000만 원은 굉장히 큰 금액이며, 이 비용을 기회비용으로 생각하더라도 이 돈으로 할 수 있는 게 정말 많다. 따라서 첫 창업의 메뉴 콘셉트에 있어서 핵심 메뉴에는 중급 모델 정도로 선택하고 나머지 장비군은 기본 사양을 선택하는 편이 좋다. 성장을 하면서 재조정이 충분히 가능한 품목들이기 때문이다.

Q. 원두 납품은 어디서 받는 게 좋을까요? 금액은 어느 정도 선에서 납품받아야 할까요?

자신의 취향에 맞고, 브랜드를 표현하는 원두를 선택하는 습관을 기르는 것이 먼저다.

카페 창업이 거의 다 준비되는 시점에서 오너는 원두 납품에 관한 고민을 하게 된다. 문제는 완전 처음 경험하는 오너는 원두 납품을 어떻게 해야 하는지조차 모른다는 것이다. 이때는 일단 많이 마셔보는 것밖에 다른 방법이 없다. 자신의 브랜드이기 때문에 자신의 취향과 가장 잘 맞는 원두를 고를 수 있어야 한다. 그러기 위해선 많이 마셔보는 수밖에 없다. 그리고 나서 납품가를 알아보고 결정하면 된다. 처음에는 납품가와 상관없이 원하는 원두라면 납품을 받는 게 좋다. 가격적인 것만으로 시장에서 경쟁력을 갖추는 것은 굉장히 어렵다. 저렴한 가격을 만드는 방법 중 재료원가를 낮추는 전략은 제일 쉬운 방법이지만 강한 경쟁력을 갖기 위해선 수치적인 것에 흔들리지 않는 가치가 강한 강점을 만들어야 한다. 따라서 오너는 처음부터 자신이 원하는 맛을 추구하고, 선택함으로써 경영 습관을 만들어나가야 한다. 오너가 원하고 브랜드가 말하는 맛을 표현해주는 원두를 선택해야 하며, 납품가는 납품업체와 잘 상의해서 자신에게 적합한 납품가를 만들어야 한다. 요즘은 평균 1kg에 3만 3,000원 정도의 기준을 두고 원두를 찾는 편이다. 가벼운 스트리트 카페의 경우 이보다 더 낮은 납품가를 가진 원두를 받기도 한다. 요즘에는 인터넷을 통해 검색만 해도 원두를 납품받는 곳을 어렵지 않게 만날 수 있다. '카페 뎀셀브즈', '리브레', '빈브라더스' 등 자신만의 이름을 걸고 시장에 진출한 브랜드들이 이에 해당한다. 자신의 카페에서 어떤 맛을 표현할 것인가는 오너 스스로가 결정해야 하기 때문에 이런 브랜드마다의 맛과 가격대를 잘 비교해서 선택하자.

02 핸드드립 카페
Hand-Drip Cafe

내가 '핸드드립'을 처음 접한 것은 아버지를 통해서였다. 나의 어릴 적 아버지는 원두커피에 대한 애정이 남달랐다. 아버지는 '커피마루'라는 네이버 카페 동호회에서까지 열정적으로 활동하셨다. 이렇게 커피와 관련하여 왕성한 활동을 하고 계셨던 아버지의 영향이었는지 언제부턴가 내 손에도 드립 포트가 쥐어져 있었다. 신기하게도 커피는 경험하는 순간 빠지게 된다 물론 좋은 경험을 통해야겠지만. 아버지를 따라 덩달아 핸드드립 커피를 즐기게 된 나는 아버지와 함께 제법 많은 핸드드립 전문점을 가보았고, 즐기게 되었다. 그 당시 커피 트렌드 키워드는 '일본'이었다. 그래서인지 당시 핸드드립 전문점에 가면 일본 카페 분위기를 많이 느낄 수 있었다. 물론 차별화를 두기 위해 '우리 식'이라는 용어를 만들어 활동했던 커피 전문가도 있지만, 핸드드립과 로스팅에 있어서 대부분은 일본의 분위기를 많이 느낄 수 있었다.

핸드드립 전문점에는 특유의 분위기가 있다. 우드 소재로 이루어진 커피 바Bar는 에스프레소를 이용한 메뉴를 해결하는 구역과 핸드드립 메뉴를 해결하는 구역으로 나뉜다. 핸드드립 메뉴를 해결하는 드립 바에는 다양한 드립 도구가 놓여 있고, 바 전면에는 볶아 놓은 다양한 원두들이 유리병에 담겨 놓여 있어 사람들의 시선을 사로잡는다. 당시 일반 에스프레소 전문점과 핸드드립 전문점의 가장 큰 차이는 핸드드립 매장에 로스팅 머신이 놓여 있고, 드립 바에 고객들이 앉을 수 있다는 점이었다. 이를 토대로 핸드드립 전문점에서는 다양한 시나리오를 경험할 수 있는데, 가장 먼저 입구에서부터 시작된다.

아메리카노와는 다른 뉘앙스를 지닌 핸드드립 커피를 마시기 위해 전문점을 찾은 사람들은 매장 입구에서부터 일반적인 에스프레소 전문점과 사뭇 다른 느낌을 받는다. 이곳의 정감 있는 인테리어 속에서 한 방울 한 방울 드립 정성스럽게 추출한 커피를 예쁜 잔에 담아 즐길 수 있다. 드립 바에 앉아 커피를 즐길 때면 카페 주인장의 설명과 함께 핸드드립 추출방식으로 커피를 내리는 볼거리를 즐길 수도 있다. 에스프레소 전문점과 달리 카페 주인장과 더욱 가까워진 느낌을 들게 한다. 어쩌면 우리나라에서 핸드드립 전문점이 고객들의 관심을 받으면서 카페에도 '맛집'이라는 단어가 붙기 시작했는지도 모른다. 이때부터 블로그에 많은 카페가 소개되었던 것으로 기억한다. 그리고 커피 문화가 확산되기 시작한 초창기에는 바리스타의 테크닉이 잘 노출되지 않았을 때라 상대적으로 많이 노출되는 핸드드립의 로스팅 머신과 퍼포먼스가 고객에게 신선한 볼거리였다.

그런데 요즘의 핸드드립 전문점은 형태가 많이 달라졌다. 미국이나 호주의 영향을 많이 받은 분위기다. 핸드드립이라는 용어도 잘 사용하지 않는다. 미국에서는 '브루잉 Brewing', 호주에서는 '푸어오버 Pour Over'라 부르는데, 우리나라는 핸드드립보다 브루잉이라는 단어를 사용하는 추세다. 시간이 흐르면서 커피 문화가 많이 알려지면서 과거 핸드드립 전문점을 찾아가는 주 고객층은 커피 마니아들이었는데, 지금은 커피전문가나 마니아가 아니더라도 브루잉 커피를 찾는 사람이 많아졌다. 커피 추출방식 또한 고객의 취향에 맡겨졌다. 그리고 일반 대중을 타깃으로 하는 기업에서도 '콜드브루'라는 단어를 직접적인 상품 이름으로 사용할 정도로 커피 문화가 달라졌다.

핸드드립 전문점은 브루잉 커피 전문점에 비하면 오래된 느낌을 풍기고, 작업실에 온 것처럼 조금은 어수선해 보이기도 한다. 하지만 누군가의 작업실에 방문한 것처럼 호기심을 자극하고, 흥미롭게 만들기도 하고, 때로는 작업자의 스타일을 엿볼 수 있어서 좀 더 인간적으로 느껴진다. 시대적인 분위기 때문에 지금은 과거 핸드드립 전문점 스타일의 카페를 창업하는 사람은 거의 없다. 그래서 아쉬울 때가 많다.

카페 창업을 하는 오너는 시각적인 트렌드를 쉽게 따라가는 경향이 있는데, 좀 더 자기 개성을 살리는 것이 좋다. 핸드드립 전문점 스타일은 구시대적인 모습이 아니라, 어쩌면 커피 작업자 본연의 개성을 더욱 살려줄 수 있는 스타일인지도 모른다. 지금 카페 창업을 결심한 오너는 단순히 핸드드립 전문점을 오래된 카페라고만 바라보지 말고, 여전히 그 모습을 유지하고 있는 카페를 방문할 때면 그 오너의 스타일을 어떻게 시각적으로 표현했는지 참고하기 바란다. 시간을 잘 담아놓은 공간과 한 사람의 모습이 담긴 공간보다 더 편안한 곳은 없을 것이다. 그래서 나는 핸드드립 전문점은 '카페의 오너가 겪은 시간의 밀도를 담은 공간'이라고 정의하고 싶다.

핸드드립 카페의 Good & Bad Point

Good Point 1 핸드드립 바를 활용해 고객과 소통할 수 있다.

핸드드립 전문점만의 특별한 장점은 드립 바가 있다는 것이다. 커피 마니아일수록 핸드드립 전문점에 방문하면 바에 앉아 커피전문가와 다양한 대화를 나눈다. 한번 바에 앉으면 마시는 커피에 비해서 오래 앉아 대화를 나누기 때문에 커피전문가 입장에서는 많은 에너지가 필요하다. 하지만 직접적인 소통을 통해 단골을 확보할 수 있는 좋은 요소가 된다. 핸드드립 전문점을 창업하려는 오너는 필수적으로 고객이 앉을 수 있는 바를 설계해달라고 하지만, 그 전에 고객을 바에서 충분히 서비스할 수 있는지에 대한 스스로의 역량을 먼저 확인해야 한다.

Good Point 2 핸드드립+디저트+차TEA 메뉴를 통해 객 단가를 높일 수 있다.

핸드드립 전문점의 분위기는 다른 카페 타입에 비해 다소 차분한 편이며, 이곳을 찾는 고객들도 차분히 커피와 시간을 즐긴다. 커피를 원하지 않는 고객을 위해 항상 티 메뉴를 준비해놓은 카페도 있는데, 이는 그 카페만 찾는 단골이 많다는 것을 보여주는 것이다. 또한 핸드드립은 기본적으로 에스프레소 메뉴보다 단가가 높은 편이다. 따라서 핸드드립 메뉴를 기본으로 디저트, 티 등 단가가 높은 메뉴들로 잘 구성하면 테이블 수익을 기대해볼 수 있다. 원두 소매까지 운영이 가능하다면 추가적인 수익도 기대할 수 있다.

Good Point 3 전문가로 인정받는다면 교육 콘텐츠로 활용할 수 있다.

핸드드립 콘텐츠의 장점은 홈 카페 문화를 즐길 수 있다는 점이다. 에스프레소 베리에이션 Variation 메뉴의 경우 제대로 된 에스프레소 머신과 그라인더를 구매해야 그 맛을 제대로 즐길 수 있다. 가정용 에스프레소 머신으로도 즐길 수 있지만 그 결과물은 카페에서 경험했던 것과는 많이 다르다. 하지만 핸드드립은 몇 가지의 추출도구만 구입하면 집에서도 카페와 비슷한 커피를 즐길 수 있다. 추출도구는 비싸지 않아 부담도 크지 않다. 이런 점 때문에 초기 핸드드립 전문점에서는 커피를 중심으로 하는 취미 커뮤니티의 교육이 많이 이루어졌다. 이런 교육 콘텐츠는 추가적인 수익구조를 만들어낼 수 있는 요소여서 매장을 운영하는 오너 입장에서는 좋은 콘텐츠가 된다.

Bad Point 1 완성도 높은 핸드드립 커피를 위해 시간을 투자해야 한다.

핸드드립 커피는 누구나 만들 수 있지만, 누구나 좋은 결과물을 만들 수 있는 것은 아니다. 핸드드립은 경험치를 한번에 넘을 수가 없다. 실제로 10여 년 이상 꾸준히 핸드드립 추출을 해온 전문가와 이제 막 핸드드립을 배운 오너와의 테크닉은 큰 차이를 보인다. 일단 포트를 잡은 모습에서 안정감부터 다르다. 핸드드립 전문점을 구상하고 있다면 창업 준비 첫 단계로 핸드드립을 전문적으로 배우고 꾸준히 시간을 투자해서 연습해야 한다. 핸드드립 전문점에서는 다른 어떤 것을 준비하는 것보다 오너의 테크닉이 제일 중요하다는 사실을 명심하자. 핸드드립을 경험해보지 못했다면 한 번쯤은 시도해보고 핸드드립 전문점을 체계적으로 준비할 것을 추천한다.

Bad Point 2 커피 마니아를 위한 서비스를 할 수 있어야 한다.

한때 핸드드립을 즐기는 사람들을 전부 커피 마니아라 불러도 무방했다. 당시만 해도 핸드드립을 아는 사람이 별로 없었을 뿐만 아니라 달지 않은 커피를 선호하는 사람도 많이 없었다. 그러나 요즘은 많이 달라졌다. 아메리카노를 마실 때 시럽이 필수인 사람도 있지만 기본 아메리카노를 즐기는 사람도 상당하다. 그래서 오히려 과거보다 지금이 더 시장성이 있다고 할 수 있다. 실제로 잘 추출한 핸드드립 커피는 아메리카노보다 훨씬 풍미가 있고 그윽하다. 게다가 각기 다른 원산지와 종에 따라서 향기와 맛의 미묘한 차이가 재미를 준다. 이런 핸드드립을 즐기는 사람들은 여전히 커피 애호가가 많다. 그렇기 때문에 그들을 위한 서비스가 분명 있어야 한다. 게다가 이들은 주로 드립 바에 앉아서 커피를 즐기기 때문에 어느 정도의 대화 테크닉도 있어야 한다. 바라는 개념이 그렇다. 그 시간을 충분히 응대해주지 못한다면 처음부터 홀과 주방의 구분이 확실한 카페 형태를 선택하는 편이 좋다.

Bad Point 3 원두 신선도를 가장 많이 신경 써야 한다.

핸드드립 전문점에서 사실 가장 신경 쓰이는 부분이 원두 관리다. 로스팅을 직접 해결하는 핸드드립 전문점이라면 작업 일정에 따라서 원두의 회전을 계획적으로 조정할 수 있지만, 원두를 납품받는 경우에는 신경을 많이 써야 한다. 로스팅을 직접 할 경우 일정기간이 지나려고 하는 원두는 어떻게든 활용할 수 있는 여유가 있다. 아무래도 생두를 취급하기 때문에 선택의 폭이 넓다. 그러나 납품을 받는 경우에는 선택의 폭이 좁아, 온전히 전부 사용해야 이익을 남길 수 있다. 이 경우 자칫하면 신선도를 무시하고 재고를 활용하게 될 수도 있다. 이렇게 하지 않으려면 납품을 받더라도 올바른 보관방법과 재고회전을 신경 써서 원두 신선도를 관리해야 한다.

실전 TIP1 | **카페 디렉터가 알려주는 디렉팅 레시피**

STEP 1 롤 모델 선정하기
땅차커피, 광화문 커피, 다동커피집, 전광수 커피하우스 등

STEP 2 적정 규모 알아보기
최소 15평형부터 적정 40평형

STEP 3 추천 상권 및 입지
번화가에서 조금 벗어난 한가한 상권, 아파트 상권, 도심 근교 번화가 상권 등

STEP 4 창업비용 예상하기
약 7,000만 원대부터 로스팅 머신 포함, 부동산 임대료 제외

ㄴ 로스팅 머신의 용량은 창업 전략에 따라서 다르게 선택할 수 있다. 잔 커피 위주의 운영 전략을 선택했다면 1kg급을 운용해도 충분하다. 원두 판매부터 납품까지 고려한다면 3kg급 이상은 운용해야 된다. 그러나 도매급 운영을 하기 위해서는 충분한 경험이나 교육이 필요하다.

STEP 5 인테리어 비용 예상하기
15평형 기준 최소 4,000만 원대 이상

STEP 6 어울리는 메뉴 결정하기
• 다양한 볶은 원두를 이용한 핸드드립 메뉴
• 다양한 추출방식을 이용한 메뉴 사이폰, 이브릭, 핸드드립 등
• 케이크와 디저트, 간단한 베이커리류 등

추천 디자인 레시피

1 드립 바Bar를 활용할 수 있는 디자인을 하라!

핸드드립 전문점은 드립 바가 핵심 영역이다. 드립 바가 아닌 다른 영역이 돋보여봤자 큰 효과가 없다. 그런데 드립 바를 멋지게 연출한다는 것은 처음 시작하는 오너에게 어려운 일이다. 핸드드립 전문가로 알려진 카페를 방문하면 이미 오랜 시간 쌓아온 경험이 드립 바에서부터 보인다. 낡은 드립 포트와 손때 묻은 도구들이 커피 맛을 좋게 해주는 것은 아니지만, 고객은 그것들에서 느껴지는 것 때문에 드립 바에 있는 오너를 전문가로 인식하게 된다. 처음 창업하는 오너라도 커피와 함께한 시간이 오래되었다면 드립 바의 모양새가 제법 잡히기도 한다. 그러나 이런 시간이 없었던 오너에게는 시간의 무게감을 표현하기가 힘들다. 이럴 때는 드립 바 자체와 드립 장비들로 분위기를 연출하는 방법을 활용하면 좋다. 바의 마감재와 조명을 활용해서 시간의 무게감을 어느 정도 표현할 수 있다.

2 테이크아웃 서비스 영역과 핸드드립 서비스 영역을 분리하라!

핸드드립 전문 카페의 큰 특징은 슬로우 서비스에 있다. 핸드드립 메뉴 하나에 적어도 5분이 걸린다. 좀 더 아날로그적인 멋을 보여주는 곳은 실제 주전자에 물을 끓여서 주기 때문에 시간이 좀 더 걸린다. 이때 고객은 드립 바에 앉아 물이 끓는 동안 오너와 대화를 나누는 경우가 많다. 이런 여유 있어 보이는 서비스 모습과 테이크아웃의 빠른 서비스와는 전혀 다른 영역으로 구분해야 한다. 카페 규모가 작은 경우 구분한다는 것 자체가 어려울 수 있다. 따라서 이때에는 메뉴 구성에 변화를 주고, 작업 흐름을 잘 파악해서 불편하지 않은 설계를 해야 한다. 서비스 영역에 대한 설계만 잘 이루어져도 고객들을 위한 배려를 느낄 수 있다.

3 작업 흐름을 잘 이해하고 주방을 설계해야 한다.

주방은 전문가일수록 자신만의 작업 동선을 반영해서 설계하는 것이 좋다. 나도 이 부분에 있어서는 오너의 역량에 따라서 다르게 접근하는 편이다. 전문가일수록 자신만의 작업 습관이 있기 때문이다. 작업 습관은 쉽게 바뀌지 않는다. 특히 핸드드립 바는 더 신경 쓸 필요가 있다. 나도 내 주방에서 커피를 추출하다 다른 카페에 가서 하려고 하면 쉽게 적응이 안 된다. 습관적으로 손을 움직였는데, 내가 예상했던 위치가 아니기 때문이다. 이런 습관이 없는 경우엔 메뉴를 원활하게 하기 위한 동선적 설계를 하여 그 기준으로 작업 습관이 만들어지게 하기도 한다. 그러나 핸드드립이라는 메뉴의 특징을 잘 모르고 주방을 설계하면 고객 입장에서도 그 특유의 분위기를 즐기지 못하고, 작업자도 상당히 불편하기 때문에 주의해야 한다. 한마디로 핸드드립의 특성을 잘 반영한 주방 설계가 되도록 신경을 많이 써야 한다.

실전 TIP 2 카페 디렉터가 알려주는 **3D 모델링**

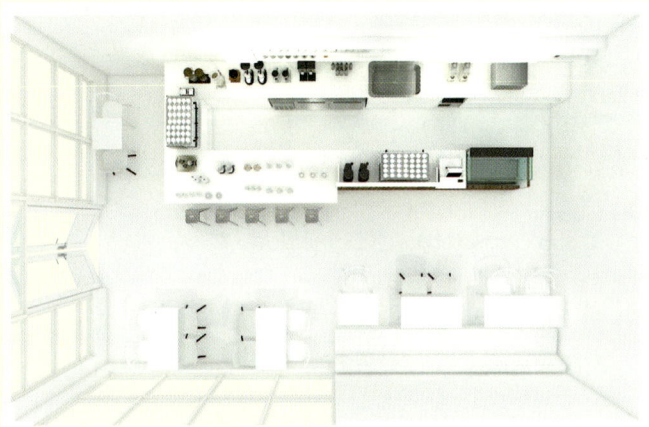

◀위

▲내부

외부▶

◀내부

창업 전략 Q&A

Q 핸드드립 카페는 올드Old한 느낌인데 시장성이 있을까요?
유행은 순간이다, 올드하다는 것이 시장성이 없는 것은 아니다.
지금은 다양한 스타일이 있어 사람들의 선호도가 각양각색이지만, 핸드드립 카페가 창업시장에서 인기 있었을 때를 돌아보면 '프로방스'나 '일본' 풍의 스타일이 사람들의 관심을 받았다. 스타일이라는 것은 시기에 따라 유행이 변하기 때문에 브랜드 자체의 컬러로 한 스타일을 가져가는 것도 나쁘지 않다. 여전히 프로방스나 일본 감성에서 느껴지는 멋을 선호하는 사람이 많으며, 여전히 다양한 추출방식을 활용해 다양한 맛을 표현하는 카페도 많다. 그리고 이곳은 단골이 많다. 이를 놓고 보면 올드하다는 것이 꼭 시장성이 없는 것은 아니다.

Q 로스팅을 필수로 해야 할까요?
로스팅을 하지 않는다면 원두 본연의 맛을 유지하기 위한 관리가 중요하다. 사실 원두의 맛을 위한다면 직접 로스팅을 하는 것이 좋다. 그러나 로스팅 환경을 설비하고 운용하는 것이 결코 쉬운 것은 아니다. 따라서 이 경우에는 오너 스스로의 판단이 결정적인 영향을 끼친다. 어떤 원두든 좋은 결과물을 위한 추출 테크닉을 익힌 다음 카페를 운영하는 것도 방법이고, 로스팅을 통해 맛에 영향을 줄 수 있는 권한을 갖는 것도 하나의 방법이다. 단, 원두를 납품받는 조건이라면 유통일정과 보관방법 등을 잘 체크하여 원두 본연의 맛을 잃지 않도록 관리하는 게 가장 중요하다. 로스팅을 하지 않을 것이라면 이 조건에 대한 체크와 노하우 점검이 꼭 필요하다.

Q 핸드드립 테크닉은 어디서 교육받아야 좋나요?
자신이 원하는 기준에 맞는 전문가에게 배워라!

핸드드립 테크닉은 전문가마다 그 노하우가 달라서 규정된 게 없다고 볼 수 있다. 전문가의 감각이 많이 관여하는 테크닉이기 때문에 누군가를 교육한다는 개념이 적용되기도 힘들다. 그래서 나는 테크닉 이전에 맛의 기준을 먼저 잡아놓고 테크닉을 맞춰가는 방향을 추구했다. 요즘은 '브루잉 커피'라고 부르면서 실용적인 테크닉이 지배적이다. 이 때문에 교육에 있어서도 과거와 달리 전달하는 것이 수월해졌다. 따라서 핸드드립에 관한 테크닉을 교육받고 싶다면 자신이 생각하는 맛의 기준에 가장 근접한 전문가를 찾아 배우는 것을 추천한다.

- **추천 교육장소** 땅차커피 기술연구소
- **추천 이유** 핸드드립 테크닉을 잘 교육해줄 수 있는 조건을 갖추고 있다.

로스터리 카페
Roastery Cafe

커피 볶는 기계를 로스터기, 배전기, 로스팅 머신이라 부른다. 카페 창업을 위한 게 아니더라도 커피를 깊게 즐기다 보면 로스팅에 관심을 갖게 된다. 직접 볶아 마시는 커피는 그 나름의 재미가 있다. 귀찮게 느껴질 수 있는 이 과정을 즐기지 못한다면 로스팅까지 관심을 갖기가 어렵다.

원두는 커피가 볶아지기 전인 생두라는 원재료를 구입해서 핸드픽Hand Pick, 손수 불량 생두를 골라내는 작업 과정을 거친 후 로스팅 계획을 세운 다음 볶아야 한다. 취미로 로스팅을 즐기던 아버지의 모습을 떠올려 보면 필요한 장비도 많았다. 집에서 볶는 날이면 체프생두의 겉껍질가 사방에 날리고 연기도 자욱했다. '통돌이', '수망', '프라이팬' 등을 활용하여 커피를 볶기도 했으며 '제네카페'나 동호회 사람이 직접 제작한 '자작 로스터'를 구입해서 로스팅을 즐기곤 하셨다. 이렇게 로스팅까지 즐기던 커피 마니아가 창업하는 카페는 어김없이 로스터리 카페가 필수일 때가 있었다. 2010년을 기준으로 그 이전에도 로스팅을 전문적으로 했던 여러 유명 커피 전문가가 있지만, 이 시기에 로스터라 불리는 전문가들이 다양한 모습으로 등장했다. 이때가 로스팅 머신 판매 대수가 많았던 시기가 아니었을까 조심스럽게 추측해본다. 바리스타의 시대에서 로스터의 시대로 창업자의 시선이 옮겨지기 시작한 시기라 할 수 있다.

로스팅을 전문으로 하는 로스터리 카페는 로스팅 머신을 중심으로 준비되고 설계된다. 어쩌면 핸드드립 전문점과 비슷할 수 있다. 그러나 로스터리 카페에서는 핸드드립을 이용한 커피 메뉴가 필수지만, 핸드드립 전문점에서는 로스팅이 필수는 아니기 때문에 구분을 확실히 할 필요가 있다. 실제로 핸드드립 카페 중에는 원두를 납품받아서 메뉴를 해결하는 곳이 은근히 많다. 로스터리 카페를 창업할 때는 보통 에스프레소 카페를 오픈할 때와 달리 로스팅 환경을 많이 신경 쓰게 된다. 지금은 로스팅 환경에 대한 정보를 쉽게 얻을 수도 있고, 전문적으로 담당해주는 전문가가 많아져서 창업자가 크게 신경 쓰지 않아도 된다. 하지만 2010년 당시에는 이 부분에 대한 노하우를 잘 알고 있는 인테리어 디자이너가 없었다. 그래서 오너는 많은 고생을 떠안아야 했다.

카페 창업에 대한 정보도 한쪽으로 치우쳐 있어서 정보를 제대로 알고 있지 않은 오너는 시간적으로나 비용적으로 손해 볼 때가 많았다. 지금은 과거에 비하면 상황이 많이 달라졌다. 로스팅 머신을 취급하는 지사들도 노하우를 충분히 갖추고 있다. 그리고 가장 큰 문제였던 인테리어에 있어서도 노하우를 가진 디자인 회사들이 늘어나면서 훨씬 좋은 환경에서 로스터리 카페를 창업할 수 있게 되었다.

전문 테크닉이 필요한 카페일수록 디자인적인 고민에 앞서 기능적인 고민을 먼저 해야 한다. 로스터리 카페도 마찬가지다. 과거에도 그랬고, 지금도 그렇다. 달라진 게 있다면 과거에는 기능에 충실한 나머지 디자인적인 어필이 조금 떨어져 보였지만, 지금은 기능적인 설계 다음으로 디자인적인 고민까지 함께 이루어진다. 그래서 로스터리 카페의 최근 모습은 거추장스러움보다는 전문성이나 깔끔함으로 정리되는 것을 볼 수 있다. 이런 모습을 갖추게 된 영향에는 미국의 유명 스페셜티 카페 브랜드 스텀프타운 커피, 인텔리젠시아, 블루보틀 커피 등들의 등장이 컸다고 할 수 있다. 직접 경험한 사람들도 있겠지만, 이미지적인 정보만 보더라도 이 브랜드들이 로스팅 환경을 관리하는 모습을 보면 2010년경의 우리나라 로스터리 카페와는 많이 다른 것을 알 수 있다.

로스터리 카페의 장점은 단연 로스터로서 전문성을 인정받을 수 있다는 점이다. 그리고 성장하면서 사업적으로 다양한 비즈니스 모델을 만들어낼 수 있다는 것이다. 실제로 사업적으로 좋은 성과를 내고 있는 국내 로스터리 카페 브랜드들이 좋은 사례가 된다. '커피 리브레'라는 브랜드는 독특한 감성을 앞세워 마니아적인 소비자에게 원두를 제공하고 있고, '카페 뎀셀브즈'는 같은 장소에서 꾸준히 소비자들의 사랑을 얻고 있다.

로스터리 카페의 단점은 로스팅 테크닉으로 전문성을 인정받기 위해선 오너의 노력이 많이 필요하다는 점이다. 전문적인 영역에서의 발전은 그 한계가 없기 때문에 하루하루 노력이 필요하다는 사실을 인정한 오너만이 선택할 수 있는 카페 타입 중 하나다. 그리고 보통의 전문성으로는 고객에게 인정받기가 어렵다. 그래서 유명한 로스팅 전문 카페 브랜드 오너는 하나같이 "제대로 할 마음이 없다면 차라리 좋은 전문가의 원두를 납품받는 게 좋다"고 말한다.

로스터리 카페의 Good & Bad Point

Good Point 1 성장하는 홈 카페시장의 고객들을 만족시킬 수 있다.

홈 카페 고객은 앞으로 계속 커질 큰 잠재력을 가진 시장이다. 홈 카페시장이란, 소비자들이 직접 가정에서 카페 메뉴를 즐기는 시장을 의미한다. 이 시장을 위한 장비나 도구들이 점점 모습을 나타내고 있다. 카페시장이 포화 상태라는 매체 소식 때문에 우리나라 카페시장이 이미 다 성장했다고 생각해서는 안 된다. 아직은 수요보다 공급이 많은 것 같지만, 카페 소비시장을 보면 아직도 충분히 성장할 수 있는 영역이 많이 남아 있다. 그중 홈 카페시장은 급속도로 커지고 있다. 이런 시장을 위해 로스터리 카페는 많은 것을 해줄 수 있다. 간단히 가정에서 즐길 수 있는 커피 테크닉을 알려주면서 고객과 소통할 수 있다. 특히 지속적으로 소비되는 원두를 제공해줄 수 있다는 점이 가장 큰 강점이다.

Good Point 2 다양하고 스페셜한 원두로 변화의 재미를 줄 수 있다.

커피의 단계 중 로스팅 단계는 생두를 책임지는 단계 바로 다음이다. 카페를 커피의 단계적인 측면에서만 말할 수는 없지만, 로스팅은 다양한 변화를 줄 수 있는 바로 전 단계임에는 틀림없다. 로스터리 카페는 다양한 전략으로 고객에게 커피를 즐길 수 있는 재미를 제공할 수 있다. 요즘은 싱글 오리진 커피Single Origin Coffee, 블랜딩된 원두가 아닌 한 품종의 원두로 추출하는 커피를 이용하여 볶아진 원두 중 자신이 마실 커피를 고르는 재미를 주기도 한다. 또한 볶아진 원두를 다양한 추출방식사이폰, 다양한 드립퍼, 모카포트, 이브릭 등을 통해서 즐기게 할 수도 있다.

Good Point 3 비즈니스 확장이나 성장에 있어서 좋은 원동력이 될 수 있다.

로스팅을 관리한다는 것은 카페 비즈니스에서 가장 원재료를 다루는 것이기도 하다. 카페의 기본은 커피고, 그 커피의 원재료를 다루기 때문이다. 그리고 그 원두는 다시 상품으로 판매가 가능하다. 그렇기 때문에 제조·유통이라는 비즈니스의 아주 기본적인 구조를 다룰 수 있는 것이다. 이를 제대로 갖추기 시작한 카페는 비즈니스에 있어서 확장과 성장이 빠른 것으로 보인다. 시도해볼 수 있는 비즈니스 모델이 많기 때문이다. 기존 비즈니스를 분석해보면 카페 비즈니스에서 제조·유통, 교육, 프랜차이즈, 쇼핑몰 등 다양한 방향으로 확장과 성장을 이뤄가는 브랜드도 있다. 이런 실제 모델로부터 지금 창업을 준비하는 오너는 좀 더 다양한 시도를 해볼 수 있을 것이다.

Bad Point 1 어떤 장비를 선택하느냐에 따라서 비용이 부담될 수 있다.

로스팅 머신 대부분은 수입 제품이다. 최근 국내에서도 로스터를 개발했지만, 아직 선호도에 있어서는 해외 브랜드가 우선적으로 고려된다. 이 수입 제품들은 가격이 만만치 않다. 그만큼 창업 예산의 비중이 높아진다. 그래서 로스터리 카페를 구상하고 있다면 처음부터 예산에 대한 고려를 충분히 해야 한다. 장비에 투자를 많이 하고 나머지를 최소화하겠다는 단순한 생각으로 접근해서는 안 된다. 특히 요즘 같이 창업하려는 사람이 많아 경쟁이 치열해지는 시장에서는 전체적인 밸런스는 놓쳐서는 안 되는 가장 중요한 부분이다. 어떤 오너는 커피 교육을 받으면서 자연스럽게 로스팅 수업까지 받았기 때문에 샘플 로스터라도 구입해서 로스팅을 하고 싶다고 말한다. 하지만 창업을 그렇게 단순한 계획으로 시도해서는 안 된다. 창업의 무대는 오너의 갈증 해소가 우선이 아니라 소비자의 갈증 해소가 우선되어야 한다. 다시 말해 국내 카페시장에서 로스터리 카페 브랜드로 창업하고 싶다면, 하고 싶은 진짜 이유에 대해서 다시 한 번 신중하게 생각해볼 필요가 있다.

Bad Point 2 재고관리 계획을 잘 세워야 원가 경쟁력이 생긴다.

로스팅을 하는 이유로 원가 경쟁력을 말하는 오너가 있는데, 단순히 생두를 직접 로스팅하기 때문에 원가 경쟁력이 생기는 것은 아니다. 로스팅 작업을 하는 순간 감수해야 하는 것은 작업시간과 노동력이다. 생두 원가에만 집중하면 큰 이익을 관리하는 것 같지만, 원두 상품을 만들기 위해서는 많은 노력이 필요하다. 그런데 아직까지는 그 노동력을 수익으로 피드백하기는 힘들다. 특히 웬만한 규모가 되지 않는 이상 좋은 수익모델을 갖추기가 힘들다. 도매 비즈니스로 보면 더욱 그렇다. 도매 비즈니스에서는 납품된 카페들의 컴플레인을 해결하는 시스템도 갖춰야 한다. 단순 장비의 문제는 결함을 해결해주고 끝낼 수 있지만, 원두 납품에 있어서는 어디서부터 원인으로 판단해 해결해야 할지 그 기준이 애매하다.

이밖에 원재료 매입의 경우 매입 규모가 커질수록 원재료 가격이 낮아지더라도 개인 브랜드 카페에서는 그 매입 규모에 한계가 있다. 원재료 가격을 낮추기 위해서 무작정 규모 있는 매입을 하더라도 재고 소진 계획이 맞지 않다면 그 원재료는 점점 신선도가 떨어질 수밖에 없다. 즉 로스팅 작업을 하는 순간 고려해야 할 사항이 많은데, 이를 단순히 카페 비즈니스와 똑같이 생각해서 접근하면 카페도 실패하고 로스팅 비즈니스도 실패하게 된다.

Bad Point 3 로스팅 설비를 신경 써야 한다.

과거에는 단순히 입구 창가 쪽에 환풍기를 설치해 1kg급 용량의 로스터를 운용하는 로스터리 카페가 많았다. 당시에는 이 정도 조건이면 그다지 문제가 없었다. 하지만 요즘에는 환경적인 문제 때문에 외부로 로스팅 연기를 내보내서는 안 된다. 게다가 과거와 달리 로스터 용량도 기본적으로 큰 용량을 선호하는 시장이 되었다. 과거에는 1kg급 용량이었지만 지금은 5kg급을 선호한다. 5kg급 용량부터는 로스팅 설비에 신경을 많이 써야 한다. 생두 보관설비, 가스설비, 배연설비 등 많은 사항을 고려해야 한다. 그렇기 때문에 스몰 로스터리 카페를 생각한다면 콘셉트가 좀 더 명확해야 한다. 좋은 카페 분위기와 원두 납품, 그리고 교육까지 너무 많은 콘텐츠를 작은 공간에 넣으려고 하면 욕심이다. 좀 더 간결한 콘셉트로 로스팅 설비를 중심으로 한 콘텐츠를 구상해야 깔끔하다. 앞으로는 점점 심플하고 실용적인 창업이 오히려 고객에게 좋은 서비스를 제공할 수 있을 것이다.

카페 디렉터가 알려주는 **디렉팅 레시피**

STEP 1 롤 모델 선정하기
커피 리브레, 엘카페, 더블하모니, 칼디 커피, 로이스 커피, 블랙업커피 등 로스팅 기술력을 전문적으로 앞세운 브랜드

STEP 2 적정 규모 알아보기
최소 15평형부터 적정 40평형
ㄴ 로스팅 머신의 규모에 따라서 매장의 적정 규모가 결정되기도 한다.

STEP 3 추천 상권 및 입지
번화가에서 조금 벗어난 한가한 상권, 아파트 상권, 로스팅 환경 조건에 적합한 상권 등
ㄴ 번화가에 있을 경우 로스팅 설비를 제대로 계획할 수 있어야 한다. 또한 로스팅 시 발생하는 연기나 냄새에 민감하지 않은 곳, 유통되는 생두를 받아서 운반, 적재하기 편리한 곳, 로스팅 머신 설치나 A/S에 편리한 곳이어야 한다.

STEP 4 창업비용 예상하기
최소 약 8,000만 원대부터 로스팅 머신 포함, 부동산 임대료 제외

STEP 5 인테리어 비용 예상하기
15평형 기준 최소 4,000만 원대 이상

어울리는 메뉴 결정하기

- 다양한 볶은 원두를 이용한 핸드드립 메뉴
- 다양한 추출방식을 이용한 메뉴 사이폰, 이브릭, 핸드드립 등
- 조각 케이크, 간단한 베이커리류

추천 디자인 레시피

1 작업실 같지만 상업 공간이다. 작업 구역을 명확히 구분하여 관리하라!

로스터리 카페가 한참 열풍인 때가 있었다. 그 당시 카페 모습을 떠올려보면 로스팅 작업 공간을 따로 분류하기보다 카페 한 공간에서 적당한 위치에 설치해서 운용했다. 특별하고 신기하게 생긴 로스터의 외형 때문에 많은 오너가 입구 창가 쪽에 설치하는 것을 선호했고, 연통작업에도 수월한 편이라서 대부분 그 위치에서 운용했다. 점점 시간이 흐르면서 입구 창가에 위치한 로스터는 불편 요소가 되었다. 로스팅 작업에도 불편했으며 고객도 호기심보다는 불편을 겪는 경우가 많았다. 로스팅 작업 시 발생하는 연기와 냄새에 호불호가 갈렸기 때문이다. 또한 고객의 공간과 작업 공간이 애매하게 공존하고 있어 카페 내부가 깔끔하게 유지되지 않았다. 그래서 어느 시점부터는 로스팅 작업 공간을 따로 분류하기 시작했다. 미국식 로스팅 설비 계획의 영향도 컸다. 그래서 지금은 로스터리 카페를 구상하는 오너에게 어느 정도 규모가 되는 공간을 요구하고, 그 안에서 로스팅 공간을 따로 설계하는 것을 추천한다.

2 로스팅 머신보다는 제품을 더 신경 써라!

로스팅 작업 공간을 따로 설계하기 시작하면 그 공간은 고객의 영역이 아닌 것으로 분리된다. 따라서 시각적인 연출에 초점을 둔 설계를 하기보다는 설비적인 부분에 초점을 둔 설계를 하게 된다. 과거 초창기와 달리 로스터가 마케팅 요소로 활용되는 것보다 작업의 본질적인 문제에 더 가까워진 것이다. 그래서 지금부터는 상품에 좀 더 신경을 써야 한다. 이제는 과거처럼 기본 원두 봉투에 즉석에서 툭툭 원두를 담아주는 것에서 고객은 감성을 찾지 않는다. 좀 더 완성도 높은 상품을 구매하고 싶어 한다. 그렇기 때문에 로스터리 카페 브랜드를 만든 오너는 핵심 상품이 될 수 있는 원두 패키지에 신경을 많이 써야 한다. 고객들의 기준이 높아짐에 따라 많은 '로스터스'라고 네이밍된 브랜드에서 전문적으로 원두를 상품으로 내세워 적극적으로 고객들의 관심을 받고 있다.

실전 TIP 2

카페 디렉터가 알려주는 3D 모델링

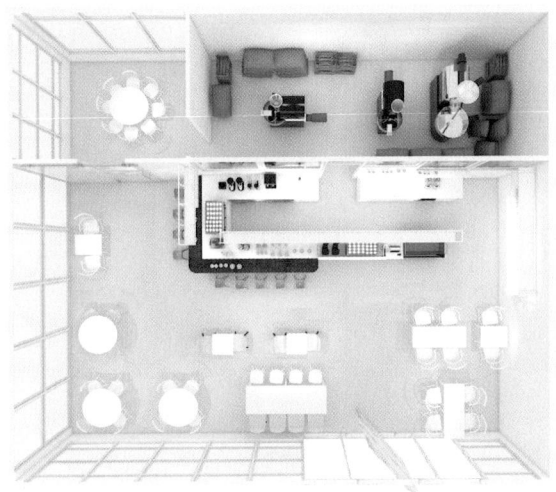

◀위

▼내부

외부▶

◀내부

창업 전략 Q&A

Q. 좋은 로스터와 로스팅 기술은 무엇인가요?

자신의 기준을 정한 후 원하는 맛에 가깝게 표현할 수 있는 것을 선택한다. 가끔 오너는 좋은 로스터를 추천해달라고 한다. 이 질문에 답변하기가 쉽지 않았다. 로스터에도 서열이 있다. 물론 상급 모델과 중급 모델 등 클래스에 있어서는 차이가 있을 것이다. 그러나 같은 상급 모델 간에는 좋고 나쁨의 차이가 없었다. 이는 개인적으로 다양한 타입의 로스터를 직접 다루면서 느꼈던 사실이다. 좋고 나쁨보다는 머신에 따라서 특징이 달랐고, 그 특징 때문에 결과물의 차이가 있는 정도였다. 따라서 먼저 로스팅에 대한 이해 다음으로 오너 스스로의 기준을 가지고, 원하는 결과물에 가까운 맛을 표현할 수 있는 로스터를 선택할 것을 추천한다. 성장하는 카페를 위해서는 전체적인 시야를 갖고 선택해 나가는 것이 좋다. 그리고 좋은 로스팅 기술은 정해져 있는 것은 아니다. 식음료 분야는 그 본질적인 특성이 비슷하다. 맛의 훌륭함을 위한 방식은 다양한 경로가 있기 때문이다.

Q. 로스터의 용량은 어떤 기준으로 선택해야 하나요?

카페 역할과 규모에 적합한 크기로 선택한다.

평균적으로 로스터는 샘플 로스터, 소형 로스터, 대형 로스터 이렇게 세 가지로 구분된다. 그 구분에 따라 활용하는 게 좋다. 샘플 로스터는 말 그대로 정말 작은 몸집을 가지고 있고, 생두의 맛을 미리 테스팅해보는 것에 목적이 있다. 소형 로스터는 국내 로스터리 카페에서 가장 많이 보유한 용량으로, 주로 1, 3, 5, 10kg급으로 구분되는데 공통적인 목적은 소매에 있다. 가끔은 소형 로스터를 활용해서 도매 비즈니스를 하기도 하는데, 유지에 있어서 의미가 있을 수 있지만 큰 수익모델은 아니다. 3, 5kg급은 로스터리 카페에서 가장 선호하는 용량 모델이다. 카페 점포 안에 두기에도 가장 적합한 크기이기도 하다. 대형 로스터는 도매 비즈니스에 적합한 용량이다. 콘셉트적으로 로스팅 공장의 모습까지 갖춘 카페에서는 대형 로스터를 두기도 하지만, 일반 카페 규모에서는 소화하기 힘든 크기다. 그리고 도매 비즈니스를 하기 위해선 카페 역할보다는 또 다른 비즈니스 모델이기 때문에 카페 비즈니스와는 다른 개념으로 접근해야 한다.

현지에서 직접 구매한 로스터를 사용해도 될까요?
정식으로 수입된 제품을 구매하는 것이 좋다.

어떤 오너는 직접 들여온 로스터를 사용하기도 한다. 이런 경우에는 규정에서 벗어난 경우가 많다. 국내에서 정식으로 수입된 제품을 사용하기 위해선 전기부터 가스까지 승인받아야 한다. 그런데 직접 구매한 경우 이런 승인 절차가 무시되는 경우가 많아 우려된다. 또한 추후에 발생하는 A/S에 대한 부분에 대해서도 생각해야 한다. 국내 수입사에서 A/S를 보장해주지 못한다. 따라서 직접 구매하는 것보다 정식 수입제품을 구매할 것을 추천한다.

04 브루잉 바 카페
Brewing Bar Cafe

언젠가부터 브루잉이라는 단어가 눈에 들어오기 시작했다. 아직도 소비자는 '브루잉 커피'에 익숙하지 않다. 어쩌면 혼란스러울지도 모른다. 전문가는 이해하지만 아직 소비자는 잘 모르는 단어다. 브루잉 커피는 예전에는 핸드드립 커피라 불렀다. 그때는 일본 커피 문화의 영향이 컸다. 현재는 서양 스페셜티 카페의 영향으로 '핸드드립'이라는 용어가 브루잉 커피로 바뀐 것이다. 그래서 메뉴의 특징을 보면 핸드드립 메뉴와 비슷해 보인다.

소비자가 즐기는 모습에는 조금 차이가 있다. 핸드드립 전문점의 모습을 보면 드립 바에 고객이 앉는 경우가 많다. 핸드드립 메뉴를 만들 때 발생하는 핸드메이드 작업 특유의 소리들이 들리고, 오너의 정겨운 설명이나 말투가 매력적이기 때문에 과거 핸드드립 전문점에서는 드립 바에 앉는 커피 마니아가 많았다. 요즘은 반대다. 브루잉 바에 앉는 사람은 거의 없다. 오히려 홀에서 브루잉 바에서 벌어지는 전문 바리스타의 퍼포먼스를 보는 경우가 많다. 장비도 더욱 다양해졌고, 브루잉 커피를 추출하기 위해서 필요한 도구들도 화려해졌다.

아직은 소비자가 크게 인지하지 못하고 있는 스페셜티 커피시장이지만, 전문가들은 이 시장에 깊게 몰입하고 있다. 심지어 에스프레소 카페 브랜드로 유명한 스타벅스에서도 '리저브'라는 콘셉트를 내세워 브루잉 바지만 스타벅스답게 자동머신을 사용하는 프리미엄 커피 바를 만들었다. 그래도 여전히 많은 커피 마니아가 아직도 외국에서 경험한 스페셜티 카페의 모습을 우리나라에서 제대로 보여주는 카페는 많이 없다고 말한다. 그래도 우리나라만의 커피 즐기는 모습이 점점 선명하게 만들어지고 있다. 스페셜티 카페 속 브루잉 바는 어떤 모습일까?

기존의 대중적인 에스프레소 카페와 비교했을 때 본질적으로 고객이 커피를 인식하는 정도에서 다르다. 내가 뉴욕에 갔을 때 '인텔리젠시아'나 '블루보틀 커피' 그리고 '스텀프타운 커피'를 방문한 적이 있는데, 그곳의 분위기는 우리나라와 사뭇 달랐다. 가장 눈에 띄는 것은 브루잉 커피를 찾는 고객들의 수가 확실히 많았다는 것이다. 평범하게 거리에서 조깅하던 사람도 카페에 들어와서 브루잉 커피나 스페셜티 커피로 만든 에스프레소를 즐겼다. 물론 기본적으로 라떼와 카푸치노도 즐기지만 말이다.

사실 미국보다는 우리나라가 더 빨리 브루잉 커피 문화를 즐겼다고 할 수 있다. 우리나라에서 핸드드립 전문점이 성장할 때만 하더라도 서양의 브루잉 커피는 물을 막 부어서 일정 시간 동안 추출하는 것에 그친 상당히 거칠게 보이는 브루잉 방식을 사용했다. 반면에 우리나라 핸드드립을 보면 일본식의 영향이 커서인지 굉장히 정성을 쏟아 추출하는 다양한 테크닉이 있었다. 점 드립, 고노식 드립, 하리오식 드립 등 다양한 테크닉 명칭이 마니아들 사이에서 유행했었다. 그러다 2011년쯤 미국에 하리오 제품을 비롯해서 다양한 추출도구들이 등장하고 유통되더니 금세 많은 사람에게 사랑을 받는 추출방식이 되었고, 그 결과 브루잉 바 카페가 크게 성장하고 있다.

지금은 몇몇 전문가를 제외하고는 대부분 서양식 브루잉 테크닉을 사용한다. 서양의 전문가들은 새로운 형태의 문화를 쉽게 받아들이고 쉽게 즐기는 반면에, 우리나라 전문가들은 쉽게 흡수하더라도 최초이거나 그 문화를 이끌어가기엔 약하다고 할 수 있다. 여전히 제한된 규정이 강하기 때문일 것이다. 사실 예술이나 식음료 분야에서는 과학적인 정의보다 중요한 게 경험인데, 우리나라는 자신의 경험을 과학적 수치 안에 가두려는 경향이 강하다.

내가 경험한 브루잉 바 카페는 여유와 재미가 있는 공간이다. 브루잉 커피는 기본적으로 어느 정도 시간이 소요된다. 주문을 받아서 한 잔의 커피가 완성되기까지 빨라야 4~5분이 걸린다. 그리고 그 4~5분 정도 되는 시간 동안에 바리스타가 보여주는 퍼포먼스는 상당히 다양하다. 에스프레소 카페에서 조금은 가려졌던 커피 만드는 과정이 브루잉 바에서는 마치 셰프가 직접 요리하는 것을 보는 것처럼 볼 수 있다. 이처럼 긴 기다림도 무색할 정도로 처음부터 커피 자체에 이끌린 고객이 찾는 곳이 바로 브루잉 바 카페다. 꼭 브루잉 바에 앉지 않아도 주문하고 잠깐 기다리다 테이크아웃하여 즐길 수 있다. 제대로 성장한다면 가장 매력적인 형태의 카페라고 생각한다.

브루잉 바 카페의 Good & Bad Point

Good Point 1 **차별성이 뛰어나다.**

브루잉 바를 제대로 연출하면 매력적으로 만들 수 있다. 시각적인 매력뿐 아니라 감성적인 매력도 포함된다. 많은 사람이 처음 보는 커피 장비와 도구의 시각적인 매력 때문에 커피에 빠지기도 했다. 그만큼 제대로 된 브루잉 바는 시각적인 부분에서 압도적이다. 그리고 바 앞에 선 바리스타의 브루잉 테크닉은 숙련된 기술이 요구된다. 이 때문에 많은 오너가 선택을 주저한다. 그래서 자연스럽게 다른 카페 타입과 차별화가 된다. 이 형태를 목표로 창업을 한다면 전문적인 브루잉 테크닉을 필수로 익혀야 한다. 그냥 겉보기에 좋아서 브루잉 전문 카페를 선택했다면 말리고 싶다.

Good Point 2 **유행을 타지 않아서 오랜 시간 꾸준히 사랑 받을 가능성이 있다.**

브루잉 전문 카페는 어떻게 보면 커피에 굉장히 집중된 카페다. 원산지별 원두가 가지고 있는 본연의 맛을 잘 살려서 다양한 방식으로 추출된 커피를 즐기는 모습은 커피를 좋아하는 소비자에게 천국 같은 느낌이 들게 한다. 카페에 있어서 커피는 식당의 밥과 같다. 그렇기 때문에 메뉴 트렌드에 영향을 받기보다는 꾸준한 사랑을 받을 수 있는 것이다. 대신 장비는 항상 발전하기 때문에 장비에 있어서는 추가적인 투자가 필요하다. 콘텐츠가 지속적으로 사랑을 받더라도 그 콘텐츠를 생산해내는 기술력과 장비에 있어서는 꾸준한 업그레이드가 필요하다.

Good Point 3 **커피 마니아들로 인해 단골을 빨리 확보할 수 있다.**

커피 마니아들은 브루잉 전문 카페를 쉽게 알아본다. 멋진 장비들과 프로페셔널 바리스타가 보여주는 퍼포먼스는 그들에게 커피를 즐기는 즐거움을 안겨주기 때문이다. 일반적인 소비자는 브루잉 전문 카페라는 것을 인식하지 못하고 카페를 이용하는 경우가 많다. 그래서 브루잉 콘텐츠를 제대로 즐기지 못하고 그냥 지나치는 경우가 많은데, 커피 마니아는 다르다. 자신의 취향을 제대로 저격해줄 카페가 생겼다는 것 자체가 기쁨이 된다. 그래서 쉽게 단골이 되어주고, 알아서 안테나 역할을 해준다. 그러나 오너에게는 양날의 검일 수도 있다는 점을 알아야 한다. 쉽게 얻을 수 있는 단골인 만큼 까다로울 수 있기 때문이다.

Good Point 4 **프로페셔널 바리스타의 이미지를 강조할 수 있다.**

소비자는 전문가에게 받는 서비스를 좋아한다. 요즘 매체에서 쉽게 볼 수 있는 전문 셰프들의 활약 때문인지 소비자에게 전문가는 익숙하다. 그래서 카페에서도 전문 바리스타가 뽑아주는 커피를 찾을 때가 많다. 어떤 분야건 전문가가 서비스를 해준다는 것은 그 브랜드 이미지를 상승시켜주는 요소가 된다. 즉 전문적인 모습은 소비자에게 신뢰를 준다. 소비자는 처음 만난 브랜드에 조심스러울 수 있다. 예를 들면 우리가 여행지를 갔을 때 이왕이면 맛있는 것을 먹으려 하고, 고르는 것에 실패를 원하지 않는다. 그래서 굉장히 신중하게 고르게 된다. 카페도 마찬가지다. 우리에게 카페는 여전히 특별한 공간이기 때문에 이왕이면 괜찮은 곳에서 시간을 보내고 싶은 욕망이 내면에 있다. 이런 점에서 전문가의 서비스는 고객에게 좋은 환경을 제공할 수 있다.

Bad Point 1 단시간에 완성도 높은 브루잉 카페를 만들기 어렵다. 어느 정도 시간이 필요하다.

제대로 된 브루잉 카페는 전문적인 지식과 경험이 동시에 있어야 한다. 그렇기 때문에 단시간에 완성도 높은 브루잉 바의 모습을 만들 수 없으며, 이를 위해선 비용 투자를 많이 해야 한다. 하지만 비용의 투자로 만든 바는 외형만 갖춰진 것이지 본질적인 테크닉까지는 해결해줄 수 없다. 브루잉 카페를 창업하기 위해선 많은 시간을 투자해야 한다. 창업 전부터 좋은 교육을 받았거나 커피 분야에서 오랜 활동을 한 오너에게 유리한 형태로, 여러 카페 타입 중에 창업이 어려운 카페 타입에 속한다.

Bad Point 2 커피 마니아를 만족시킬 수 있는 욕구를 알고 있어야 한다.

커피 마니아를 만족시킬 수 있어야 하는데, 이들의 욕구는 경험이 없으면 알기 어렵다. 예를 들면 좋아하는 커피 농도와 취향, 집에서는 어떤 추출방법을 사용해서 커피를 즐기는지 등 커피 만족에도 다양한 조건이 있다. 이는 이론적으로 정리할 수는 없다. 커피 마니아마다 취향이 전부 다르기 때문이다. 이는 경험을 통해서 파악할 수 있는 역량을 갖춰야 한다. 즉 관심과 경험 없이는 해결할 수 없는 부분이다.

Bad Point 3 원두 신선도를 가장 크게 신경 써야 한다.

원두 신선도는 치명적인 요소다. 직접 로스팅을 한다고 신선도가 유지되는 것은 아니다. 회전하는 양 대비 적절한 로스팅 계획을 세울 수 있어야 한다. 이 또한 경험 없이는 세울 수 없다. 원두를 보관하는 노하우 역시 신선도에 큰 영향을 미친다. 원두를 보관하는 노하우는 전문가마다 의견이 다른데, 어떤 방법이 됐건 원두의 신선도는 지켜져야 한다. 신선함의 가장 큰 조건은 밀폐와 빛의 차단, 온도다. 음식이 햇빛을 만나면 변화가 생길 수밖에 없고, 공기가 차단되어야 하며 적절한 온도로 유지되어야 한다. 이런 조건을 생각하면 어떻게 원두를 보관해야 할지 그 계획이 세워질 것이다. 이렇게 신선도가 제대로 유지된 원두에서는 좋은 맛이 나게 되고, 이는 고객에게 좋은 커피를 제공할 수 있는 조건이 된다.

실전 TIP1 — 카페 디렉터가 알려주는 **디렉팅 레시피**

STEP 1 롤 모델 선정하기
스텀프타운 커피, 블루보틀 커피, 인텔리젠시아 등

STEP 2 적정 규모 알아보기
최소 10평형부터 적정 20평형

STEP 3 추천 상권 및 입지
번화가 메인 도로의 뒷골목 상권, 카페 상권으로 발달되어 있는 카페거리, 핫 플레이스 상권의 골목

STEP 4 창업비용 예상하기
약 7,000만 원대부터 로스팅 머신 포함, 부동산 임대료 제외
ㄴ 브루잉 전문가로 성장하고 싶다면 로스팅 머신 구입과 제대로 된 교육은 필수다.

STEP 5 인테리어 비용 예상하기
10평형 기준, 최소 3,000만 원대 이상

STEP 6 어울리는 메뉴 결정하기
- 다양한 볶은 원두를 이용한 브루잉 메뉴
- 니트로 커피 질소 커피
- 다양한 추출방식을 이용한 메뉴 사이폰, 이브릭, 핸드드립 등
- 디저트 메뉴 등
- 스페셜티 커피를 활용한 싱글오리진 커피

추천 디자인 레시피

1 바 디자인에 멋을 살려라!

브루잉 바 카페의 핵심은 바에 있다. 바는 서 있는 바리스타의 퍼포먼스를 돋보이게 해줘야 하고, 작업하는 데 불편함이 없도록 동선을 잘 짜야 한다. 그리고 계획된 장비들이 각자의 위치에서 멋을 부리고 있어야 한다. 사실 브루잉 바 카페에서는 바만 신경 써서 디자인해도 좋은 결과를 얻을 수 있다. 요즘은 점점 바 위에 아무것도 놓지 않은 상태에서 작업할 도구만 올려놓고 작업하는 추세다. 이런 현상이 기존과 다른 모습을 찾으려는 시도에서 비롯된 것인지, 과다한 정보사회에서 좀 더 여유를 찾기 위한 본능에서 비롯된 것인지는 정확히 알 수는 없다. 명확한 것은 많은 사람이 점점 비워져 있는 공간과 단순하고 집중적으로 세팅된 공간을 선호한다는 사실이다.

2 인테리어에서 색감을 최대한 단순하게 계획하라!

브루잉 바 카페에서 사용되는 장비와 도구들은 외형이 화려한 편이다. 실험기구처럼 생긴 형태들은 평범하지 않아서 놓여 있는 자체만으로도 비주얼적인 전시효과를 얻을 수 있다. 그렇기 때문에 인테리어에서 연출효과를 제대로 보려면 오히려 공간에서 보이는 색감은 단순화할 필요가 있다. 즉 브루잉 바에 놓인 장비와 도구들이 공간의 주인공이다는 것이다. 공간에서 화려한 마감재를 선정하여 색감이 다양해지면 핵심적으로 보여야 할 브루잉 장비와 도구들의 화려함과 겹쳐져 카페는 오히려 산만해 보일 수 있다. 따라서 브루잉 바 카페를 창업한다면 인테리어를 계획할 때 색감은 최대한 단순하게 정리하고, 포인트 색감이 있다면 브랜드를 설명해줄 수 있는 로고나 심볼 그리고 텍스트에 포인트 색감을 사용해 표현하는 것이 좋다.

3 메뉴 구성과 전달에 신경 써라!

국내 카페시장이 많이 성장했다고 하지만 아직까지는 브랜드 소비에 좀 더 가까운 카페 문화라고 할 수 있다. 브랜드 소비란, 카페 문화를 제대로 즐기며 자신의 취향적 소비 습관을 갖는 것보다는 기업에서 제공하는 브랜드 자체를 소비하는 것을 말한다. 그래도 최근 스타벅스를 이용하면서 자기 취향의 커피 음료를 주문해서 즐기는 고객을 보면 많이 달라지고 있다. 브루잉 바 카페는 아직 대중에게는 생소한 형태일 수 있다. 오너가 브루잉 바 카페라고 말하더라도 고객에게는 그냥 똑같은 카페로 인식될 수 있다. 이럴 때 고객에게 가장 쉽게 '다름'을 전달할 수 있는 방법이 메뉴 구성과 메뉴에 대한 설명이다. 즉 메뉴판 디자인에 신경 써야 한다. 나는 이런 경우 상담 때 레스토랑의 메뉴판을 참고하라고 조언한다. 고급 레스토랑의 경우 그 레스토랑이 추구하는 생각과 메뉴들의 특징 등을 메뉴판에 잘 설명해놓은 곳들이 많다. 꼭 메뉴판이 아니더라도 카페에 대한 생각과 메뉴의 특징 등을 설명해놓은 간단한 홈페이지를 만드는 것도 방법이다. 중요한 것은 브루잉 바 카페가 가진 생각과 메뉴 그리고 그 특징을 자기 브랜드만의 분위기로 설명할 수 있어야 한다는 점이다.

 **실전 TIP 2** 카페 디렉터가 알려주는 **3D 모델링**

▲외부

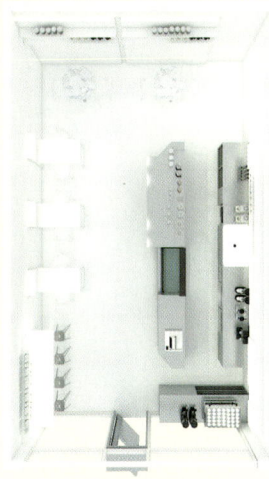

▲위

창업 전략 Q&A

 요즘 브루잉 바에서 니트로 커피를 판매하는 곳이 많던데 반응이 어떤가요?

소비자에게 익숙하지 않지만 홍보 전략이 뒷받침되면 시장성 있는 메뉴다.

니트로 커피는 독특한 메뉴가 될 수 있다. 니트로 커피는 외국과 달리 아직 우리나라 소비자에게 익숙한 메뉴가 아니다. 또한 이름만 들었을 때 쉽게 알 수 있는 메뉴도 아니다. 그래서 많은 홍보가 필요하다. 가끔 홍보를 위해 오너가 생각한 전략을 들어보면 아쉬울 때가 있다. 홍보의 목표가 너무 전 국민적이기 때문이다. 카페에 방문하는 소수의 사람을 목표로 홍보 전략을 세워야 한다. 쉽게 말해 일반적으로 홍보를 하려고 하면 우리나라 전 국민에게 니트로 커피를 알릴 것처럼 생각하는데, 이렇게 하면 카페를 방문하는 고객이 흥미를 느끼지 못한다. 마치 국민에게 '하루에 양치질 3번이 좋다'는 것처럼 들리는 것이다. 따라서 주 타깃에게 홍보할 때는 다른 접근이 필요하다. 만약 자신의 카페에 오는 주 타깃이 일반 회사원이라면 그 회사원들이 쉽게 눈이 갈 수 있고, 이해될 수 있는 용어와 뉘앙스를 활용해서 니트로 커피를 홍보해야 한다. 예를 들면 맥주와 비슷한 뉘앙스를 이용해 '목 넘김이 시원한 커피' 등과 같은 문구를 활용한다면 시원한 맥주 한 잔의 의미에 길들여져 있는 회사원들에게는 구미가 당길 것이다. 니트로 커피가 시장성이 있는 게 아니라, 시장성 있게 니트로 커피를 홍보해야 한다.

Q 커피 맛을 잘 몰라도 브루잉 바를 운영할 수 있을까요?
커피 맛을 포함해 카페 자체를 깊이 이해하고 있는 사람에게 적합하다.
개인적으로 커피에 대해서 잘 모르는 사람은 브루잉 바를 잘 운영할 수 없다고 생각한다. 이는 고객 입장이 되었을 때 확실하게 차이를 보인다. 예를 들어 와인을 좋아해서 좋은 와인 한 잔을 마시기 위해 와인 바를 찾았다. 그런데 나를 응대하는 소믈리에가 와인을 잘 모르고, 자신은 와인을 즐기지 않지만 직업적으로 하고 있다고 말할 때 그 실망감은 소비자가 되었을 때만 느낄 수 있다. 그렇게 되면 그 와인 바는 다시 찾지 않게 되고, 심할 경우 바로 나올 수도 있다. 이는 마니아적인 성향을 가진 소비자가 될수록 더 짙게 나타나는 성향이다. 브루잉 바도 마찬가지다. 커피를 기준 이상 좋아하는 소비자가 많이 찾는 곳이기 때문에 더욱 그렇다. 따라서 커피 맛은 물론 카페 자체를 깊이 알고 있는 오너가 되어 브루잉 바를 운영하는 게 좋다.

메뉴의 특성상 저렴한 가격은 아닌데 일반적인 동네 상권에서는 힘들지 않을까요?

메뉴의 가격보다 동네 상권 고객에게 제공할 혜택이 더 중요하다.

많은 오너가 동네 상권에 창업을 할 때 메뉴 가격 자체가 높으면 안 될 것 같다고 말한다. 이는 좋은 생각이 아니다. 물론 동네 수준에 따라서 동네 상권의 시장성을 잘 파악해서 창업해야 하지만 우리가 창업하는 작은 카페의 경우는 동네 상권이 제약 요소가 아니라 제대로 활용하면 좋은 결과를 얻을 수 있는 요소다. 이를테면 브루잉 커피 한 잔이 일반 아메리카노보다 높은 가격이고, 그 상권 대부분의 아메리카노 가격이 저렴하게 형성되어 있는 것이 고려사항일 때 브루잉 커피를 무작정 아메리카노 가격으로 결정하기가 고민될 때가 있다. 이 때는 브루잉 커피 한 잔의 가격은 기존 브루잉 커피 정도로 결정하되 그 한 잔을 마셨을 때 줄 수 있는 혜택을 제공하면 된다. 동네 상권에서는 은근히 브루잉 카페를 환영하는 사람이 많을 수 있기 때문이다. 따라서 이 상권의 사람들을 위해서 많은 혜택을 제공할 수 있는 전략을 기획하는 게 중요하다.

05 베버리지 카페
Beverage Cafe

베버리지 카페라는 용어가 생소할 수 있다. '베버리지'는 '음료'라는 뜻으로, 앞으로 카페를 목표로 창업을 준비하는 오너는 이 '음료 카페'를 주목해야 한다. 그렇다면 이 음료 카페와 보통 알고 있었던 일반적인 카페와는 어떤 차이가 있으며, 왜 주목해야 하는 것일까?

내가 운영하는 창업 클래스에서 만난 오너들을 살펴보면 한 가지 공통점이 발견된다. 카페는 '커피'만 메뉴 아이템이 될 수 있다고 생각하는 것이다. 즉 커피 외의 메뉴들은 서브, 배우로 치면 단역배우나 엑스트라 정도로 여긴다는 것이다. 지금부터는 음료 중심으로 창업한 카페를 이해하고 창업시장에서 생각의 범위를 넓혀야 한다.

실제로 긴 역사 속에서 발전해온 다른 문화권의 카페 모습을 경험해보면 음료 메뉴가 상당히 다양하다는 것을 알 수 있다. 가까운 일본이나 중국 문화권에서 편의점 형태의 마켓을 가면 쉽게 알 수 있다. 처음 본 음료들이 상당히 많다. 또한 커피 메뉴만 가지고 카페가 만들어진 것이 아니라는 것도 알 수 있다.

음료로 만들 수 있는 메뉴는 무궁무진하다. 우리나라도 주변을 둘러보면 다양한 음료를 만들 수 있는 조건이 갖춰져 있다. 각 지역마다 그 지역을 자랑하는 특산물들이 있는데, 그것들을 활용한 음료에 도전한다면 메뉴만으로도 차별 전략을 만들어낼 수 있다. 이런 생각은 예전부터 하고 있었는데, 최근 카페 분야의 두 전문가를 만나면서 확신이 생겼다. '음료 전문가'로 정평이 나 있는 '비크롭' 대표를 통해서 카페와 음료시장에 관한 이야기를 하면서 그 가능성을 한 번 더 확인할 수 있었다. 또한 최근 종로구에 위치한 '카페 뎀셀브즈' 김세윤 대표를 통해서도 음료시장의 확대를 확인할 수 있었다. 특히 '카페 뎀셀브즈'는 최근 카페 입구 오른쪽 벽면을 이용해 새로운 음료 메뉴를 홍보했다. '참외스무디'에서 '달고나라떼'까지 소비자가 충분히 호기심을 가질 법한 음료 메뉴를 기획한 것이다. 메뉴는 이름에서 느껴지듯 소비자에게 익숙한 재료로 만들었지만 맛은 특별했다. 이런 모습만 보더라도 커피에서 다양한 음료 메뉴로 생각만 확장시켜도 소비자에게 충분히 주목을 받을 수 있다는 것을 알 수 있다. 즉 카페 창업을 하기 위해서 '바리스타 학원'부터 다니는 것은 더 이상 우선순위로 삼지 않아도 된다는 것이다.

어느 분야든 창업을 잘하기 위해선 훌륭한 기술자 이전에 '오너'의 모습에 좀 더 집중해야 한다. 그중에서도 좁아지는 시야를 경계해야 한다. 창업시장에서 '카페'라는 키워드로 쉽게 할 수 있는 것들을 찾아보면 무궁무진하다.

카페, 편집 스토어 카페, 플라워 카페, 베버리지 카페, 공방 카페 등 작게는 수십 가지 콘텐츠를 만들어낼 수 있다. 즉 꼭 '커피전문점'을 만들지 않더라도 카페라는 공간을 좋은 툴로 활용해 창업할 수 있다는 뜻이다. 하지만 처음 창업하는 오너는 당장 눈앞에 보이는 정보들에만 신경 쓰느라 시야가 좁아지기 쉽다. 이를테면 카페는 커피를 파는 곳이기 때문에 바리스타 교육을 받아야 한다고 생각하는데 이때부터 커피 교육의 영향으로 카페는 커피로만 이루어진 공간이라 믿기 시작하게 된다. 물론 전문 바리스타로서도 카페 비즈니스를 충분히 성공할 수 있다. 단지 그 모습이 꼭 정답은 아니라는 말을 하고 싶다.

카페 창업을 커피가 아니라 창업이라는 더 넓은 무대로 살펴보면 훨씬 다양한 아이디어로 자신과의 케미를 즐겨볼 수 있다. 나는 카페 창업을 준비하는 오너에게 항상 강조한다. 커피 안에서만 카페 창업의 답을 찾으려고 하지 말라고 말이다. 이런 창업시장의 현상을 보면서 '카페 뎀셀브즈' 김세윤 대표와 재미있는 대화를 나눈 적이 있다. 예를 들어 던킨도너츠는 오래 전 TV 광고에서 '커피앤도넛'을 외치며 많은 사람에게 사랑을 받았다. 그러나 어떤 오너는 던킨도너츠의 커피를 마시며 맛이 별로라며 고개를 저었다. 이런 생각은 좁은 시야를 가진 것에서 비롯된 것이다. 던킨도너츠의 '커피앤도넛'의 콘셉트는 도넛과 함께 즐기는 커피다. 카페를 카페로 보는 사람이었다면 던킨도너츠에서 커피를 마실 때 도너츠와 함께 즐겨야 했다. 실제로 던킨도너츠에서 도넛과 커피를 함께 즐기면 제법 맛있다. 특히 자신이 좋아하는 도넛과 함께 즐길 때면 더욱 그렇다. 따라서 던킨도너츠의 '커피앤도넛' 콘셉트는 성공적이었다고 볼 수 있다. 이게 바로 좁은 시야를 가진 오너와 넓고 자유로운 시야를 가진 오너의 차이다.

'베버리지 카페' 타입은 메뉴가 다양하다. 제대로 창업한 베버리지 카페일수록 특화된 메뉴가 확실하게 구분되어 있다. 요즘은 농장직거래 재료를 이용한 메뉴들도 인기다. 제주도 감귤농장 감귤이나 가시버시행복농장 딸기, 애플수박과 같은 특별한 재료들을 활용하면 자신의 카페만의 맛을 잘 살릴 수 있다. 그리고 이 중에서 가장 핵심적인 메뉴를 개발하여 카페의 콘셉트 메뉴로 가져간다면 치열한 창업시장에서도 경쟁력을 가질 수 있다.

베버리지 카페의 Good & Bad Point

Good Point 1 메뉴 전략만으로 브랜드 차별화를 이룰 수 있다.

F&B 창업시장에서 살아남을 수 있는 핵심 조건에는 세 가지가 있다. 자본이 많거나, 기술이 좋거나, 경험이 많아야 한다. 하지만 안타깝게도 처음 창업하는 오너는 이 세 가지 중 어떤 조건에도 해당되지 않은 경우가 많다. 그렇다고 창업하는 모든 오너가 성장하기 힘들다는 것은 아니다. 단지 첫 시작을 잘해야 한다고 강조하고 싶다. 소비자 입장에서 창업을 보자면 소비자는 맛있는 것을 좋아하고, 새로운 것을 좋아하고, 유명한 것을 좋아한다. 이중 오너는 소비자에게 몰입해야 한다. 그러나 처음 도전에서 커피전문가로 인정받기는 힘들 것이다. 그런 오너에게 이 '베버리지 카페'는 많은 도움을 줄 것이다. 생각의 확장으로 찾아낸 음료 메뉴는 새로운 것을 좋아하는 소비자에게 관심 받을 것이다. 또 신경 써서 기획한 메뉴가 맛있다면 그 카페는 소

비자에게 관심을 충분히 받을 수 있다. 이렇게 유명해지면 된다.

Good Point 2 변화에 있어서 자유롭다.

커피가 주는 이미지는 상당히 강력해서 커피로 인정받은 브랜드가 다른 메뉴를 시작하면 소비자가 민감하게 반응하는 경우가 많다. 특히 커피를 주 메뉴로 영업하다 갑자기 맥주 메뉴를 추가하는 카페들이 더러 있는데, 이때 소비자들은 민감하게 반응한다. 실제로 매장에서 맥주 냄새가 나기 시작한 카페는 소비자가 더 이상 카페로 인식하지 않는 경향이 강하다. 그래서 그 카페의 홀을 보면 맥주 손님이 많아지는 현상을 겪게 된다. 이렇게 커피 메뉴가 핵심이었던 카페는 그 안에서 발전시켜야 하는 경우가 많다. 하지만 베버리지 카페는 애초에 다양한 음료에 대한 가능성을 안고 시작한 형태이기 때문에 소비자도 다양한 음료를 기대하는 편이지 변화되는 메뉴에 그렇게 민감하게 반응하지 않기 때문에 다양한 테스팅을 할 수 있다.

Good Point 3 초기 투자비용을 적게 할 수 있다.

창업에 있어서 자본은 큰 영향을 주는 요소인 것은 맞지만 자본이 많고 적음에 결과가 고정되어 있는 것은 아니다. 다만 그 자본을 어떻게 활용할 수 있느냐에 따라서 결과는 달라질 수 있다. 그래서 처음 창업하는 사람일수록 최적의 예산 계획으로 창업에 도전하는 것이 좋다. 가끔 경험이 전무한 사람이 전문가의 도움도 없이 큰 예산으로 창업에 도전하는 경우가 있다. 이 경우 전부는 아니지만 대부분 좋지 않은 결과를 맞는다. 반면 최소한의 자본으로 창업에 성공한 사례들을 보기도 하는데, 이들의 공통점은 한 가지에 집중했다는 것과 젊다는 점, 그리고 가볍게 시작해서 충분히 누렸다는 것이다. 이런 면에서 베버리지 카페는 여러 카페 형태 중 최적의 예산을 활용해서 창업할 수 있다. 메뉴 전략만 잘 기획한다면 비싼 로스팅 장비나 에스프레소 머신 장비 없이도 할 수 있기 때문이다.

Bad Point 1 │ 재료에 대한 이해가 부족하면 성장에 한계가 있다.

베버리지 카페를 원하는 오너에게 나는 한결같이 강조한다. 전문가를 통해서 충분한 교육을 받고 창업해야 한다고. 이는 나중에 큰 결과로 나뉘게 된다. 사실 '음료'라고 하는 것은 쉽게 만들 수도 있고, 전문적인 테크닉을 통해 만들 수도 있다. 즉 우유에 초코가루를 넣어 초코우유를 만들 수 있다고 '음료 전문가'라고 할 수 없듯이, '베버리지 카페'의 한계는 재료에 대한 이해가 부족할 때 찾아오기 쉽다. 끊임없이 성장하려면 꾸준한 개발이 필요한데, 재료에 대한 이해가 부족한 상태에서는 개발에도 한계가 있다. 그래서 초기 창업을 준비하는 단계에서부터 충분한 교육을 받으라고 권유하고 싶다.

Bad Point 2 │ 상권의 영향을 많이 받는다.

'베버리지 카페'의 주 핵심 메뉴는 음료다. 여기에 규모를 작게 시작했다면 오너는 '테이크아웃' 서비스 전략을 강점으로 둬야 할 것이다. 그렇기 때문에 상권의 영향을 많이 받을 수밖에 없다. 따라서 유동인구가 많은 번화가, 여행지, 대학가, 걷기 좋은 길을 가진 핫 플레이스 상권 등을 선택해야 한다. 이 경우 수치적인 계산을 치밀하게 할 필요가 있다. 유동인구가 많은 상권일수록 운용 수치가 높아질 가능성이 있기 때문에 처음 창업하는 입장에서 신중할 필요가 있다.

Bad Point 3 **회전율을 생각한 메뉴를 구성해야 한다.**

소스나 시럽을 활용한 메뉴의 경우는 큰 상관이 없지만, 베버리지 카페 메뉴는 대부분 과일류의 재료를 활용해서 만든다. 그렇기 때문에 회전율이 낮아질 경우 재고를 전부 버려야 하는 상황이 발생한다. 따라서 초기의 메뉴 세팅은 간소하게 할 것을 추천한다. 일종의 회전율을 높이기 위한 전략이다. 이후에 단계적으로 메뉴를 성장시키는 것도 좋은 방법이다.

실전 TIP 1

카페 디렉터가 알려주는 **디렉팅 레시피**

STEP 1 — **롤 모델 선정하기**
빽다방, 쥬시, 조앤더주스 외 커피를 제외한 음료 메뉴로 주목받는 카페

STEP 2 — **적정 규모 알아보기**
최소 5평형부터 적정 15평형
ㄴ 테이크아웃 서비스가 핵심인 만큼 스트리트 카페 형태의 작은 규모가 적합하다.

STEP 3 — **추천 상권 및 입지**
유동인구가 많은 번화가, 학생들이 많은 대학가, 걷기 좋은 길을 가진 핫 플레이스
상권 경리단길, 삼청동, 가로수길 등

STEP 4 — **창업비용 예상하기**
최소 3,000만 원 부동산 임대료 제외
ㄴ 선택에 따라서 별도의 교육비용이 추가될 수 있다.

STEP 5 — **인테리어 비용 예상하기**
5평형 기준 최소 1,600만 원대 이상
ㄴ 전략적 창업 인테리어를 활용하여 브랜드 정체성은 최소한으로 살리되 파사드(매장 전면) 디자인과 작업 흐름을 고려한 주방 설계에 집중한다.

STEP 6 — **어울리는 메뉴 결정하기**
과일을 활용한 다양한 음료, 다양한 소스와 시럽을 활용한 창작 음료, 콘셉트를 잘 활용한 디저트에 가까운 음료

추천 디자인 레시피

1 파사드매장 전면을 확실하게 디자인하라!

베버리지 카페는 시각적으로 튈수록 효과적이다. 그렇다고 매장 안을 너무 튀게 할 순 없다. 이미 다양한 메뉴가 다양한 형태와 컬러 그리고 다양한 맛으로 소비자를 자극하고 있기 때문이다. 그래서 매장 안은 의외로 심플하게 하는 게 메뉴 어필에 더욱 도움이 된다. 대신 파사드에 있어서는 매장의 정체성을 확실히 살려줄 수 있도록 디자인해야 한다. 디자인은 최대한 튈수록 좋다. 특히 네이밍을 잘해야 된다.

2 작업 흐름을 잘 파악한 다음 주방을 설계하라!

작지만 작업 동선을 신경 써서 주방을 설계해야 한다. 주방은 소스와 시럽을 다루는 작업공간과 도구를 사용해 재료를 만져야 하는 작업공간은 분리한다. 주방에서 동선을 치밀하게 계획하지 않고 설계할 경우 작업하는 모습이 전문가처럼 보이지 않으며, 정신없는 모습만 소비자에게 보여주게 된다. 그리고 주방 설계가 좋을수록 주방이 깔끔하게 관리된다. 이 점을 유의해서 설계하는 편이 좋다.

3 확실한 컬러를 과감하게 사용하라!

일반적인 카페의 경우 공간에서 시간을 보내는 고객들을 신경 써야 한다. 그렇기 때문에 독특한 콘셉트가 아닌 이상 편안한 분위기에 신경 쓰게 된다. 하지만 베버리지 카페는 조금 다르다. 대부분의 베버리지 카페는 신나는 번화가에 있고, 유동인구가 많은 곳에 위치한다. 그리고 매장 안의 분위기도 에너지가 넘친다. 특히 '조앤더주스' 같은 브랜드를 가보면 얼마나 에너지가 넘치는지 알 수 있다. 이런 에너지를 받아서 컬러로 과감하게 사용해야 좋다. 색감은 소비자에게 많은 영향을 준다. 콘셉트와 핵심 메뉴를 잘 반영하여 브랜드만의 컬러를 과감하게 표현할수록 소비자의 관심을 쉽게 받을 수 있다.

실전 TIP 2 | 카페 디렉터가 알려주는 **3D 모델링**

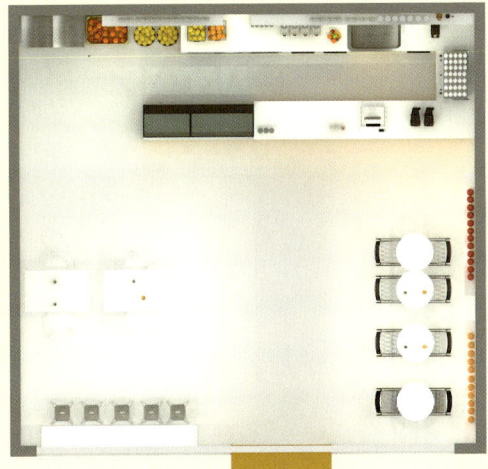
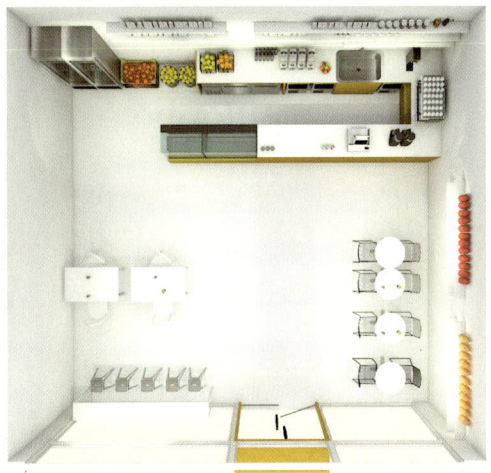

▲위

▲외부

▲내부

창업 전략 Q&A

 카페인데, 테이블이 없어도 될까요?
공간의 목적과 브랜드의 콘셉트에 따라 오너가 선택한다.
공간의 기능을 담는 건 목적에 따라 달라진다. '베버리지 카페'라고 테이블이 무조건 있어야 하거나 없어야 하는 것으로 정해져 있는 게 아니다. 오너의 선택이기도 하지만, 그 공간이 어떤 목적을 지니고 있는지를 먼저 고려해야 한다. 공간의 목적은 곧 브랜드의 콘셉트와 연관되는데, 만약 소비자가 어떤 자리에 앉아 어떻게 시간을 즐기느냐에 대한 고민을 하고 있다면 '베버리지 카페'에도 테이블이 있는 게 좋다. 결국 있다, 없다의 선택 문제가 아니라 소비자가 어떻게 즐기느냐에 대한 고민이 먼저 되어야 한다.

 나만의 특별한 메뉴는 어떻게 개발해야 하나요?
기본적인 메뉴를 선택하거나 전문가의 코칭을 받는다.
사실 메뉴 개발이 쉽게 이루어지는 것은 아니다. 만약 창업하는 오너가 음료 전문가라면 자신만의 훈련된 프로세스가 있기 때문에 불가능하진 않다. 하지만 대부분 처음 창업하는 오너이기 때문에 어려운 것이다. 이럴 경우에는 처음부터 체계적으로 창업을 준비하는 게 가장 좋다. 스스로 리서치하는 기간을 오래 두고 창업을 준비하거나, 전문가를 통해서 교육을 제대로 받은 후 자신만의 창업을 해야 한다. 시간을 제대로 오래 갖는 것보다 좋은 방법은 없다. 왜냐하면 시장에는 짧게 준비한 사람들이 더 많기 때문이다. 만약 지금 막 카페를 오픈해야 되는데 메뉴에 있어서 답을 못 찾고 있다면 두 가지 방법이 있다. 하나는 가장 기본적인 메뉴로 시작한 후 경험을 통해서 스스로 노력하는 방법이다. 나머지 하나는 전문가에게 메뉴를 코칭받는 것이다. 기존 예산에서 운용 전략만 잘 세운다면 전문가에게서 충분히 코칭받을 수 있다.

요즘 가장 핫한 '베버리지 카페'만의 메뉴는 무엇인가요?
외형적으로 예쁜 맛을 표현하는 음료가 인기다.

요즘에는 특별히 한 가지 메뉴가 시장을 지배하는 경우는 별로 없다. 단지 그 뉘앙스가 비슷할 뿐이다. 그 뉘앙스를 정리해보면 달고, 소다 맛이 나고, 과일과 섞인 음료이다. 이 음료들의 공통점은 보기에도 예쁘다는 것이다. 그래서 많은 소비자가 마시면서 음료를 사진으로 담는 것을 즐긴다. 창업하면서 요즘 트렌드 메뉴에 관심을 갖는 것은 좋다. 유동인구가 많은 번화가에서는 트렌드 메뉴 하나쯤은 구성해주는 게 도움이 되는 경우가 많기 때문이다. 하지만 절대 잊어서는 안 되는 것이 있다. 음료 테크닉에 대한 기본적인 기술력이 없는 상황에서 무조건 트렌드만 좇는 것은 좋지 않다. 트렌드가 변화할 때 자신만의 테크닉이 없으면 변화를 따라갈 수 없다. 왜냐하면 본질적인 테크닉이 없기 때문이다. 따라서 창업할 땐 가장 우선적으로 자신의 역량을 성장시켜야 한다.

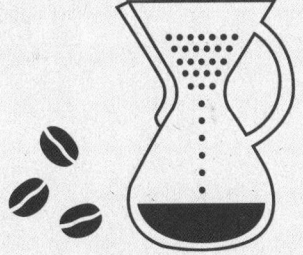

#6 음식 중심으로 디자인하다

디저트 카페

Dessert Cafe

카페 창업 열풍이 불어 닥치기 전 '디저트'라는 개념은 레스토랑의 후식 정도로 인식되는 게 전부였다. 처음에는 카페에서도 디저트라는 용어보다는 '사이드 메뉴'라는 이름이 많이 사용되었다. 그래서 카페 창업을 준비할 때 대부분은 사이드 메뉴로 '조각 케이크', '머핀', '와플', '허니브레드' 등을 많이 선택했다. 시간이 점점 흐르면서 카페가 여러 하위개념으로 분류되기 시작했는데, 그중 사이드 메뉴에서 더 전문적으로 발전한 용어가 '디저트'라 할 수 있다. 디저트는 베이커리와도 구분된다. 제빵사와 제과사가 있다면 디저트는 제과사의 몫이 크다. 언젠가부터 디저트 카페는 카페 창업시장의 돌파구처럼 생각되었다. 쏠림 현상이 주 특징인 우리나라 창업시장의 흐름과 같았다. 우후죽순 생겨났지만, 큰 성공을 거둔 경우는 손에 꼽을 정도다.

　디저트 카페가 주목받기 시작한 초창기에는 '마카롱'과 '초콜릿'이 디저트 시장의 주를 이루었다. 그러나 지금 거리를 살펴보면 처음에 시작했던 많은 디저트 카페는 거의 살아남지 못했다. 지금은 오너가 직접 만든 디저트를 즐길 수 있는 카페가 주목받고 있다. 그만큼 카페시장 상황은 달라졌고, 더 이상 단순히 카페를 선택해 창업하는 오너를 환영하지 않기 때문이다.

　내가 디저트에 매력을 느낀 건 오래 전에 본 외국 영상을 통해서였다. 그 영상에는 규모가 큰 어느 레스토랑에서 활동하는 전문가들의 모습이 담겨 있었다. 셰프가 주방을 책임지고 있었고 소믈리에, 바리스타 그리고 디저트를 담당하는 파티세리와 음료 전문가가 있었다. 다른 전문가들도 훌륭한 기술을 이용해서 맛있는 메뉴들을 만들고 있었지만, 가장 기억에 남는 부분이 디저트에 관련된 영상이었다. 영상에서 보여준 디저트는 레스토랑에서 가장 나중에 즐기는 메뉴였으며, 덩치는 작았지만 굉장히 매혹적이고 화려했다. 영상 속 디저트는 색감까지 화려해 직접 먹어보지 않더라도 화려한 맛이 상상되었다. 영상 속 고객들의 반응에서도 메인 메뉴와 디저트를 대할 때의 표정이 달랐다. 메인 메뉴를 즐길 때에는 고객들은 대체로 고개를 끄덕이며 훌륭한 맛을 제대로 음미하는 모습을 보였다. 그런데 메인 메뉴가 끝나고 디저트가 나왔을 때 고객들은 화려한 디저트의 시각적인 모습에 눈이 커지며 박수까지 쳤고, 한 입 먹을 때면 고음의 소리를 내며 감탄했다. 디저트를 즐기는 고객들의 반응도 매우 즐거워 보였다. 나는 그때 영상을 통해서 간접적으로 느낀 것이지만, 디저트라는 메뉴가 사람에게 줄 수 있는 즐거움이 크다는 것을 알게 되었다.

지금도 마찬가지다. '쁘띠'라는 단어까지 사용할 정도로 미美를 중요하게 생각한다. 요즘 전문적인 디저트 카페는 설계 당시부터 과거와 전혀 다르게 접근한다. 불과 얼마 전까지만 해도 디저트 카페에서 주방이 그렇게 중요하지 않았다. 중요하게 생각할 이유를 몰랐던 것이다. 그냥 일반 에스프레소 카페에서 설계되는 커피 바를 활용해 디저트를 만들 뿐이었다. 하지만 지금은 많이 다르다. 주방을 중요하게 생각하고 설계하는 곳이 많아졌고, 주방과 홀을 확실히 구분하여 관리한다.

앞으로 카페시장은 어느 한 부분에 있어서 확실하게 전문적인 성격을 갖고 있지 않으면 버티기 힘들다. 특히 개인 브랜드를 창업하는 오너는 프랜차이즈 브랜드처럼 트렌드에 민감한 운영을 하기보다는 전문적인 영역을 스스로 개척해야 한다. 이런 면에서 디저트라는 메뉴는 전문성을 인정받기에 좋은 조건을 갖췄다고 볼 수 있다. 하지만 디저트가 주는 화려함 때문에 창업을 결심해서는 안 된다. 간혹 디저트 카페 창업자 중에는 전문가로서 책임의식을 갖기보다는 디저트의 화려함에 이끌려 창업을 결심한 경우가 있다. 강의 때마다 강조하는 것이지만 카페를 창업하려는 오너와 연예인을 꿈꾸는 사람은 비슷한 점이 많다. 카페 중에서도 디저트 카페는 더욱 그렇다. 겉으로 보이는 모습과 결과물이 화려해서 많은 사람의 주목을 받을 수는 있지만, 그 이면에서는 정말 힘든 노력이 있지 않으면 사람들의 관심과 사랑을 받기가 어렵다.

디저트 카페는 앞으로 전망이 좋은 카페 중 하나라고 할 수 있다. 작고, 예쁘고, 화려하고, 달고 맛있는 디저트를 좋아하는 성향도 디저트 카페를 성공하게 하는 요인이다. 뿐만 아니라 우리나라 라이프 스타일 자체가 과거와 많이 달라졌다. 어느 디저트 전문가는 창업자를 위한 강의를 하면서 이런 말을 했다. 전 세계적으로도 디저트의 시장은 점점 커지고 있고 그 역사도 상당히 깊은데, 트렌드는 돌고 도는 것 같다고. 모습은 문화권과 시대에 따라 조금씩 다르지만 현재 우리나라는 과거 열대지방의 디저트를 많이 따라가고 있다.

디저트 카페의 Good & Bad Point

Good Point 1 이슈 메뉴를 잘 만들면 큰 관심을 받을 수 있다.

특히 요즘 카페 소비자들은 SNS를 통해 카페 이야기를 하는 것을 즐긴다. 디저트 카페에 방문한 소비자들을 관찰하면 쉽게 알 수 있다. 그들은 메뉴가 나오자마자 하는 행위부터 다르다. 맛있게 먹는 게 아니라 사진 찍기에 바쁘다. 자신만의 SNS에 이곳에 와서 무엇을 먹었다는 기념비적인 기억을 남기기 위해서다. 이런 생활이 일상의 재미가 된 요즘 디저트 메뉴는 찍을 거리를 제공해준다. 나는 SNS에서 인기 있는 메뉴들을 '이슈 메뉴'라고 부르는데, 이 메뉴들은 대부분 디저트 카페에서 나오는 경우가 많다. 디저트는 일단 결과물이 예쁘다는 장점이 있기 때문에 제대로 된 디저트 전문가가 카페를 오픈하면 '이슈 메뉴'가 되어 많은 사람의 관심을 받을 수 있다. 어쩌면 '이슈 메뉴' 하나로 그 디저트 카페의 모든 것을 말하게 될지도 모른다. 그렇기 때문에 디저트 카페를 오픈할 때는 전략적인 계획이 필요하다.

Good Point 2 효자 디저트만 잘 개발해도 매출에 많은 도움을 줄 수 있다.

누군가에게 선물한다는 것은 굉장히 의미 있는 행위다. 그리고 디저트는 선물에 있어서 큰 효과를 주는 콘텐츠다. 예전에는 생일 때만 구입하던 케이크가 지금은 하나의 작은 디저트가 되어 의미 있는 날에 누군가에게 주는 좋은 선물이 되었다. 디저트 카페를 전략적으로 잘 기획하면 두 마리의 토끼를 동시에 잡을 수 있다. 디저트 하나만 잘 개발해도 이슈 메뉴를 경험하기 위한 소비자들로 줄을 세울 수도 있고, 디저트는 음료와 함께 즐기기 때문에 자연스럽게 테이블 단가를 올릴 수 있다. 게다가 선물로 활용할 수 있기 때문에 회전 속도를 높일 수 있다. 한 가지 확실한 것은 식음료 분야에서 관건은 회전수를 높이는 것인데, 식음료 분야의 마법은 회전수가 올라가면 올라갈수록 마진폭이 커질 가능성이 높아 재료원가의 비율을 과감히 높일 수 있다는 것이다. 이렇게 되면 자연스럽게 품질이 좋아지게 되고, 고객은 감동할 수밖에 없다. 그리고 이 사이클은 브랜드 성장에 크게 이바지하게 된다.

Good Point 3 상권의 큰 제약 없이 어떤 상권에서든 브랜드 적용이 가능하다.

과거에는 창업이 상권의 영향을 많이 받았다. 그래서 디저트 카페를 창업하더라도 유동인구가 많은 번화가에 오픈해야 했다. 그러나 요즘은 상황이 많이 달라졌다. 잘 만든 디저트 하나가 유동인구를 만들어내고 있다. 물론 모든 디저트 카페에 해당하는 것은 아니다. 요즘 소비자들은 '리얼'을 원한다. 그 리얼의 기준이 애매하지만, 소비자들이 상상했던 그 맛 그대로 표현된 것을 의미하는 것 같다. 따라서 시장성 있는 디저트 카페를 오픈하기 위해서는 디저트에 대한 전문적인 실력을 쌓은 뒤 오픈을 준비해야 한다.

Bad Point 1 **정통을 추구하지 않으면 트렌드에 끌려가게 된다.**

디저트는 제과에 가깝다. 나는 상담하면서 디저트 카페를 준비하는 오너에게 정식으로 제과에 대한 교육을 받으라고 조언한다. 대부분 카페를 창업하는 오너는 단순히 요즘 유행하는 디저트의 레시피만 가지고 시작한다. 물론 그 시작이 절대적으로 잘못되었다는 것은 아니다. 그러나 이렇게 창업한 이후 디저트에 대한 본질을 탐구하지 않으면 유행으로 시작한 카페는 유행처럼 사라질 수 있다는 것이다. 핵심 테크닉을 가지고 있지 않은 오너는 경험을 쌓아 자신만의 메뉴를 창조하기보다는 매순간 트렌드를 좇아가게 된다. 좇아가는 것에는 한계가 있을 수밖에 없다. 역량이 안 되서 힘들 수도 있지만, 자신에게 맞지 않은 메뉴일 경우도 많기 때문이다. 지속적인 생명력을 갖기 위해서는 시작이 비록 트렌드 메뉴를 좇아가는 카페를 만들었다 하더라도 오너 스스로 디저트에 대한 감각을 키우고 틈틈이 공부하여 정통 테크닉을 보유하려고 노력해야 한다. 이 노력의 결과는 지속 가능한 그리고 성장하는 브랜드를 만들 수 있다.

Bad Point 2 **수익구조를 잘 잡을 수 있어야 한다.**

내가 경험한 많은 디저트 카페의 경우 수익구조가 좋지 않은 경우가 많았다. 맛을 신경 쓰다 보니 재료원가 비중이 너무 높아지는 것이다. 그렇다고 좋은 재료를 사용했다면서 무작정 메뉴를 고가로 하기에는 무리가 있다. 수익구조가 잡히지 않으면 좋지 않은 결과를 맞이할 수밖에 없다. 업이라고 하는 것은 어떤 식으로든 적절한 피드백이 돌아와야 지속적으로 유지할 수 있는 에너지가 생긴다.

내가 창업에서 가장 중요한 피드백 중 하나로 꼽는 게 수익적인 피드백이다. 보편적으로 재료원가에 구애받지 않으려면 어느 재료에 있어서 직접 생산하거나 자기 브랜드만이 가질 수 있는 유통구조를 확보해야 한다. 그러나 대부분의 오너는 이런 구조를 갖고 있지 않기 때문에 이 조건을 쫓아서는 안 된다. 자신에게 특별한 생산기술력이나 유통구조적인 강점이 없다면, 실용적인 메뉴 레시피를 찾아내야 한다. 많은 오너가 실용성을 추구한 레시피에 대한 오해를 가지고 있다. 마치 그래서는 안 될 것 같은 생각을 가장 먼저 하게 된다. 이에 대해 이미 브랜드로 성장한 오너는 브랜드라고 하는 것은 카페를 구성하는 요소들의 전체적인 밸런스를 얼마나 구성력 있게 맞춰 가느냐에 따라 결과가 달라지는 것이라고 공통적으로 조언한다. 따라서 좋은 수익구조를 위해서는 메뉴에 있어서 실용적인 레시피를 통해 만족스러운 맛을 찾아내는 게 관건이다. 식음료 브랜드 창업에 있어서는 당연히 맛을 추구하는 기본적인 마인드는 유지하되, 그 안에서 자기 브랜드만의 수익구조를 생각한 밸런스를 맞추는 작업은 꼭 필요하다.

Bad Point 3 카페에서 나아가 하나의 브랜드로 인식시켜야 한다.

고객들이 단순히 카페에서 디저트를 즐겼느냐와 무슨 브랜드, 어떤 메뉴를 즐겼느냐에 대한 경험은 완전히 다른 것이다. 예를 들어 '나는 햄버거를 먹었다'와 '맥도날드 빅맥을 먹었다'는 전혀 다른 분위기를 만들어낸다. 이렇듯 자기 브랜드에서 핵심 메뉴인 디저트가 단순히 수많은 햄버거 중 하나가 되어서는 안 된다는 것이다. 대표 메뉴가 되기 위해선 많은 조건을 만족시켜야 한다. 맛이 특별한가, 외형이 특별한가, 이름이 특별한가 등을 고려하여 대표 메뉴의 조건을 만족시킬 필요가 있다. 요즘은 특히 요소들이 전체적으로 잘 만들어져 있지 않으면 고객에게 사랑받기가 힘들다. 식음료 분야에서도 맛집이라고 해서 맛만 중요하게 생각하고, 서비스가 대충 이루어지는 곳은 고객들의 관심을 받는 데 한계가 있다. 요즘에는 맛집도 비주얼과 서비스까지 고루 신경을 써야 고객에게 관심을 받는다. 그래서 나는 디저트 카페를 창업하는 오너에게 브랜드로 인식되기 위한 조건들을 맞춰서 준비할 것을 추천한다. 그 조건에는 네이밍부터 메뉴 구성, 마지막으로 서비스까지 모든 브랜드에 관한 요소들이 있다. 홀로 하기는 힘들지만 한 브랜드로 인식시킬 수 있다면 지속 가능한 브랜드를 만들 수 있다.

실전 TIP | **카페 디렉터가 알려주는 디렉팅 레시피**

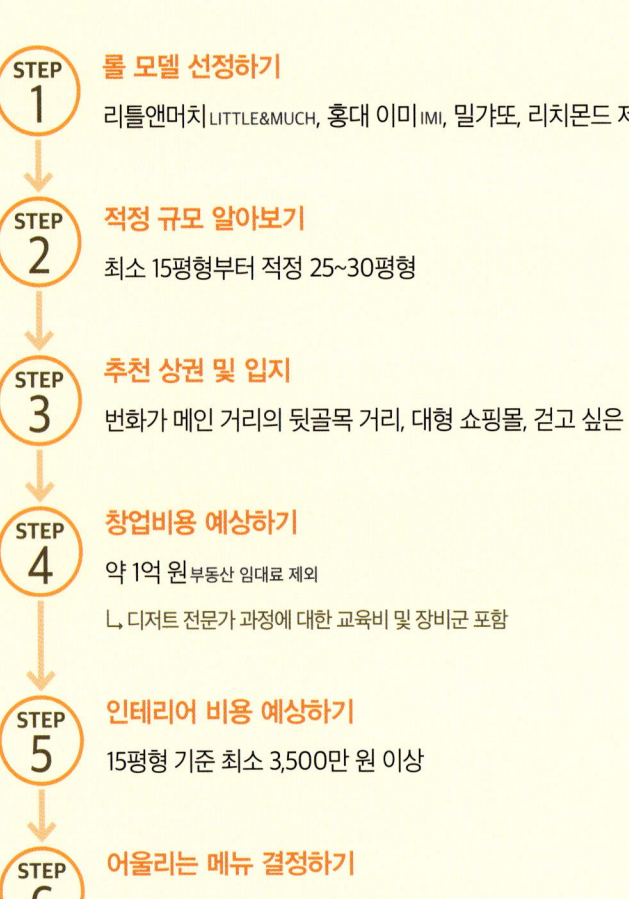

STEP 1 롤 모델 선정하기
리틀앤머치 LITTLE&MUCH, 홍대 이미 IMI, 밀갸또, 리치몬드 제과점 등

STEP 2 적정 규모 알아보기
최소 15평형부터 적정 25~30평형

STEP 3 추천 상권 및 입지
번화가 메인 거리의 뒷골목 거리, 대형 쇼핑몰, 걷고 싶은 거리

STEP 4 창업비용 예상하기
약 1억 원 부동산 임대료 제외
ㄴ 디저트 전문가 과정에 대한 교육비 및 장비군 포함

STEP 5 인테리어 비용 예상하기
15평형 기준 최소 3,500만 원 이상

STEP 6 어울리는 메뉴 결정하기
- 전문적으로 다룰 메뉴 선택
- 차 Tea와 비슷한 농도의 커피 메뉴 브루잉 커피 등
- 아이스크림류

추천 디자인 레시피

1 선물가게와 같은 테마를 지향하라!

디저트 카페를 창업하는 오너에게 항상 강조하는 개념이다. 디저트 카페는 선물가게와 같은 개념을 적용하는 게 효과적이다. 디저트 자체가 선물로써 장점이 있기도 하지만 선물을 고를 때 받는 소비자의 스트레스를 해결해주기도 한다. 또한 디저트는 누구에게나 줄 수 있는 효과적인 선물이다. 밸런타인데이와 같은 날에도 디저트는 선물하기에 좋다. 그렇기 때문에 디자인 자체를 선물가게의 개념에서 풀어낸다면 소비자의 많은 관심을 받을 수 있다.

2 인테리어보다는 패키지 디자인을 신경 써라!

디저트 카페가 선물가게의 개념을 활용하게 되면 자연스럽게 포장에 관심이 갈 수밖에 없다. 카페에서는 패키지 디자인이 이를 해결해준다. 기존 카페에서는 기본적으로 패키지 디자인이라고 하면 테이크아웃 컵이나 캐리어, 쇼핑백 등을 신경 썼다. 그런데 디저트 카페에서는 디저트를 가장 돋보이게 할 수 있는 선물 포장지와 같은 개념의 패키지 디자인을 기획해야 효과적이다. 그래서 디저트 카페를 창업하는 오너에게는 매장 인테리어보다 메뉴 패키지 디자인에 좀 더 신경 쓰라고 권유한다. 대부분의 오너가 모든 것을 다 신경 쓴 뒤 패키지 디자인을 나중에 신경 쓰다 보니 기본적인 선택에서 머무를 때가 많다. 하지만 미리 패키지 디자인의 영역을 신경 써둔다면 나중에 효과를 볼 수 있다.

3 적절한 이벤트를 위한 디자인 콘텐츠를 미리 준비하라!

디저트 카페는 이벤트를 자주 기획해서 활용할 수 있다. 특히 우리나라의 경우 이벤트 데이가 많기 때문에 이벤트를 기획하여 활용할 기회가 많다. 간혹 이벤트 데이에 너무 이끌려 행사만 하다 카페만의 브랜드력이 흐려지는 경우가 있는데, 계획을 잘 기획하여 진행한다면 카페를 홍보하기에 좋다. 이처럼 디저트 카페는 카페 및 메뉴를 홍보하기에 좋은 조건을 가졌다. 경험에 의하면 디저트 카페는 2월, 3월, 5월 그리고 여름, 12월, 겨울, 연말 이벤트만 잘 활용해도 좋은 효과를 거둘 수 있다.

카페 디렉터가 알려주는 **3D 모델링**

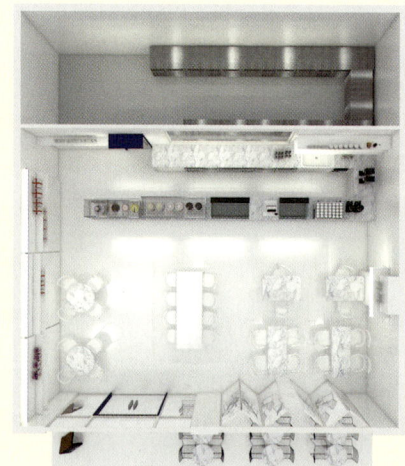

◀위

▲외부

▲내부

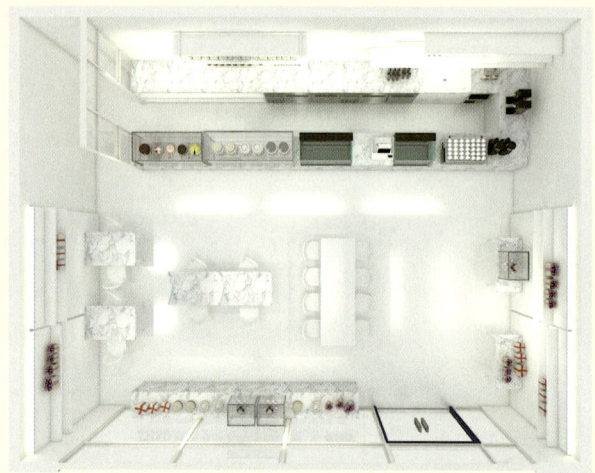
◀위

외부▶

내부▶

창업 전략 Q&A

 많은 디저트 메뉴 중 어떤 메뉴로 구성해야 시장성이 있을까요?

이슈 메뉴보다는 스페셜 메뉴를 찾아야 시장에 대응할 수 있다.

대부분의 오너가 유의해야 하는 점이다. 요즘에는 괜찮은 디저트 하나만 잘하면 SNS에서 이슈가 되기도 하는데, 특히 인스타그램에서 이슈가 한번 되면 그 카페에는 순식간에 많은 소비자가 줄을 서게 된다. 이런 사회현상 때문에 창업하는 오너가 특별한 디저트 발견에 몰입하고 있다. 로또처럼 대박 나고 싶은 욕망이 있는 것이다. 하지만 사회현상의 다른 면도 볼 수 있어야 한다. 대부분 이슈 메뉴로 화제가 된 카페가 지속적으로 이슈가 되는 경우는 극히 드물다. 즉 이슈 메뉴는 한때 매력적인 이야기 소재가 될 뿐이다. 따라서 오너는 반짝할 수 있는 특별한 것만 좇으려 하면 안 된다. 지속 가능한 브랜드를 만들기 위해선 본질에 가까운 탐구를 먼저 선택해야 한다. 즉 디저트 카페를 만들고 싶다면 디저트에 대한 전문성에 먼저 눈길을 돌려 스페셜 메뉴를 찾아야 한다. 그래야 단기적인 유행이 지나더라도 지속적으로 시장에 대응하거나, 시장을 이끌 수 있는 힘이 생기게 된다.

 디저트 카페에 적합한 상권은 어딘가요?

초보 창업자는 메뉴의 시장성을 먼저 확인한 후 단계적으로 상권을 이동하는 것이 좋다.

상권을 선택할 때 오너의 결정이 중요한 역할을 한다. 대부분의 오너는 상권에 대한 전문적인 정보보다 자신의 직관적인 선택을 더 믿는다. 이는 내가 디렉팅하는 과정에서도 나타난 현상이다. 상권에 대한 사실적인 분석을 해주면 그 분석이 말해주는 곳보다 자신이 원하는 방향으로 결정한다. 이는 오너의 어쩔 수 없는 기질인 듯하다. 그래서 나는 적합한 상권을 추천하기보다는 그 진행과정에 대한 조언을 하는 편이다. 즉 단계별로 성장한다는 생각으로 상권을 선택하는 편이 좋다. 처음 창업하는 오너는 상권에 대한 이해도 부족하지만 창업시장의 경험이 없기 때문에 가볍게 시작해서 성장한 후 점점 메인 상권으로 진입할 계획을 세우는 것이 좋다. 처음 시작하는 상권의 선택은 고정비를 최소화시킬 수 있는 장소가 적합하다. 그 장소에서 경험을 좀 더 쌓고 자신이 기획한 디저트 메뉴의 시장성을 확인한 다음 메인 상권으로 점점 성장하는 단계적 전략을 사용하기를 추천한다.

Q 메뉴를 납품받아 해결하면 안 될까요?

납품을 받으면 디저트 카페의 전문성이 떨어지고 일반 카페로 분류된다. 가끔 오너들로부터 디저트 메뉴는 모두 납품받아서 해결하면 안 되냐는 질문을 받는다. 방법적인 면에 있어서는 불가능한 것은 아니다. 단지 모든 디저트 메뉴를 납품받게 되면 그 카페는 디저트 전문 카페이기보다는 일반 카페로 분류된다. 디저트 전문 카페로 분류되기 위해선 디저트를 위한 주방이 설비되는데, 조리 이상의 전문적인 기술이 필요하다. 디저트 카페가 일반 카페로 분류될 경우 창업의 전략이 달라질 수 있다. 그렇기 때문에 메뉴를 납품받아 제공하고 싶다면 일반 카페로 분류하고 그에 맞는 올바른 전략을 구상할 것을 추천한다.

베이커리 카페
Bakery Cafe

베이커리 카페 창업은 다른 카페 타입과는 다른 접근이 필요하다. 베이커리 카페는 베이커리에서 카페 개념을 차용했다고 보는 게 옳기 때문이다. 다시 말해 베이커리 전문점에서 카페 서비스가 추가되었다고 볼 수 있다.

카페 창업이 유행되기 시작했을 때는 베이커리 카페라는 개념이 조금 생소했다. 대부분 스타벅스와 같은 에스프레소 전문점이나 초창기 카페 오너의 주 무대였던 로스팅이나 핸드드립 전문점이 많았다. 당시 나는 일본에서 베이커리 카페를 경험한 적이 있었다. 이미 베이커리 기술로 유명했던 일본에서는 맛있는 빵과 커피를 함께 즐길 수 있는 카페가 많았다. 사실 그 당시 일본에서 마셨던 커피는 내 취향에는 맞지 않았지만, 정말 부드럽고 폭신했던 일본의 빵은 아직도 잊을 수가 없다. 이후 일본의 영향을 많이 받은 카페 오너들과 카페 비즈니스에 관한 대화를 나눈 적이 있는데, 그들은 베이커리 카페가 카페시장에서 가능성이 있다는 것을 알고 있는 듯했다. 단 전문적인 기술이 필요한 영역이어서 단순히 창업 아이템으로 카페를 선택했던 오너에게는 해당 사항이 없었다.

베이커리 카페는 '파리바게트'라는 프랜차이즈 브랜드에서도 엿볼 수 있으며, 최근 롯데 월드몰에 베이커리 카페 형태로 입점한 국내 5대 빵집 중 하나로 불리는 군산의 '이성당'을 통해서도 확인할 수 있다. 베이커리 카페는 전문적인 기술이 필요한 만큼 많이 생겨나고 있지는 않다. 그러나 가능성이 매우 큰 카페 형태 중 하나인 것은 분명하다. 몇몇 웰메이드Well-Made 베이커리 브랜드가 있는데, 대부분 베이커리 브랜드일 뿐 베이커리 카페 브랜드는 아니다. 그렇기 때문에 가능성이 크다고 볼 수 있다.

베이커리 카페를 창업하기 위해서는 제일 먼저 제빵에 대한 기술력을 제대로 갖춰야 한다. 종종 홈 메이드하듯 베이커리 카페를 창업하는 오너가 있다. 이렇게 오픈하는 오너의 공통점은 포털 사이트에 나와 있는 레시피로 배운다는 것이다. 이 경우 괜찮은 디자인과 분위기로 창업 초창기에 반짝 주목받을 수 있다. 그러나 지속적인 카페를 만들기에는 무리가 있다. 대부분 1년을 넘기지 못하고 한계를 느끼게 된다. 쉽게 흉내 낼 수 있는 분야가 있고, 제대로 하지 않으면 안 하느니만 못 하는 분야가 있다. 후자에 속하는 것이 바로 베이커리 분야다. 베이커리 분야는 제빵에 대한 기술을 충분히 이해하고 습득하고 있어야 가능하다. 나는 강의 때 베이커리 카페를 설명하면서 이렇게 질문한다.

"만약에 지인이 갑자기 스시 집을 한다고 하면, 그 지인에게 어떤 조언을 해주겠는가?"

대부분 창업을 고민할 때 스시 집은 함부로 창업하려고 하지 않는다. 스시가 너무 좋아서 창업을 결심하더라도 스시 기술은 제대로 배우려고 한다. 이렇게 한 분야를 단순히 좋아해서 창업을 결심하더라도 제대로 배우려고 하는 게 정상이다. 그런데 유독 카페에 있어서는 쉽게 접근하려는 오너가 많다. 어느 타입의 전문 카페를 오픈하려면 제대로 배우려는 노력부터 해야 지속적인 카페의 성장을 이룰 수 있다.

베이커리 카페를 운영할 수 있는 능력을 제대로 갖춘 후 창업하면 어느 정도 안정적인 수익모델을 만들 수 있다. 우리나라 카페 대부분은 테이크아웃 비율이 높으면 높을수록 수익구조가 안정적인 것으로 보는 특징이 있다. 이런 면에서 베이커리 카페는 에스프레소 전문점보다 훨씬 좋은 수익구조를 만들 수 있다. 테이블에서 즐기는 고객, 빵을 테이크아웃 해가는 고객의 비율이 어느 정도 자연스럽게 맞아 떨어지기 때문이다. 또한 최근 매체를 통해 많은 소비자가 밥 대신 빵과 잼을 점점 더 찾고 있다는 소식은 베이커리 카페를 운영하는 오너에게 희소식으로 작용한다. 실제로 외국생활의 경험이 있는 사람일수록 샌드위치나 빵을 좋아하는 경향이 있다. 그리고 실질적으로도 빵은 어느 정도 중독성이 있기 때문에, 잘 만든 빵을 먹으면 계속 생각이 나게 된다.

베이커리 카페의 Good & Bad Point

Good Point 1 카페 음료 외에 다양한 메뉴를 제공할 수 있다.

일반적으로 빵집만 가더라도 다양한 맛있는 메뉴를 보는 것 자체가 즐겁다. 고객들이 베이커리 카페에 기대하는 것은 카페 분위기를 즐기며 간단하게 배를 채우는 것이다. 실제로 베이커리 카페는 상권에 따라서 역할이 다를 수 있다. 가장 효과적인 모습은 런치타임에 식사를 해결하는 고객들이 찾아주고, 그 외 시간에는 카페를 즐기는 고객들이 찾아주는 모습이다. 이런 모습은 매출에도 효과적이다. 또한 케이크나 샌드위치를 활용하여 부가수익 및 테이크아웃 수익을 높일 수 있는 카페 형태여서 메뉴 구성에 운영 전략이 잘 맞으면 탄탄한 수익구조를 만들 수 있다.

Good Point 2 앞으로 성장 가능성이 높은 카페 형태다.

아직까지 국내에는 베이커리 카페의 비중이 높지 않다. 흔히 알고 있는 '파리크라상'과 '파리바게트'가 가장 익숙한 베이커리 카페 형태다. 즉 개인 브랜드가 도전할 수 있는 기회가 있다는 것이다. 일본의 경우 오래 전부터 '베이커리' 기술의 발달로 베이커리 카페 형태가 자연스럽게 자리 잡혀 있다. 많은 오너가 다른 나라의 카페 문화를 많이 참조하기 때문에, 베이커리 카페는 점차적으로 발전할 것으로 보인다. 또한 사람들의 식습관이 달라지면서 베이커리 메뉴를 찾는 빈도수가 많아지고 있어 베이커리 카페의 발달을 예견하고 있다.

Good Point 3 　**모든 상권에 잘 어울리는 카페 형태다.**

베이커리 카페의 형태는 대부분의 상권에 어울리는 모델이다. 오래 전부터 동네 상권에서도 베이커리 숍은 고객을 꾸준히 만들 수 있었다. 게다가 최근 카페라는 콘텐츠가 생활에 밀접해지면서 동네 상권에서도 경쟁력이 생겼다. 자연스럽게 동네 주민을 꾸준한 단골을 만들 수 있다. 번화가에서도 마찬가지다. 유동인구가 많은 곳에서도 베이커리 카페는 강점을 가지고 있다. 식습관의 변화로 회사원들 중 점심 때 베이커리류를 즐기는 사람이 많아졌다. 그래서 유동인구가 많은 번화가에 베이커리 카페를 오픈해도 그 시장성을 기대할 수 있다. 또한 핫 플레이스 상권에 있어도 좋다. 베이커리 기술력을 활용해서 이슈 메뉴를 개발하면 사람들이 관심을 갖고 찾아주기 때문이다.

Bad Point 1 　**베이커리 기술력에 따라서 경쟁력이 달라진다.**

브루잉 커피 전문점이나 로스터리 카페와 비슷하다. 베이커리라는 특별한 테크닉은 흉내 내는 정도로만 갖춰서는 경쟁력이 떨어진다. 꾸준한 메뉴 개발과 그 결과물의 퀄리티가 많이 차지하기 때문이다. 그래서 베이커리 카페를 목표로 하는 오너에게 재차 강조하는 것은 전문가적인 교육을 필수로 거쳐야 한다는 점이다. 이는 처음 오픈한 카페에서는 크게 다른 점을 모르지만 3년, 5년이 지난 시점에서는 큰 차이를 보인다. 그동안 지켜본 결과, 그 분야의 핵심 테크닉을 알고 있는 오너의 경우 시간이 흐를수록 그 노하우가 전문화되고 깊어져 지속적인 성장을 했다. 그러나 가벼운 테크닉만 가지고 오픈한 경우는 3년 정도 버티다가 더 이상 성장하지 못했다. 이들은 대부분 자신의 브랜드를 포기하거나 다른 분야로 시선을 돌리는 모습을 보였다.

Bad Point 2. 기본 카페 메뉴보다 장비 구성을 더 잘해야 한다.

일반 카페 장비에 베이커리 장비들이 더해지는 경우이기 때문에 주방 설계도 많이 신경 써야 한다. 주방 면적도 많이 차지하기 때문에 최소 15평형 이상의 면적이 필요하다. 오너가 쉽게 하는 실수 중 하나가 홀 테이블 확보에 몰입하다 주방을 너무 비좁게 설계하는 것이다. 이런 경우 오픈 초반에만 효과적이지 갈수록 고객에게 외면받게 된다. 일단 식음료 매장에서는 주방 자체가 깔끔하고 작업 흐름이 여유롭게 이루어져야 하는 게 가장 기본이다. 좁은 주방은 결국 고객에게 많은 불편함을 주고, 품질의 저하를 초래하게 된다. 결과적으로 일정 시기 이후로는 고객이 더 이상 늘지 않는다는 것을 경험하게 될 것이다. 따라서 주방은 고정적인 요소이기 때문에 미리미리 충분한 면적을 확보하고, 메뉴를 위한 설계를 해야 한다.

실전 TIP 1 : 카페 디렉터가 알려주는 **디렉팅 레시피**

STEP 1 롤 모델 선정하기
리틀앤머치 Little & Much, 홍대 이미 IMI 등

STEP 2 적정 규모 알아보기
최소 15평형부터 적정 25~30평형

STEP 3 추천 상권 및 입지
로컬 비즈니스를 할 수 있는 동네 상권 및 관광지, 한적한 외곽 상권

STEP 4 창업비용 예상하기
약 1억 5,000만 원 수준 베이커리 장비 포함, 부동산 임대료 제외

STEP 5 인테리어 비용 예상하기
15평형 기준 4,500만 원

STEP 6 어울리는 메뉴 결정하기
- 다양한 베이커리 메뉴
- 베이커리 메뉴와 가장 잘 어울리는 음료 메뉴군
- 베이커리와 음료를 함께 즐길 수 있는 세트 메뉴
- 브런치 메뉴

**추천 디자인 레시피**

1 매대에 관한 고민을 하라!

베이커리 카페에서는 베이커리 메뉴가 놓여 있는 매대가 중요한 역할을 한다. 그 매대는 고객이 베이커리 카페를 이용하는 주 목적이 놓여 있는 곳이기도 하고, 고객에게 시각적인 자극을 주는 역할을 하는 곳이다. 베이커리 매대에는 다양한 형태가 있다. 포장된 베이커리 메뉴들이 있는 매대가 있고, 집게로 담아야 하는 포장 안 된 상태의 베이커리 메뉴가 있는 매대도 있다. 포장 안 된 상태의 베이커리는 매대 주위로 외부 오염에 대비한 유리 파티션 등을 설치할 것인지도 고려해야 한다. 매대 설치에 대해 어떻게 고민했는지에 따라 고객은 브랜드를 다르게 느끼기도 한다. 매대 운용 전략은 곧 브랜드를 고객에게 어떻게 인식시킬 것인지에 대한 고민으로 이어질 수 있다. 따라서 디테일하게 고민해야 한다.

2 메뉴에 따라서 포장 패키지를 디자인하라!

디저트 카페처럼 베이커리 카페도 '선물'이라는 콘텐츠가 적용될 수 있다. 디저트와 다른 점이 있다면 디저트는 특별한 날의 이벤트 성격이 강할 수 있지만, 베이커리는 일상의 선물이 될 수 있다는 것이다. 유명 베이커리 전문점에 가면 이 콘텐츠를 잘 즐기는 고객을 쉽게 관찰할 수 있다. 지나다 주변 사람들과 함께 즐기기 위해 가볍게 구매하는 고객도 있지만, 멀리서부터 경험하기 위한 목적으로 들려 특별한 사람을 위해 구매하는 고객도 있다. 이렇게 자신의 브랜드를 즐기는 고객들의 욕구를 빨리 파악해서 그 고객에게 맞는 포장 패키지를 준비해놓을 필요가 있다. 심지어 먼 곳에서 택배를 희망하는 고객이 있을 수도 있다. 그럴 때는 택배를 위한 포장도 필요하다. 자신의 브랜드에서 고객이 메뉴를 어떻게 즐기기를 원하는지 빨리 파악해야 한다.

3 공간에 설명적 그래픽을 디자인하라!

디저트와 마찬가지로 제조라는 특성이 더해지면서부터는 설명해줘야 하는 것이 많이 생긴다. 조금이라도 귀찮으면 할 수 없는 것들인데, 잘할수록 그 브랜드의 마케팅 효과는 커진다. 베이커리도 일종의 제조 비즈니스로 취급할 수 있다. 좋은 재료를 사용한 자기 브랜드만의 비법을 알리고, 결과물도 특별하다는 내용을 브랜드 용어로 잘 포장하여 고객에게 전달해야 한다. 정보를 표현하는 방법에는 여러 가지가 있다. 전문용어를 그대로 드러내 사실을 전달하는 방식이 있고, 고객이 쉽게 이해할 수 있게 변형해서 전달하는 방식이 있다. 이런 부분은 디자이너와 상의하여 좋은 아이디어를 통해 표현하는 것이 좋다. 설명적 그래픽 요소를 통해 얻은 정보들을 홍보에 활용해서 고객에게 브랜드의 가치를 빠르게 전달할 수 있다.

실전 TIP 2 — 카페 디렉터가 알려주는 **3D 모델링**

◀위

▲외부

▲내부

창업 전략 Q&A

Q. 베이커리 카페에 대한 시장성이 있을까요?
개인 브랜드에 대한 욕구는 충분하다.

개인적으로는 베이커리 카페는 저평가된 시장이라고 생각한다. 실제로 주변 사람들에게 자주 가는 베이커리 카페나 선호하는 베이커리 카페에 대해서 물어보면 선뜻 대답하지 못하는 경우가 많았다. 하지만 평소 자주 가는 카페를 물어보면 쉽게 대답한다. 이는 아직 카페라는 공간을 세분화해서 생각하지 않고, 다 같은 카페로 인식하기 때문이다. 그리고 알고 있는 베이커리 카페에 대한 질문을 하면 아직까지도 '파리바게트'와 같은 프랜차이즈 브랜드를 가장 먼저 말한다. 그래서 나는 아직까지도 개인 브랜드에 대한 욕구가 충분히 있다고 생각한다. 베이커리에 대한 기술력이 갖춰져 있다면 자신 있게 좋은 브랜드를 기획하여 시장에 접근해볼 것을 추천한다.

Q. 베이커리 카페를 참조할 만한 브랜드가 있나요?
우리 정서와 잘 맞는 일본의 베이커리 카페시장을 공부하라.

아무래도 아직까지 베이커리 카페는 외국의 경우를 공부하는 게 좋다. 특히 일본의 베이커리 카페는 우리나라 정서와 아주 잘 맞는다. 미국의 경우도 베이커리 카페가 많이 발달되어 있지만, 브랜드에서 느껴지는 분위기 자체는 미국보다 일본이 좀 더 경쟁력이 있어 보인다. 무엇보다 개인을 위한 배려적인 설계는 일본이 많이 앞서 있다. 또한, 미국의 경우 규모적으로 우리나라보다 크기 때문에 국내 시장에 적용하기 힘든 점들이 있다. 그러나 일본 베이커리 카페의 경우는 규모적인 면에서도 국내 시장에 적합해서 참고하기에 좋다. 나는 아직도 베이커리 카페를 공부하기 위해서는 일본으로 출장을 가는 편이다.

베이커리와 원두를 동시에 브랜드 상품으로 주력하고 싶은데 가능할까요?

처음부터 모든 전문성을 갖추려고 하면 실패할 확률이 높다.

베이커리 상품과 원두 상품을 잘 개발한다면 큰 경쟁력을 가질 수 있다. 베이커리를 통해 데일리 고객들을 잡을 수 있고, 원두 상품을 통해 선물이나 홈 카페 소비자들을 잡을 수 있기 때문에 폭넓은 고객유치에 장점이 많다. 그러나 브랜드 실행에 있어서 매장의 규모에서부터 기술력까지 치밀하게 신경 쓰지 않으면 좋은 결과를 얻지 못할 가능성이 크다. 그래서 개인적으로는 처음부터 이런 모델을 지향하는 것을 추천하진 않는다. 즉 처음에는 어느 한쪽으로의 전문성을 갖추는 것이 좋다. 짧은 시간 내에 시장에서 사라졌던 카페는 공통적으로 경험이 없는 상태에서 모든 것을 갖추려고 했거나, 자기 브랜드에 집중하기보다는 남의 브랜드를 좇아가기 바빴던 경우가 많았다. 창업에는 확실하게 포커스를 잡는 것이 필요하다. 하지만 점점 목표를 향해 다가가는 카페를 만들어야지, 처음부터 모든 전문성을 갖추려고 해서는 안 된다.

푸드 카페
Food Cafe

뉴욕을 걷다 보면 'Cafe'라는 간판을 많이 보게 된다. 처음에는 내가 생각하는 카페인줄 알고 들어갔다. 카페 분위기도 볼 겸 아메리카노도 한 잔 마실 겸. 하지만 들어가서 깜짝 놀란 경우가 많다. 내가 생각한 카페라기보다는 음식점에 가까웠다. 마치 우리나라 뷔페식 백반집을 간 것 같았다. 피자, 샐러드, 치킨, 햄 등이 각 쇼케이스에 들어 있었다. 이용하는 고객들은 원하는 메뉴를 선택하여 무게로 계산을 하거나, 이미 포장이 되어 있는 도시락을 구매해서 먹는다. 그리고 카페 서비스도 함께 즐긴다. 우리나라에서 식후에 수정과나 숭늉으로 입을 헹구는 것처럼 그들은 커피로 입을 헹구는 것이다. 우리나라에서는 경험할 수 없었던 이 타입의 카페를 나는 '푸드 카페'라 부른다. 나름 정의해보자면 '푸드 카페'는 끼니를 해결하기 위한 목적이 강한 카페를 말한다. '푸드 카페'를 이용하는 고객은 레스토랑만큼은 아니지만, 카페 특유의 캐주얼한 분위기의 공간 안에서 자유롭고 편하게 식사를 해결하는 것이다.

우리나라에서는 아직 제대로 된 '푸드 카페'를 경험하기 힘들다. 아무래도 우리나라만의 정서상 카페에서 해결할 수 있는 메뉴로는 주식이라 여기지 않기 때문이다. 최근 들어 점점 빵이나 샌드위치, 햄버거, 피자, 파스타 등 서양문화의 재료들을 주식으로 찾는 사람들이 늘어났지만, 여전히 우리나라 사람이라면 밥과 국을 선호한다. 또한 아직까지 가족이나 진중한 식사자리에는 '푸드 카페'라는 개념이 어울리지 않는다. 외국에서도 마찬가지지만 우리나라에서는 더더욱 그렇다. 그래서 가끔 만날 수 있는 '푸드 카페' 타입의 카페를 관찰해보면 고정 고객보다는 번화가에서 불특정 다수의 고객을 대상으로 운영되는 경우가 많다.

나는 '푸드 카페'에 대한 가능성을 높게 보고 있다. 아직은 뉴욕에서 경험한 것처럼 완벽하게 한 끼 식사를 해결할 수 있는 카페 타입은 이르지만, '라이트 푸드 카페' 스타일은 가능성이 있다. 많은 카페 소비자의 라이프 스타일이 변화되고 있다. 식사를 외부에서 해결하는 경우가 많아지고 있는데, 특히 싱글족이 늘면서 더욱 그런 경향이 강해지고 있다. 싱글족으로 가득 찬 오피스텔의 상권 수요를 보면 과거와 다르다는 것을 알 수 있다. 이들은 주로 외부에서 세 끼니를 해결하는 것에 익숙하다. 그리고 싱글족일수록 라이프 스타일의 질을 높이는 데 관심이 많다. 이런 고객에게 '푸드 카페'는 좋은 타입의 모델이다. 푸드 카페를 목표로 창업을 준비하는 오너는 타깃의 라이프 스타일을 제대로 파악하고 준비해야 한다.

푸드 카페의 주요 타깃층을 정리하면, 싱글족 그리고 학생들이나 연인관계, 직장 동료 등이 된다. 따라서 이들을 위한 메뉴와 서비스에 대한 연구가 필요하다. 푸드 카페에서 하면 좋을 핵심 메뉴에는 핫도그나 샌드위치가 있다. 사실 어느 카페에서는 피자를 하기도 하는데, 문제는 그다지 맛이 없다는 것이다. 진짜로 맛있는 피자를 하는 곳은 카페가 아니라 전문 화덕피자 집인 경우가 많다. 핫도그와 샌드위치 같은 라이트 푸드 메뉴에 커피 음료 및 주스와 에이드 같은 음료로 메뉴 기획을 잘 한다면 이 시대 싱글족들에게 큰 환영을 받을 가능성이 크다.

푸드 카페는 베이커리 카페와 느낌이 비슷하다. 베이커리 카페도 빵집에서 카페 서비스를 제공하는 것처럼 푸드 카페도 마찬가지다. 라이트 푸드 매장에서 카페 서비스를 하는 것이라고 생각하면 된다. 베이커리와 푸드는 그 분야에 대한 이해도가 높을수록 성공적인 결과를 만들 가능성이 커진다. 단순히 카페만 생각하다가 베이커리와 푸드를 서브로 취하려고 한다면 그 카페는 정체성을 잃기 쉽다. 어설픈 빵집이 되거나 어설픈 밥집이 되는 것이다. 오너는 이 점을 가장 주의해야 한다.

푸드 카페의 Good & Bad Point

Good Point 1 매출에 있어서 좋은 성적을 기대할 수 있다.

치밀한 기획으로 브랜드를 잘 만들었다는 전제조건이 붙지만, 푸드 카페는 성공적인 성적을 올릴 수 있는 카페 비즈니스 모델임에는 틀림없다. 테이블 회전에 신경 써서 런치와 디너 타임의 운영 전략을 잘 짠다면, 나머지 시간은 카페 분위기를 즐기도록 제공하여 안정적인 수익을 만들어갈 수 있다. 성수동의 '빈앤홉' 카페가 좋은 예다. 이 카페는 월 임대료가 일반적인 카페에 비해서 높은 편이지만, 푸드 카페 형태로 기획하여 비용의 부담을 해결하고 있다. 고객들도 일반 카페에 갔을 때보다 푸드 카페에 갔을 때 비용을 더 많이 지불하게 된다. 사람들은 일반적으로 먹는 것에 약한 편이다. 단순히 커피 한 잔을 마실 생각을 했다가도 푸드 카페에 들어가게 되면 맛있어 보이는 메뉴들 때문에 한 가지 정도는 메뉴를 더 주문하게 되는 경향이 있다. 이런 자연스러운 구매 유도가 매출에 도움이 되는 것이다.

Good Point 2 유행을 조금이라도 덜 탄다.

요즘 카페시장을 보면 카페 비즈니스 초기 모습에서 막 벗어나고 있어서인지 여전히 급변하고 있다. 그러다 보니 소비자들 사이에서 이슈가 된 카페 메뉴들도 그 관심이 오래가지 못한다. 허니브레드가 그랬다. 한때 모든 카페에서 허니브레드를 취급해야 했을 만큼 이슈 메뉴였지만, 지금은 허니브레드 자체가 구식이 되었다. 이처럼 지금 유행하는 이슈 메뉴들도 그 생명력이 언제까지 갈지는 아무도 알 수 없다. 누군가가 새로운 이슈 메뉴를 만들어낼 것이고, 소비자는 그 메뉴에 열광하게 될 것이다. 하지만 푸드 메뉴는 조금 다르다. 예를 들어 김치찌개는 아무리 특별하게 만들어도 그냥 기본 김치찌개가 가장 맛있고, 기본을 가장 잘하는 곳이 맛집으로 유명하다. 이와 마찬가지로 푸드 카페에서는 기본적인 메뉴 구성력만 좋다면 꾸준히 사람들의 관심을 받을 수 있는 확률이 높아진다. 유행이라는 짧은 흐름에서 살짝 벗어날 수 있기 때문이다.

Good Point 3 | 브랜드 자체가 명소가 될 확률이 높다.

푸드 카페의 경우 유행의 짧은 흐름을 타야 하는 일반적인 카페와 다르기 때문에 명소가 될 확률이 높다. 여기서 말하는 명소가 외식업에서 경험할 수 있는 꼭 가야 할 곳 정도의 느낌은 아니다. 하지만 그 상권에서 믿고 갈 만한 곳이 될 수 있다. 푸드에 있어서는 많은 사람이 각자 선호하는 매장을 마음에 두고 간다. 특히 자신의 생활권 안에 있는 곳이라면 더욱 그렇다. 이렇게 믿고 갈 수 있는 브랜드를 만들기 위해서는 다른 카페 형태보다 훨씬 더 밸런스를 맞춰 브랜드를 기획해야 한다. 메뉴 구성력, 디자인, 인테리어, 매장 분위기, 서비스 등 전체적인 밸런스를 잘 맞춰야 고객들은 그 브랜드를 선호하기 시작한다.

Bad Point 1 | 푸드 메뉴와 주방에 대한 이해가 없으면 힘들다.

식음료 매장은 같은 본질을 다루고 있다. 그러나 처음부터 푸드를 다루는 오너는 카페를 오픈했을 때 그 역량이 보통의 오너와 다르다. 일단 푸드 메뉴를 다루는 주방의 모습은 일반 카페 주방과는 다르게 설계되어야 한다. 음료를 다루는 카페 주방의 경우 카페 분위기에 치우친 설계가 이루어져도 운영하는 데 문제가 발생하지 않는다. 하지만 푸드를 다루는 주방의 경우 조명부터 차이를 두지 않으면 제대로 된 요리를 만들 수 없다. 요리의 좋은 품질을 위해서는 푸드 주방을 따로 설계하는 편이 좋다. 푸드 주방을 운영하기 위해서는 실제 작업 흐름에 대한 이해가 기본이다. 만약 주방에 대한 경험이 전혀 없다면 원 데이 클래스 등을 활용해서 기본적인 경험을 한 후 창업을 준비할 것을 권한다.

Bad Point 2 고객 서비스에 대한 직원교육을 많이 강화해야 한다.

푸드 메뉴를 판매하면서부터는 일반 카페에서 바리스타가 하는 서비스와는 조금 다른 서비스 교육이 필요하다. 사람들은 푸드 메뉴를 경험하기 시작하면 카페로 인식하기보다는 외식 공간으로 인식하게 된다. 이때부터는 고객의 기대가 높아진다. 따라서 카페 주방 안에서만 서비스를 했던 기존 바리스타의 서비스 영역이 넓어지게 된다. 그래서 오너는 직원들에게 서비스에 대한 중요성을 확실히 인지시키고, 서비스 매뉴얼에 대한 부분을 강화한다. 홀 서비스가 부족하면 기대치가 있는 고객에게 불편함과 불쾌함을 동시에 줄 수 있기 때문이다.

Bad Point 3 구성력이 좋은 메뉴들 간의 궁합이 중요하다.

카페 창업을 결심하고, 어떤 메뉴가 좋을까 고민하다 보면 구성력이 떨어지는 메뉴 리스트가 만들어지는 경우가 있다. 이는 처음 창업하는 오너라면 누구나 겪는 과정이다. 그러나 중요한 것은 한번에 완벽할 수 없다는 점을 인정하고 끊임없이 메뉴 구성을 정리할 필요가 있다. 백종원의 외식업 브랜드 중 '홍콩반점'의 메뉴 구성력이 좋다고 말한다. 이곳을 방문하면 핵심적인 메뉴와 함께 주문하면 좋은 메뉴가 구성되어 있어 고객은 세트처럼 주문을 하게 된다. 즉 '볶은 짬뽕+짬봉+탕수육' 처럼 사실 각기 단일 메뉴지만, 이곳에 방문한 사람들은 대부분 이렇게 세 가지 메뉴를 동시에 세트처럼 먹는다. '홍콩반점'은 이보다 더 간소화된 메뉴로 집중력 있게 기획했다. 물론 카페와는 다른 외식업 브랜드지만 먹을 것을 주문하는 사람들의 공통된 심리는 외식업에서부터 살피면 쉽게 파악할 수 있다. 특히 푸드 카페라면 구성의 본질은 외식업에서 가져오는 편이 좋다.

실전 TIP 1 | 카페 디렉터가 알려주는 **디렉팅 레시피**

 **STEP 1 — 롤 모델 선정하기**
빈앤홉 카페 등 브런치와 파스타, 피자류를 취급하는 카페스타일의 푸드매장

 **STEP 2 — 적정 규모 알아보기**
최소 25평형 이상 테이블 확보를 위한 최소 면적

 **STEP 3 — 추천 상권 및 입지**
오피스, 오피스텔, 오피스와 가까운 번화가 상권

 STEP 4 — 창업비용 예상하기
약 1억 5,000만 원 이상 부동산 임대료 제외

 STEP 5 — 인테리어 비용 예상하기
25평형 기준 7,000만 원 연출 포함

 STEP 6 — 어울리는 메뉴 결정하기
- 기본적인 가벼운 먹을거리 피자, 스파게티, 브런치 세트, 샌드위치 등
- 피자, 스파게티 등을 브랜드에 맞게 변형한 메뉴 피자 토핑의 변화, 스파게티 소스를 활용한 메뉴 등
- 푸드 메뉴와 잘 어울리는 음료 메뉴군

추천 디자인 레시피

1 공간 연출에 신경을 많이 써라!

푸드 카페는 기본적으로 어느 정도 규모가 되기 때문에 공간감이 느껴진다. 나는 인테리어를 할 때 대체적으로 단순하게 톤으로 묶어서 공간을 표현하는 것을 좋아한다. 재미있는 것은 100평형, 30평형, 5평형의 화이트 톤으로 된 공간에 있을 때 각각 다르게 느껴진다는 것이다. 100평형 공간에서는 전체가 화이트로 되어 있어도 부족함을 못 느낀다. 그래서 유명한 건축물을 보면 한 가지 재료로만 표현되어 있어도 공간 자체의 무드가 잘 느껴지는 것이다. 30평형 규모의 공간에 들어가면 조금은 달라진다. 약간의 부족함이 연출하고 싶은 욕구를 자극시킨다. 심심한 건 아닌데 뭔가 부족한 느낌이 드는 것이다. 5평형 규모의 공간은 전혀 다르다. 아무리 해도 지루함과 심심함이 느껴질 수 있다. 그래서 의외로 5평형 공간은 밀도 있게 인테리어하고 연출하기도 한다. 여기서 푸드 카페는 30평형 규모에 적합한 형태이기 때문에 약간의 연출 요소가 필요하다. 자주 가는 카페 중 성수동의 '빈앤홉' 카페의 경우 패션 스토어 연출방식을 활용해 매장을 연출했다. 찾아오는 고객에게 적절한 SNS 포인트를 제공해주고, 자연스럽게 홍보로 이어진다.

2 메뉴판 디자인에 신경 써라!

메뉴판 디자인은 어떤 형태의 카페나 모두 신경 써야 하지만, 푸드 카페에서는 좀 더 강조하고 싶다. 푸드 카페에서는 메뉴의 조리된 모습을 보여주는 것이 좋다. 사람들을 인터뷰한 결과 일반 카페에서 메뉴를 주문할 때 음료군에 있어서는 메뉴 이름만 보고 주문하는 것에 있어서 별 생각이 없었다. 하지만 가격이 높아진 푸드 카페의 경우는 조금 달랐다. 완성된 모습을 보고 주문하는 것을 더 원했다. 음식점을 가보면 고객은 주변 테이블에서 무엇을 먹었고, 어떻게 생겼는지 두리번거리며 확인하기도 한다. 그래서 외식업 매장들을 보면 실제 메뉴 사진들로 메뉴판을 구성해놓는 경우가 많다. 물론 카페 분위기에 맞게 디자인해야겠지만 확실한 것은 메뉴판에 신경을 잘 쓰면 고객에게 배려적인 편의와 시각적인 궁금증을 해소시켜줄 수 있다.

3 하프 오픈형 주방으로 설계하라!

푸드 카페의 경우 절반은 카페, 절반은 캐주얼 레스토랑이라 생각하면 된다. 나는 개인적으로 푸드에 해당되는 메뉴군을 해결하는 주방은 폐쇄적으로 안쪽에 배치하여 고립시키고, 이어지는 커피 및 음료 주방을 오픈형으로 두는 것을 추천한다. 조리 냄새가 홀을 잠식하는 것을 어느 정도 막을 수 있기 때문이다. 조리 냄새는 런치나 디너 타임에는 굉장히 효과적이지만 일반 카페 타임에는 굉장히 거슬리기도 한다. 하프 오픈형 주방으로만 설계해도 덕트 시스템에 의해서 조리 냄새 통제가 잘 되는 것을 느낄 수 있다. 더군다나 주변 풍경이 좋은 자리에서 폴딩 도어를 활용해 홀에 개방감을 주게 되면 조리 냄새는 해결되며, 분위기가 상승되는 효과를 누릴 수 있다.

 **실전 TIP 2** 카페 디렉터가 알려주는 **3D 모델링**

◀위

▲외부

▲내부

창업 전략 Q&A

Q 푸드 카페를 기획할 때 메뉴는 어떤 메뉴가 적당한가요?
Q 가볍게 먹을 수 있는 메뉴를 구성하는 것이 좋다.

푸드 카페를 창업하는 오너 대부분은 자신이 푸드 카페를 준비하고 있는지 잘 모르고 접근하는 경우가 많다. 예를 들면 샌드위치로 시작한 메뉴군이 피자, 스파게티까지 확장되는 경우가 있는데, 이는 처음 시작은 가볍게 즐길 수 있는 먹을거리를 구상했다가 뭔가 부족한 듯싶어 메인 요리급까지 구성하게 된 것이다. 즉 처음에는 작은 것에서 시작했는데 생각에 생각을 더하다 보면 메뉴가 부풀어지고 확장된다. 이 경우 기존에 구상해놓은 콘셉트가 달라지거나 메뉴 구성이 콘셉트와 맞지 않게 된다. 그래서 푸드 카페는 처음부터 기획을 제대로 하고 창업을 준비해야 한다. 푸드 카페 메뉴는 가벼운 것이 가장 좋다. 레스토랑과 경쟁하는 모양을 만들지 않는 것이 좋기 때문이다. 푸드 카페의 메뉴는 요리라는 느낌이 들게 기획하는 것보다는 함께 즐기는 가벼운 먹을거리 정도로 구성하고, 일상적으로 널리 알려진 메뉴보다는 그 개념을 활용해서 카페 스타일의 가벼운 메뉴를 개발하는 편이 좋다. 스파게티를 예로 들면 일반적인 스파게티보다 여기에 새로운 소스를 더하거나 변형한 것을 말한다. 사람들은 푸드 카페에서 많은 것을 기대하지 않는다. 가볍게 먹을거리를 즐기면서 함께 간 사람들과의 분위기 좋은 시간을 즐기길 원한다.

Q 맥주를 메뉴로 하고 싶은데 괜찮을까요?
Q 병맥주보다는 생맥주를 사용하는 것이 좋다.

푸드 카페의 메뉴들을 기획하고 있으면 자연스럽게 맥주류가 떠오르게 된다. 이 경우 맥주와 잘 어울리는 메뉴들로 구성하는데, 주의해야 할 점이 있다. 병맥주를 취급하는 카페는 실패할 경우가 많다. 카페를 찾는 고객과 맥주집을 찾는 고객이 원하는 분위기는 다르다. 또한 병맥주류를 취급하면 공간에 맥주 냄새를

풍기게 되는데, 이 냄새는 쉽게 제거하기 어렵다. 한때 어렵지 않게 카페에서 맥주를 마시는 경우를 볼 수 있었는데, 이런 곳들의 공통점은 맥주를 마시는 고객만 있었을 뿐 카페 고객이 활동하는 주간에는 자리가 텅 비어 있다는 것이다. 요즘 유행하는 '플래티넘 크래프트 맥주' 같은 것으로 세팅하면 그 경계가 조금은 덜하다. 푸드 카페의 전형적인 모습인 성수동 '빈앤홉' 카페를 보면 그 경계의 밸런스를 영리하게 유지하면서 고객들의 사랑을 받고 있다. '빈앤홉' 카페는 오너에게 푸드 카페를 희망한다면 가장 먼저 방문해보라고 권하는 카페다.

 푸드 카페는 창업비용이 많이 들지 않나요?
점포 규모와 상권에 따라 비용의 차이가 크다.

다른 타입의 카페와는 비용의 기준이 조금 다를 수 있다. 푸드 카페는 기본적으로 어느 정도 규모가 나와 줘야 하기 때문에 일반적으로 10평형 규모의 디저트 카페를 하려고 했을 때보다는 예산이 많이 필요하다. 같은 규모의 푸드 카페는 어떻게 계획하느냐에 따라서 예산을 최적화할 수 있지만, 예산에서 많은 비중을 차지하는 규모와 위치에 따른 점포 임대료는 계획과 상관없이 비용의 차이를 크게 만들 수 있다. 푸드 카페는 기본적으로 최소 30평 이상 규모로 시작해야 한다. 점포를 찾기 위해 상권조사를 해보면 알겠지만 30평 규모는 찾기 힘들 뿐만 아니라 권리금이 5,000만 원 이상은 붙어 있는 경우가 많다. 홍대 상권만 하더라도 1억 원이 넘는 권리금이 붙어 있다. 그렇기 때문에 푸드 카페는 기본적으로 창업 경험이 있는 오너가 도전하거나 창업 예산을 충분히 갖고 있는 사람이 시작하기에 적합하다. 이후 예산을 어떻게 활용하느냐는 전략적으로 충분히 최적화할 수 있다.

카페 성공의 열쇠

브랜드를 위한 오너의 디자인 경영

나는 디자인이라는 단어의 쓰임을 약간은 추상적으로 사용하는 편이다. 실제로 '디자인'은 굉장히 광범위하게 사용된다. 시스템의 계획이나 형식을 제안하거나, 그 계획을 실행에 옮긴 결과를 디자인이라 말하기도 하고, 쉽게 무언가를 만드는 것도 디자인이라 말한다. 그렇기 때문에 '디자인'이라는 단어는 한 가지 의미로 사용되지 않고, 각 분야에서 다양한 의미로 해석되고 응용된다.

카페를 예로 들면 오너가 카페를 만들어가는 과정도 디자인이라 말할 수 있고, 바리스타가 커피를 만들었을 때도 디자인이라 말할 수 있다. 눈으로 직접적으로 보이는 부분에도 디자인이 사용되지만, 오너가 카페를 두고 고민하는 것 자체도 디자인이라 말할 수 있다. 이런 의미에서 '디자인'이라는 단어는 상당히 광범위하게 사용되고 있다.

앞으로 식음료시장에서 디자인이 점점 중요해질 것이다. 물론 과거에도 많은 오너가 아름다움을 추구했다. 인테리어에 신경 쓰고, 분위기에 상당히 많은 것을 투자했다. 그래서 이때도 디자인이 중요했다고 말할 수 있다. 하지만 당시에는 단편적인 의미로 디자인이 사용되었다고 할 수 있다. 즉 시각적인 부분에 한정된 디자인을 중요시했던 시기였다. 요즘에는 시각적인 부분뿐 아니라 점점 눈에 안 보이는 생각과 감각적인 부분까지 디자인의 영역으로 들어가고 있다. 기업도 마찬가지다. 점점 소비자를 위해 많은 것을 고민하는 브랜드가 시장에 많아지고 있다. 그렇기 때문에 처음 창업하는 오너에게 '디자인'을 강조한다. 다시 한 번 말하지만, 여기서 말하는 '디자인'은 절대 그림을 잘 그리는 것과 같은 단순히 시각적인 부분만 의미하는 것은 아니다. 생각을 창조하는 오너가 되어야 한다.

브랜드를 위한
다섯 가지 디자인 원소

교과서처럼 정해져 있는 것은 아니지만, 브랜드를 위한 디자인을 다섯 가지로 정리할 수 있다. 브랜드를 구성하고 있는 요소를 크게 다섯 가지의 큰 개념으로 구분하고, 그 개념에 디자인이라는 과정을 덧붙인 것이다. 다섯 가지 큰 개념은 또 다시 작은 세부 요소들로 구분되지만, 여기서는 큰 부분으로만 분류한 다섯 가지의 요소에 대해서 알아보자.

1 오너십 디자인

창업에서 가장 중요하다고 수없이 강조하는 개념이 바로 '오너십 디자인'이다. 창업에서 경영은 빠질 수 없는 요소이고, 경영에는 오너가 빠질 수 없다. 즉 창업에 있어 오너십은 가장 중요하다고 할 수 있다. 그래서 나는 디렉팅을 받는 모든 오너에게 오너십을 강조한다. 사실 백문이 불여일견不如一見이라고, 경험이 없는 상태에서는 오너십에 관한 중요성과 테크닉을 아무리 외쳐봐야 제대로 이해하지 못한다. 이는 처음 창업하는 모든 오너가 무조건 부족하다고 말하는 것이 아니다. 경험이 동반되지 않은 상황에서는 한계가 있을 수밖에 없다는 것이다. 그래도 끊임없이 외치는 이유는 오너 스스로 오너십에 관심을 갖고 고민하도록 만들기 위해서다. 오너십은 누군가가 해줄 수 없는 영역이기 때문에 나의 끊임없는 외침으로 예비 오너가 오너십에 관심을 갖고 고민을 하게 되었다면 그것만으로도 나는 다행이라고 생각한다.

식음료 분야의 전문가들은 각자가 중요하게 생각하는 부분이 전부 다른데, 이는 접근하는 방식이 다를 뿐 그들의 생각이 틀린 것은 아니다. 그중에서도 나는 오너십을 더 중요하게 강조하고 싶다. 창업에 필요한 오너십은 절대 미리 준비할 수 없다. 이 부분은 나에게도 숙제로 남아 있다. 오너십에서 가장 중요한 것은 창업을 하기 위한 고민이다. 그래서 나는 예비 오너에게 가장 먼저 고민부터 하라고 주문한다. 도대체 자신이 왜 창업을 해야 하는 것이며, 어떤 창업자가 될 것인지, 이 길의 끝은 어떤 그림으로 완성이 되어가길 바라는지를 고민해야 한다. 그런데 많은 오너가 고민보다 걱정을 먼저 한다. 상담을 해보면 자신이 하려는 것에 대한 걱정거리들을 몽땅 찾아내 고충을 토로한다. 신기한 것은 오픈 이후에 보면 걱정거리 10개 중 9개는 일어나지 않는 일이라는 사실이다. 걱정하는 시간에 고민을 통해 본인이 그린 그림을 상상해보고, 미래를 고민하다 보면 걱정하던 것들은 어느샌가 아무것도 아닌 것이 된다.

그다음에는 눈에 보이는 것보다 눈에 보이지 않는 것을 보기 위해 집중하라고 요구한다. 창업 준비를 시작하면서 오너가 가장 많이 하는 것이 리서치이다. 그런데 리서치를 할 때 따라가서 그 모습을 살펴보면 대부분 눈에 보이는 것들 위주로 리서치를 진행한다. 경험이 부족하기 때문에 "경험한 만큼 보인다"는 말처럼 당장 눈앞의 것만 보고 보이지 않는 것은 지나치는 것이다. 실제로 오픈을 준비하면서 카페 매장의 스타일이나 어떤 조명을 골랐느냐 등의 문제가 큰 도움이 되지 않는다는 것을 쉽게 알 수 있다.

베테랑 오너를 보면 어떤 부분에서는 쉽게 대충 하는 것처럼 보이고, 또 어떤 부분에서는 굉장히 디테일하게 고집하는 부분도 있다. 바로 이러한 모습에서 눈에 보이는 부분과 눈에 보이시 않는 부분을 구분해서 보는 눈을 가졌다는 것을 알 수 있다. 눈에 보이지 않은 부분은 생각이나 철학을 의미한다. 지금 왜 철학을 고민하는 것이 필요하며, 고민을 어떻게 할 것인가에 대한 부분이다. 오너는 이 부분을 스스로 확신이 들 때까지 고민해야 한다. 어떤 사람은 전문가에게 맡기면 된다고 말하는데, 내 생각은 조금은 다르다. 물론 첫 창업에 있어서는 전문가의 도움을 받아서 오픈하는 편이 좋다. 하지만 어느 순간 이후부터는, 즉 핵심적인 부분은 전문가에게 모두 맡겨서는 안 된다. 오너는 'Where to go'에 대한 부분이 먼저 확실해야 한다. 쉽게 말해 전문가는 'How to go'를 제시하는 사람일 뿐이다.

나는 고민해가는 과정이 오너십의 시작이라고 생각한다. 별거 아닐 수 있지만 아주 작은 훈련이 나중에 훌륭한 오너를 만들어낸다. 이후 창업한 브랜드를 이끌어가면서 겪는 일들과 단계별로 성장할 때마다 겪어야 하고, 해줘야 하는 성장통과 같은 일들은 지금의 고민하는 습관이 자연스럽게 해결해준다. 그래서 창업을 결심한 그 순간부터 하루라도 빨리 스스로를 오너라고 인식하고 '고민하기'를 시작해야 한다. 그리고 선택과 집중을 통해 올바른 선택을 해야 할 것이다.

2 콘셉트 디자인

콘셉트는 쉽게 결정하기 어렵다. '고민하기'에 이어서 '콘셉트 잡기'는 식음료 창업에서 본질적인 것을 다루는 작업이다. 자신이 이 브랜드를 왜 창업하려고 하는지에 대한 정리가 되었다면 이젠 어떻게 고객에게 보여줄 것인가에 대해 정리하는 단계가 콘셉트 디자인이다. 이 과정에서도 '디자인'이라는 과정이 필요하다. '테마와 콘셉트'의 차이에 대해서 설명할 때 '콘셉트'는 오너의 생각이 담긴 결과물이라고 표현한다. 생각한 것을 정리하여 어떤 식으로라도 결과물로 만들어야 한다. 즉 창업의 시작점인 매장의 완성된 모습은 만들어져 있어야 한다. 오너십의 완성에는 끝이 없지만, 콘셉트는 프로젝트별로 달라질 수 있기 때문에 결과물의 완성은 꼭 필요한 과정이다.

　'콘셉트 잡기'의 방법은 다양하다. 오너마다 다를 수 있고, 오너와 함께하는 전문가마다 다를 수 있다. 중요한 것은 어떻게 효과적으로 콘셉트를 고객에게 전달할 것인가에 있다. 콘셉트는 인격과 같다고 말한다. 사람이 자신의 인격을 누군가에게 보여줄 수 있는 방법은 많다. 특정 행동을 보고 그 사람의 인격을 보게 될 수도 있고, 말투나 과거부터 꾸준히 해왔던 어떤 흔적들로 그 사람의 인격을 보게 될 수도 있다. 브랜드의 콘셉트도 마찬가지다. 한 사람의 인격처럼 고객들은 다양한 채널을 통해서 브랜드를 경험하게 된다.

눈 감고 코끼리를 만지는 것에 관한 이야기를 들어본 적이 있을 것이다. 눈 감고 코끼리를 만지면서 평가하면 누군가는 뚱뚱하다고 표현할 것이고, 누군가는 거칠다고 표현할 것이며, 누군가는 길다고 표현할 것이다. 브랜드도 똑같다. 고객마다 직관적으로 발달한 감각이 다르기 때문에 어떤 부분에서 브랜드를 이해하게 될지 모른다. 그렇기 때문에 처음 콘셉트 모델이 만들어진 순간부터 그 콘셉트를 발전시켜 최대한 디테일한 부분까지 뻗어 나가려는 노력을 해야 한다. 콘셉트가 눈 감고 만진 코끼리를 묘사하는 사람들과 다른 점이 있다면 어떤 부위를 만지건 같은 감각이 느껴져야 한다는 점이다. 그래서 콘셉트는 끈질기게 다듬어 나가야 하고, 유기적으로 관리해야 한다. 처음에 만들어졌다고 그게 끝이 아니라는 것이다. 브랜드가 가동되는 순간 브랜드와 고객 사이에 얽힌 끈을 오너는 단 한순간도 놓쳐서는 안 된다.

또한 콘셉트 디자인을 잘하기 위해서 경험을 넓혀야 한다. 콘셉트는 다양한 사례 조사를 통해서 어느 정도 학습할 수 있다. 사례 조사는 항상 선행되어야 하는 콘셉트 디자인의 첫 번째 과정이다. 다른 브랜드를 분석하면서 그 브랜드가 콘셉트를 가지고 고객들과 소통하는 전략을 엿볼 수 있어야 하며, 브랜드만 경험하고 끝내는 것이 아니라 그 안에 숨어 있는 것들을 발견해야 한다. 콘셉트는 발견하는 것이다. 많이 들여다볼수록, 많이 경험할수록 발견하는 것이 많다는 것을 미리 알고 창업을 시작해야 한다. 따라서 콘셉트를 위해 사례를 조사하는 과정을 습관화해야 한다. 가끔 어떤 오너는 브랜드를 많이 성장시킨 나머지 더 이상 사례 조사를 하지 않는 경우가 있는데, 이는 식음료 분야에 있는 오너라면 절대 하지 말아야 할 행동이다. 식음료 분야의 오너라면 끊임없는 사례 조사를 통해 자신의 기업을 돌봐야 하며, 새로운 전문가들이 만들어낸 콘셉트를 이해할 수 있는 감각을 유지해야 한다.

오래된 기업의 오너일수록 콘셉트를 이해하지 못해 수치로만 대화하려는 경향이 있다. 경영에 있어서 수치는 무시할 수 없는 기준이 되기도 하고, 무서운 지표를 나타내기도 한다. 그러나 디자인 경영에 있어서 수치는 또 하나의 평가기준이 될 뿐이다. 특히 식음료 비즈니스에 있어서는 더더욱 그렇다. 디자인 경영이 부재한 현재는 식음료 비즈니스의 새로운 변화가 필요한 시점이고, 곧 그렇게 되어야만 한다.

3 메뉴 디자인

메뉴는 식음료 비즈니스의 심장과도 같은 것이다. 지금까지 오너 스스로가 생각이 담긴 콘셉트를 만들었다면 이제는 비즈니스를 제대로 움직이게 해줄 생명과도 같은 심장을 만들어야 한다. 지금은 메뉴도 디자인되어야 하는 시대다. 따라서 메뉴 디자인은 더욱 중요해질 것이다.

메뉴가 디자인되어가는 과정은 오너가 직접 하는 경우와 전문가가 하는 경우로 나뉜다. 오너 메이드 카페 형태에서는 오너를 포함해 팀원들이 함께 할 것이고, 카페 오너 형태에서는 전문가가 디자인한 메뉴를 놓고 오너가 컨펌을 할 것이다. 결과적으로 두 가지 모두 오너의 컨펌이 필요하다. 그럼 메뉴 디자인을 컨펌 받으려면 어떤 조건을 충족시켜야 할까?

먼저 너무나도 당연한 '맛'이 있어야 한다. 치명적인 맛으로 고객을 감동시킬 수는 없다. 왜냐하면 살아온 환경이 다른 사람들을 같은 감동으로 만족시킬 수 없기 때문이다. 그렇다면 맛의 기준은 어떻게 세워야 할까? 아마도 오너 스스로의 확신이 있어야 할 것이다. 여러 사례를 분석해본 결과 오너가 맛에 대한 기준이 확실하지 않는 경우에는 브랜드 실패로 이어질 확률이 높았다. 뿐만 아니라 맛으로 유명한 집을 가보면 단순한 맛이 아니라, 그 맛에서 읽히는 또 다른 맛이 고객을 감동시킨다는 것을 알 수 있다. 즉 요즘의 메뉴 디자인은 전략적으로 접근해야 한다. 우리나라는 기본적으로 음식에 있어 '사랑과 정성'이 빠져서는 안 되는 덕목이다. 메뉴 디자인에 이 항목도 포함되어야 한다.

다음으로는 맛에도 콘셉트가 있어야 한다. 유명한 맛을 가진 브랜드를 분석해보면 메뉴에서도 콘셉트가 느껴진다. 그리고 이 맛에 영향을 주는 것은 의외로 다양한 요소가 복합적으로 관여한다. 그래서 브랜드 매장을 디자인할 때는 굉장히 많은 요소를 하나의 콘셉트로 관리할 수 있어야 한다. 호텔 레스토랑을 예로 들어보자. 호텔 레스토랑에 가면 무조건 맛이 있을까? 그래서 호텔 셰프들의 요리를 최고라고 하는 것일까? 아마도 무조건이라는 단어는 빼야 할 것이다. 물론 호텔 셰프의 대부분은 실력이 우수하다. 우리는 여기에 더해지는 것들까지 볼 수 있어야 한다. 호텔이기 때문에 가능한 좋은 재료의 공급, 인테리어로 인한 분위기, 서빙하는 직원들의 서비스, 레스토랑에 울려 퍼지는 음악, 거기다 일반적인 가격보다 훨씬 비싼 가격 등이 이곳에서 만들어진 메뉴를 느끼게 해주는 것이다. 오감에 이어서 육감까지 복합적인 요소가 요리와 함께 입에서 씹히기 때문에 만족스러운 것이다. 명품 옷이 시장 마네킹에 걸리는 순간 아무도 명품으로 알아봐주지 않는 것과 같다. 명품이라고 어디에서나 빛이 나는 것은 아니기 때문이다.

'메뉴 디자인'의 관건은 밸런스다. 콘셉트를 놓고 메뉴만 튄다고 그 브랜드 자체가 고급스러워지는 것은 아니다. 오너는 '메뉴 디자인'을 하기 위해서 먼저 좋은 소비자가 되어야 한다. 어느 브랜드의 단골이 되어본 적이 없는 오너일수록 '단골'을 만들기 어렵다. 또한 소비의 폭을 넓혀야 한다. 같은 메뉴를 놓고 최저 가격과 최고 가격의 메뉴를 동시에 즐겨볼 수 있어야 한다. 자신이 모든 상황 속에서 소비를 경험해봐야 감각이 길러지고, 오너 스스로 메뉴를 기획하건 전문가를 통해서 메뉴를 기획하건 확신을 갖고 해야 한다. 그래서 좋은 판매자가 되기 위해서는 좋은 소비자가 먼저 되어야 한다. 좋은 소비자가 되는 것은 창업의 첫걸음이다.

4 매장 디자인

매장 디자인은 다른 말로 '인테리어'라고 한다. 나는 브랜드에 있어서는 매장 디자인이라고 부른다. 브랜드의 경우 매장을 만드는 일은 인테리어에서 조금은 다른 무언가가 덧붙여졌다고 할 수 있다. 덧붙여진 요소를 구체적으로 설명하면 다음과 같은 공식으로 표현할 수 있다.

브랜드의 매장 디자인 = 설계 + 인테리어 + 그래픽 디자인 + 마케팅

인테리어 전문가는 가끔 이렇게 말한다. 인테리어가 어차피 그것을 다 포함하고 있는 것 아니냐고. 그런데 대부분의 사람은 '인테리어=시공'으로 단정 지어 인식하는 경우가 많다. 그렇기 때문에 브랜드에서 매장을 인테리어

디자인만으로 해결할 수 있다고 말하면 많은 사람이 오해할 것이 뻔하다. 매장 디자인은 설계부터 시작된다. 공간을 다루는 데 있어서 일반적으로 알고 있는 인테리어처럼 어떤 스타일의 연출만 신경 써서는 식음료 비즈니스에서 고객에게 좋은 공간을 제공할 수 없다. 그 실력이 우수하든 조금 부족하든 설계라는 개념을 알고 인테리어하는 것과 마감재만 붙이면 된다는 식의 인테리어는 그 결과가 다르다. 설계는 말 그대로 공간에 계획을 세워가는 행위다. 단순히 주방과 홀을 나눈 다음 주방에는 장비를 설치하고, 홀에는 가구를 설치하는 것에서 끝나는 문제가 아니라는 것이다.

설계가 끝나면 우리가 쉽게 이해하고 있는 인테리어가 진행되고, 그다음은 그래픽 디자인을 해야 한다. 브랜드를 그래픽적으로 표현할 수 있는 방법과 요소들은 방대하다. 매장에 걸릴 포스기POS 하나까지도 시각적으로 관리할 필요가 있다. 대부분 오너 메이드 숍의 인테리어는 오너 취향에 맞춰서 진행되는 경우가 많다. 이 전략도 괜찮은 방법이다. 오너 메이드 숍의 경우 오너를 보고 온 고객이 단골이 되는 경우가 많기 때문이다. 그러나 그 외 브랜드를 통해서 고객을 만나야 한다면 오너 개인의 취향보다는 브랜드의 콘셉트를 잘 반영해야 한다.

마지막으로 마케팅이라는 요소도 공간에 함께 계획되어야 한다. 공간에서 어떤 마케팅을 할 수 있을까 고민할 수 있지만, 식음료 매장 디자인이 잘 되어 있는 곳을 보면 마케팅에 신경 쓴 디자인을 제대로 느낄 수 있다. 마케팅을 전문적으로 설명하면 그 내용이 너무 방대하기 때문에, 나는 쉽게 접근하여 '마케팅은 고객들을 움직이게 하는 전략'이라고 설명한다. 우리는 어떤 제품이든 마케팅에 따라 마음이 움직인다. 이런 요소를 공간에 적절히 넣을 필요가 있다. 특히 요즘 시대에는 더욱 그렇다. 많은 소비자가 SNS에 자신을 노출하기 위해 스마트폰으로 사진을 찍는 게 일상의 습관이 되었다. 마치 오래 전부터 규칙이 정해져 있었던 것처럼 카페에 앉아 셀카를 찍고, 주문한 메뉴가 나오면 그것을 찍는다. 그리고 나오면서 카페 앞에서 다시 셀카를 한 번 찍음으로써 자신이 이곳에 왔음을 SNS에 증명하고 있다.

나는 소비자의 이런 모습을 공간에 반영해줄 수 있어야 한다고 생각한다. 어쩌면 과거 포토존Photo Zone과 비슷한 역할이라고 할 수 있다. 다른 점은 과거 포토존은 자신을 위한 장소였다면 요즘 인스타그램 포인트Instagram Point라고 부르는 카페 안의 영역은 비용이 안 드는 마케팅으로 활용되고 있다. 그래서 요즘 SNS에 자주 등장하는 카페의 공통점을 보면 인테리어에 있어서 강한 오브제소품가 있거나, 독특함을 연출하고 있다. 한때는 카페에서 로스팅 머신이 강한 이미지를 줬었는데, 요즘은 관심 없는 기계가 되어버렸다. 이제는 점점 새로운 인스타포인트를 찾아서 공간에 심어놔야 한다.

이렇게 설계를 시작으로 인테리어, 그래픽디자인, 마케팅 등이 전략적으로 구성되어 있는 매장을 추구해야 한다. 어떻게 보면 비용이 많이 들 것 같지만, 기존에 흔하게 경험했던 인테리어 비용과 큰 차이가 나지 않는다.

5 서비스 디자인

브랜드의 완성은 서비스라고 할 수 있다. 요즘 창업하는 오너에게는 수없이 강조하는 사항이다. 많은 식음료 비즈니스 관계자가 이 서비스를 중요하게 생각하지 않는다는 사실을 나는 상담을 통해 직접 확인했다. 기업은 서비스 매뉴얼이 어느 정도 만들어져 있어서 공통적인 언어가 있고, 공통적인 행동

패턴이 있다. 그런데 좋은 서비스가 무엇인지 착각하고 있는 듯하다. 대부분 서비스의 목적이 직원들의 통일화에 있는 것처럼 보이는데, 아무래도 브랜드에서는 하나의 목소리를 내야 한다고 생각하기 때문인 듯하다. 뭔가 통일된 모습을 보여줘야 브랜드가 완성된다고 생각하는 것이다. 이 때문에 서비스에 진심이 빠져 있고, 허전한 서비스, 아쉬운 서비스를 소비자는 경험하게 된다.

'서비스 팔기', 브랜드에서는 서비스를 팔아야 한다. 진심을 담은 서비스, 감동을 주는 서비스 등 서비스를 향한 좋은 말은 많지만 실상 현장에서 적용되지 않은 게 현실이다. 사실 어디서부터가 제대로 된 단추의 시작인지 가늠하기 힘들 만큼 대부분의 서비스가 바로 잡기 힘든 수준이다. 그래서 처음 창업하는 오너에게 '서비스 팔기'에 대해 강조하게 된다. 이 오너가 나중에 대한민국 소비자에게 영향을 주는 기업을 만들었을 때는 다른 서비스를 하고 있었으면 좋겠다는 생각 때문이다.

나는 오너에게 서비스까지 판매하라고 말한다. 서비스 판매는 서비스도 하나의 수익으로 전환되는 인식을 갖게 한다. 오너 메이드 숍에서 오너가 메뉴에 좋은 서비스를 포함시켜 고객에게 판매하다 보면 단골고객이 많아진다. 특히 작은 가게에서는 더욱 쉽다. 예를 들어 아메리카노 한 잔이라도 밝게 웃어주는 서비스를 제공하고, 서빙을 할 때도 조심히 내려놓으며 맛있게 먹는 법을 알려주는 서비스를 제공하는 것이다. 이렇게 고객마다 한 번이라도 제대로 된 서비스를 제공한다는 규칙을 스스로 만들어 습관화하기 시작하면 점점 달라지는 것을 볼 수 있다. 이 외에도 서비스를 통해서 할 수 있는 것은 정말 많다.

서비스를 고객에게 제대로 제공하기 위해서는 오너의 마인드도 달라져야 한다. 오너라는 용어를 보면 알 수 있듯, 작은 가게라 하더라도 오너는 그 가게의 주인이다. 주인은 안 보이는 권력을 자연스럽게 갖는다. 이 권력을 남용하면 안 되지만, 제대로 활용하면 좋은 서비스를 만들어낼 수 있다. 서비스가 부족한 대부분의 오너를 보면 부끄러워하는 경향이 있다. 대부분이 그동안 한 조직의 구성원 중 일부로만 업무를 보다가 오너가 되어 공개적인 자리, 무대 같은 자리에서 많은 사람을 만나는 것을 부담스럽게 여기는 건 어쩌면 당연하다.

경험과 시간이 해결해주겠지만 미리 마음을 다잡을 필요가 있다. 이를 위해 나는 오너에게 뻔뻔해지기를 요구한다. 뻔뻔함이라는 단 한 번의 용기가 오너를 달라지게 한다. 무대에서 공연하는 배우처럼 관객들 앞에서 자신을 아무렇지 않게 드러낼 줄 알아야 한다. 가게의 주인은 오너다. 그렇기 때문에 가게에 들어오는 고객에게 어떤 말을 걸든 당연하다고 받아들인다. 옆 테이블에 앉은 사람이 대뜸 건너와 말을 거는 것처럼 느끼지 않는다. 따라서 카페 오픈 초기에는 메뉴 하나에도 제대로 된 서비스를 하는 작은 습관을 들이는 게 중요하다.

이와 동시에 오너는 자기 브랜드만의 서비스 매뉴얼을 만들어야 한다. 물론 이것은 오픈하기 전 전문가의 도움을 받거나, 오너 스스로 만들어도 된다. 그러나 처음 매뉴얼을 만들 땐 힘들기 마련이다. 그래서 경험을 통해서 매뉴얼을 단계적으로 만들어갈 것을 추천한다. 사실 처음에는 몇 가지 매뉴얼만 가지고도 충분히 시작할 수 있다.

 고객이 들어올 땐 밝게 웃어준다. 목적에 따라 자리를 빨리 안내해준다. 메뉴에 대한 간단한 설명을 미리 숙지한다. 고객이 나갈 때 다음에 또 오는 것처럼 인사한다. 더 필요한 것이 없는지 한 번 더 묻는다.

    이렇게 보면 별거 아닌 것처럼 보일 것이다. 대부분 머리로는 쉽게 이해하기 때문이다. 마치 누구나 싸우면 사과해야 되고, 애초에 싸우지 말아야 한다는 것을 잘 알고 있는 것과 같다. 하지만 막상 화가 나는 상황에 놓이면 싸우게 되고, 이상하게 사과하기가 싫다. 이처럼 머리로는 이해하고 있지만, 습관이 되어 있지 않은 경우가 많다. 주변의 브랜드를 둘러보면 별거 아닌 것 같은 이 다섯 가지가 잘 이루어지지 않는 브랜드가 훨씬 많다.

    서비스는 운동과 비슷하다. 꾸준히 끊임없이 습관처럼 해야 좋은 모습과 건강이 유지되기 때문이다. 이와 마찬가지로 처음부터 좋은 습관을 들여서 서비스를 디자인하다 보면 성장에 맞춰서 자기 브랜드만의 좋은 매뉴얼이 만들어질 것이다.

맛집과 멋집을 동시에 추구하라

카페를 비롯해 식음료 분야에서는 '맛집'과 '멋집'이 있다고 생각한다. 맛집에서는 맛을 소비하고, 멋집에서는 멋을 소비한다. 이 두 가지 개념을 구분해서 말하는 이유는 오너라면 맛집과 멋집을 구분해서 챙길 줄 알아야 하기 때문이다. 나는 한 가지 개념을 여러 하위 개념으로 세분하여 구분해놓고 분석하는 편이다. 이렇게 구분하면 특징들을 알아갈 수 있고, 본질에 가까워질 수 있다. 많은 사람이 '심플'이라는 단어를 오해해서 어떤 개념을 뭉뚱그려진 한 가지 개념으로 쉽게 인식한다. 때문에 개념에서 디테일이 떨어지게 된다. 여기서 말하는 심플의 정의는 뭉뚱그려진 대충이 아니라 명쾌한 한 가지로 제대로 정의할 수 있음을 의미한다.

'맛집'과 '멋집'의 구분

맛집과 멋집은 '유명한 집'에서 세분화된 하위 개념이라고 할 수 있다. 카페를 두고 보면 시장에서 대표적으로 유명한 곳들이 있다. 소비자의 사랑을 듬뿍 받는 곳인데, 이들을 놓고 보면 맛집과 멋집으로 구분된다. 맛집은 용어에서 쉽게 이해할 수 있듯이 맛이 핵심 상품이다. 카페를 구성하고 있는 다른 요소는 조금 부족할지 모르겠지만, 맛에 있어서는 절대 타협하지 않는 오너의 고집을 느낄 수 있는 곳이 맛집에 해당한다.

맛집을 찾아다니면 이슈가 되고 있는 메뉴가 한 가지씩은 있다. 요즘 맛집의 키워드는 '티라미수', '비엔나커피', '카페모카', '딸기케이크' 등이라 할 수 있다. 이들의 공통점은 '단맛'이다. 즉 단맛이 사람들을 유혹하고, 사람들은 단맛을 소비하는 시장이다. 성내동에 위치한 피에로 커피, 서교동에 위치한 더블하노니, 홍내에 위치한 5extracts, 함평에 위치한 키친205 등이 단맛의 이슈 메뉴로 유명해졌다고 볼 수 있다. 이슈 메뉴 하나만으로 평가하기는 그렇지만, 어쨌든 고객은 이들 카페에서 이슈 메뉴를 즐기고 사랑한다. 나는 점점 이슈 메뉴가 다양해지는 카페시장을 보면서 점점 시장이 성장하고 있음을 느낀다.

불과 몇 년 전만 해도 카페나 카페와 관련된 인물이 이슈가 되었다. 점점 시간이 흐르고 시장이 성장하면서 대부분의 영역이 점점 세분화되고 있다. 그렇기 때문에 창업을 준비할 때도 좀 더 전문적으로 접근할 필요가 있다. 세분화되는 이슈 메뉴들을 만들어내는 맛집을 만들기 위해선 전문적인 테크닉 없이 불가능하다. 단순히 바리스타 학원 몇 개월 다녀서는 카페시장의 흐름을 따라갈 수가 없다. 특히 맛집이 그렇다.

멋집은 말 그대로 멋있는 집이다. 이 '멋'을 즐기는 사람들을 관찰해보면 두 가지 유형으로 나뉜다. 하나는 잘 갖춰진 멋을 누리는 즐거움이고, 다른 하나는 부족해서 여유로운 멋이다. 잘 갖춰진 멋집을 가면 분위기 자체가 나를 대우해주는 것 같다. 꼭 고급스러움이 아니더라도 스타일리시하거나 전문적인 멋이 느껴진다. 이런 카페에 가서 시간을 보내고 있으면 그 카페가 뿜어내는 멋을 누리는 멋있는 사람으로 보이는 것 같다. 한때 스타벅스가 그랬다. '된장녀'라는 신조어를 만들어냈을 정도로 스타벅스를 이용하는 것 자체가 마치 하나의 신분인 것처럼 비춰졌다.

잘 갖춰진 멋을 누리게 하는 멋집의 창업은 쉽지 않다. 왜냐하면 창업할 때 자본이 많이 들어갈 수밖에 없기 때문이다. 매장 인테리어와 구성되어 있는 장비들까지 아주 작정하고 오픈한 카페들이 주변에는 제법 있다. 이런 곳은 '맛' 보다는 공간을 제공해주는 데 목적이 있다. 그래서 대부분 규모가 큰 편이다.

또 다른 멋집은 부족해서 여유로운 멋을 제공한다. 디자인적인 완성도는 떨어져 보이지만 구성이 재미있는 곳이 여기에 해당한다. 이런 곳은 밀도가 높아 보이는 경우가 많다. 이런 멋집의 정점은 제주도와 같은 곳을 가면 쉽게 목격할 수 있다. 지역의 특성 때문일 수도 있지만 제주도의 카페를 보면 굉장히 자유롭게 구성된 곳이 많다. 테라스 대신 야외에 테이블 몇 개를 툭툭 던져놓고, 카페 테이블도 만들다 만 것처럼 곧 부서질 것같이 생겼다. 말로만 들었을 때는 소비자에게 굉장히 불편함을 제공할 것 같고, 그 낡음과 대충 구성해놓은 것 같은 카페 모습에 아무도 안 갈 것 같지만 실상은 그렇지 않다. 줄을 서서 메뉴를 기다린다. 그리고 소비자의 모습을 보면 '이색적임'을 즐기는 듯 오히려 여유로운 모습이다.

이런 멋집은 소비자에게 여유를 제공한다. 긴장되지 않기 때문에 조심스러워하지 않아도 된다. 낡은 의자, 부서질 듯한 테이블처럼 긴장을 풀어볼 수 있는 기회가 된다. 마치 반바지에 슬리퍼를 신은 것처럼 편하다. 잘 갖춰진 멋을 가진 카페와는 전혀 다른 멋이다. 양극단의 이런 멋을 잘 활용하면 멋있는 공간을 제공하는 카페로 소비자에게 사랑 받을 수 있다.

맛집=비법,
멋집=전략

맛집에는 비법이 있다. 긴혹 맛집을 쉽게 보는 경우가 있는데, 이는 마치 갤러리의 작품을 보고 자신도 충분히 그릴 수 있겠다고 생각하는 것과 같다. 페인트를 뿌려가며 작품을 만들어가는 작가의 모습만 보고 자신도 충분히 할수 있다고 생각하는데 작가의 삶을 따라 할 수는 없다. 작가에겐 붓을 어떻게 잡고 있느냐는 별로 중요하지 않다. 어떤 과정을 겪었느냐가 중요하고 의미가 있다.

창업에서도 마찬가지다. 콘 위에 올린 수제 소프트 아이스크림만 보고 자신도 충분히 할 수 있다고 생각하는 것은 오너로서 해서는 안 되는 생각이다. 그 하나의 소프트 아이스크림이 나오기까지 오너가 겪었을 과정을 쉽게 생각해서는 안 된다. 맛집은 그렇게 쉽게 되는 것이 아니기 때문이다. 그래서 유명한 맛집들의 공통점은 그 맛집만의 비법이 있다.

　비법은 절대 쉽게 얻어지는 것이 아니다. 비법이 생기기 전까지 많은 시행착오를 겪는다. 이를 통해 경험이 축적되고 그만큼 많은 시간이 들어간다. 물론 요즘에는 쉽게 '반짝 스타'가 되는 경우도 있다. SNS 등과 같은 소통채널의 발달로 과거 입 소문보다 훨씬 빠르고 광범위하게 홍보가 이루어진다. 이런 사회 모습 때문에 아마 맛집이 더 쉽게 보였을 수도 있다. 하지만 반짝스타는 순간이다. 그 생명력이 오래 갈지는 시간을 두고 점검해봐야 한다. 그런 카페는 일종의 유행가처럼 한순간이면 사라진다. 그렇기 때문에 오너는 비법을 잘 볼 수 있어야 하고, 발견할 수 있어야 한다.

　비법을 잘 본다는 것은 비법을 가진 사람을 많이 만나야 한다는 것과 같다. 그들을 통해서는 백 번 해야 할 것이 한두 번으로 끝날 수 있고, 한 길을 걷다 보면 만나는 장애물의 한계를 극복할 수 있는 노하우를 배울 수 있기 때문이다. 건설적인 시행착오는 스스로를 성장시켜 결국 비법을 찾아낼 수 있게 한다. 따라서 스스로 많이 겪어봐야 한다.

　멋집에는 전략이 있다. 멋집 또한 쉽게 만들어진 것이 아니다. 대충 요즘 유행하는 스타일들을 잘 조합해 만들었다고 멋집으로 인정해주지 않는다. 오너는 시각적인 형태에 현혹되어서는 안 된다. 눈으로 보이는 물리적인 것은 결국 결과일 뿐이고, 왜 이런 디자인을 했는지 알 수 없는 결과물은 껍데기일 뿐이다. 그 안에 안 보이는 무형의 콘텐츠를 볼 수 있어야 한다.

　멋집에는 공통점이 있다. 멋집을 만들어낸 오너들을 만나 보면 소비자에게 공간을 제공한 그 철학이 남다르다는 것을 알 수 있다. 예를 들면 어떤 오너는 고객에게 책을 언제든지 읽을 수 있는 공간을 무료로 제공하는가 하면,

어떤 오너는 1% 기부를 약속하고 커피를 제공하기도 한다. 어떤 공간을 만들어 누군가에게 선물한다는 생각은 아무나 할 수 있는 게 아니며, 그런 공간을 만들기 위해 노력하는 것 또한 아무나 할 수 있는 게 아니다. 이런 오너들 덕분에 우리가 어떤 공간에서 기분 좋은 시간과 경험을 얻을 수 있는 것이다.

멋집에 대한 요소를 발견하고 채우려면 많은 고민을 해야 한다. 그리고 실제 멋집을 많이 다녀볼 필요가 있다. 멋있는 생각을 어떻게 시각적으로 표현했는지 엿볼 수 있기 때문이다. 공간에서 멋이 잘 표현되기 위해서는 주변 환경과도 조화를 이뤄야 하고, 장소적으로도 좋은 위치에 있어야 한다. 멋집을 만들기 위해서 전략이 필요한 것이다. 전략은 자신의 생각을 잘 표현하기 위한 방법을 고민하는 것이다. 결국 원하는 목표에 전략을 통해서 도달하게 만드는 작업이다. 이 작업에서 가장 중요한 것은 생각이다. 그래서 멋집을 구상하고 꿈꾸는 오너에게 '생각점검'의 시간을 많이 가져야 한다고 강조한다. 생각점검은 고민과 대화를 통해서 정리해나갈 수 있다. 자신의 생각을 성장시키고 정리해나가기 위해 고민을 많이 해야 되고, 좋은 영향을 주고받으면서 자신을 성장시키기 위해 좋은 사람과 대화를 나눠야 한다. 이왕이면 같은 분야의 오너라면 더 좋다.

과거에 나는 생각이 밖으로 밝혀지는 게 싫어서 혼자 고민하는 경우가 많았다. 왠지 밖으로 뱉는 순간 누군가 내 생각을 먼저 따라 할 것만 같았다. 나중에서야 깨달았다. 따라 하는 사람들은 물리적인 형태, 즉 껍데기만 따라 할 수 있고 그 안의 생각은 절대 따라 할 수 없다는 것을 말이다. 그 뒤로는 좋은 오너들을 만나는 것을 즐긴다. 그 오너들과 다양한 생각들을 나누다 보면 자연스럽게 영향을 받고 성장하고 있는 나를 느낄 수 있다.

  나는 오너에게 맛집과 멋집의 밸런스를 맞추면서 동시에 추구하라고 말한다. 맛집이 되기 위해서 많은 시행착오를 통해 자기 브랜드만의 메뉴를 발전시켜나가야 한다. 또 멋집이 되기 위해서 오너가 가진 좋은 생각을 성장시켜 나가야 한다. 자신만의 비법을 만들어내고, 전략을 만들어나갈 줄 안다면 식음료 분야에서 성공을 향해 걸어가는 오너가 될 수 있다. 물론 사업의 규모가 커지면서는 이 밖에도 다뤄야 할 문제가 많다. 그때부터는 오너뿐 아니라 오너가 거느리고 있는 많은 사람이 사업을 함께 만들어나가기 때문이다. 지금 말하는 비법과 전략에 관한 것은 처음 창업하는 오너를 위한 아주 기본적인 것이다. 이를 잘 활용하여 자기 브랜드로 만든 단 한 개의 작은 매장이 씨가 되어서 큰 기업으로 성장하도록 노력해야 한다.

03 지속 가능한 카페를 위한 카페 오너의 모습

오너를 보면 세 가지로 구분된다. 소비자, 실무자, 창업자. 이는 오너의 특성을 놓고 구분을 한 것이다. 대부분 오너는 '소비자' 신분으로 창업을 준비한다. 이 오너는 하루 빨리 소비자의 옷을 벗고 창업자의 신분으로 의식구조를 바꿔놓아야 한다. 많은 오너가 소비자의 신분으로 창업을 하다 보니 거리에는 똑같은 카페가 많아지는 결과를 낳았다. 왜냐하면 카페를 창업한 게 아니라 소비했기 때문이다. 소비를 했다는 것은 생산적이지 않은 것이다. 즉 1억 5,000만 원을 들여 그 규모에 맞는 공장을 만든 게 아니라 1억 5,000만 원어치의 카페를 구매했을 뿐이다. 소비한 카페는 그 사력이 다하면 소멸한다. 마치 1억 5,000만 원 어치의 커피를 샀다고 가정하면 쉽다. 다 팔리면 더 이상 생산할 수 없게 되는 상태가 올 수밖에 없는 것이다. 따라서 하루라도 빨리 창업자의 의식구조를 심어놔야 제대로 된 공장을 지을 수 있다.

또 어떤 오너는 '실무자' 신분으로 창업을 준비한다. 실무자의 신분이라는 것은 이미 카페 업무를 경험했던 사람들이다. 오너는 아니었지만 한 카페의 바리스타로, 또는 로스터로 일하다 기회가 생겨 자신의 카페를 창업하려는 사람이다. 이 오너가 저지를 수 있는 실수가 몇 가지 있다. 대부분 이 업계의 경험 있는 오너는 자신의 경험이 전부라는 믿음을 가지고 있다. 즉 경험 이외에 것을 보려고 하지 않는다. 이럴 경우 이전까지 경험해왔던 카페에서 벗어나지 못한다. 안전할 수 있다는 믿음 때문인지 대화를 나눠보면 경험 속 카페들이 갖고 있는 모습 그대로 오픈하려고 한다. 이는 곧 똑같은 카페 형태의 반복일 뿐, 자기 브랜드를 만들었다고 할 수 없다. 즉 반복된 형태의 카페는 시장에서 좋은 결과를 얻지 못한다. 자기 옷이 아니기 때문이다.

또한 한 사업체에서 실무자는 실무자일 뿐일 때가 많다. 실무자의 상황에서 오너를 온전히 이해하고 있을 수가 없다. 어느 카페에서 정해진 급여를 받으며 바리스타로서의 역할을 훌륭히 수행했을지 몰라도 그 외적으로 오너가 카페를 유지하기 위해서 했던 일들은 전부 알지 못하는 경우가 많다. 카페를 경영하는 것과 바에서 소비자를 응대하는 것과는 다른 문제이기 때문이다. 나는 이런 실무자의 신분으로 온 오너에게도 창업자의 의식구조를 심는 작업을 한다. 가장 먼저 기존의 고정적인 생각에서 벗어나려는 노력을 해야 하고, 더 이상 실무자로서의 생각이 아니라 창업자로서 생각할 수 있도록 해야 한다.

마지막으로 이미 창업을 몇 번 경험한 오너, 즉 '창업자' 신분으로 준비하는 오너가 있다. 카페는 아니더라도 식음료 분야에서 이미 활동을 하고 있거나 다른 분야에서 창업을 경험한 오너을 말한다. 사실 이 오너는 다른 오너에 비해 좋은 조건을 가진 경우가 많다. 역량적인 면을 점검해보더라도 창업 예산을 계획적으로 집행할 수 있는 경험을 가지고 있고, 창업에 관련된 업무를 단계별로 잘 추진해나가기에 충분한 경험치를 가지고 있다. 때에 따라선 그 어떤 전문가보다 훨씬 더 단계별로 잘 넘어갈 수 있는 노하우를 가진 경우도 있다. 단지 한 가지 단점이 있다면 고정관념이다.

지속적으로 강조하지만, 카페 비즈니스는 다른 비즈니스와 성격이 다르고, 해결하는 방법도 다르다. 특히 과거 창업시장에서 활약했던 오너가 적응을 잘 못하는 경우가 많다. 과거에는 목 좋고, 평수 넓고, 인테리어 마감재만 적절히 잘해놓으면 장사가 잘됐다고 한다. 지금은 이런 공식으로는 시장에 진입조차 어려운 경우가 더 많다. 사회 전반적으로 비즈니스의 세대교체가 이루어지는 시점인 지금은 식음료 창업시장에 대한 정의도 새롭게 정리되고 있다.

경험이 많은 베테랑 오너가 가진 고정관념은 이 시장에서 망하는 지름길이 될 수 있다는 것을 인지해야 한다. 나는 주로 이런 오너에게 제대로 된 전문가를 고용할 것을 요구한다. 왜냐하면 어느 순간부터는 컨펌할 수 있는 오너가 되어야 하기 때문이다. 이미 오랜 시간 창업시장에 대한 경험치를 갖고 있기 때문에 'Where to go'는 말해줄 수 있을 것이고, 'How to go'는 전문가를 통해 좋은 제안을 받는 게 더 효과적이다. 이렇듯 오너는 결국 카페 비즈니스를 할 수 있는 창업자의 모습을 먼저 갖춰야 할 것이다.

카페 비즈니스에서 성공한 오너들을 보면 다음 세 가지의 공통점이 있다.

첫 번째, 카페 비즈니스에서 성공한 오너는 카페를 사랑했다. 진부한 이야기인 것 같지만, 사실이다. 단순히 소비자처럼 카페를 좋아한 것도 아니었다. 인생을 모두 카페에 바칠 정도로 빠져 있는 사람들이 많다. 오너가 소비자와 수준이 같다면, 어떤 소비자가 그 오너가 만들어낸 결과물에 만족할 수 있을까? 정말 미친 듯이 좋아했기 때문에 카페를 창업할 수 있었던 것이다.

두 번째, 카페 비즈니스에서 성공한 오너는 예술을 사랑했다. 카페만큼 문화예술에 밀접한 것도 없다. 기본적인 감성이 흐르는 공간이기 때문에 예술적인 감각이 있는 오너가 자신만의 카페를 잘 이끌어간다. 예술을 이해하고 있다는 것은 아름다움이 무엇이고, 감동이 무엇인지 알기 때문에 많은 사람에게 감동을 주기도 쉽다는 것이다. 이는 단순히 조금 예쁜 조명을 다는 것으로 만족하는 오너와는 다르다.

세 번째, 카페 비즈니스에 성공한 오너는 경영을 공부했다. 무슨 카페 하나에 경영까지 알아야 하냐고 질문했던 대부분의 오너는 결과가 좋지 않거나, 더이상 성장하지 않았다. 이건 확실하다. 경영은 창업에서 빠질 수 없는 핵심지식이고, 경험을 통해서 발전시켜나가야 하는 중요한 것이다. 경영에 있어 비전문가인 내가 경영에 대해서 함부로 정의할 수는 없지만, 아무리 작은 가게라도 그 가게만이 잘 운영되는 경영 시스템은 발견할 수 있다. 작은 카페지만 경영이 가지고 있는 요소는 전부 가지고 있다고 보면 된다. 창업부터 리더와 인적 자원, 자금의 흐름, 전략 및 운영, 마케팅, 생산 및 사후관리 등 어느 것 하나 빠져 있는 요소가 없다. 어떤 경우에는 제조, 유통까지 하게 되는 경우도 있으니 경영이 빠질 수 없는 비즈니스임에는 틀림없다고 할 수 있다.

나는 소비자에서 창업자, 즉 경영적인 생각을 할 수 있는 의식구조를 갖기 위한 노력이 필요하다고 항상 강조한다. 그리고 그때부터 창업의 결과는 달라진다고도 말한다. 이는 실제로 시장에서 10여 년이 넘도록 활동하는 오너의 공통점이기도 하다. 물론 좋은 테크닉으로 시장에서 성장하는 오너도 있다. 그러나 확실한 것은 일정 규모 이상의 한계는 테크닉으로 넘지 못한다는 사실이다. 물론 오너의 선택에 따라서 규모 이상으로 성장할 필요가 없을 수도 있다. 예를 들면 매장 하나를 명소로 잘 키워가는 것도 이 시장에서 환영받는 좋은 실력이다. 내가 여기서 경영적인 태도를 강조하는 것은 그래도 창업시장에서 전체적인 모습을 알고 오너 스스로 목표를 정하는 편이 좋다.

창업자라는 신분을 제대로 이해하고 창업시장에 도전해야 하며, 이를 위해선 사전에 준비운동을 한다는 생각으로 창업 워밍업을 긴 시간 동안 한 후에 창업을 시작해야 한다.

디렉터 이존서만의 디렉팅

나는 로이스디자인연구소의 대표이자 프로젝트 내에서는 디렉터 역할을 맡고 있다. 현재 로이스디자인연구소는 디렉팅 프로젝트를 해결하기 위해 디자이너가 각자 역할에 맡게 구성되어 있다. 크게 그래픽팀/인테리어팀/미디어팀의 세 파트로 구성되어 있고, 이 팀을 이끄는 디렉터인 나, 그리고 오너와 로이스 사이에서 조율을 해주는 프로젝트 매니저가 있다. 그리고 각 팀마다 헤드가 팀원들을 이끌며 로이스가 움직이고 있다. 이렇게 구성된 로이스라는 디자이너 그룹은 디렉팅이라는 우리만의 새로운 전략을 통해 식음료 창업시장에서 의뢰인들에게 디자인 서비스를 제공하고 있다.

로이스디자인연구소만의
디자인 서비스

1 베이직 브랜딩 Basic Branding

　식음료시장에서 나만의 작은가게 Small Shop를 꿈꾸는 창업자를 위한 서비스다. 요즘 창업시장에서 '브랜드'라는 용어가 점점 중요해지고 있는데, 모든 창업자들이 '브랜드'를 원하는 것은 아니다. 그래서 나는 스몰 숍 Small Shop과 스몰 브랜드 Small Brand를 구분해서 다룬다. 실제 현장에서는 '브랜드'를 꿈꾸는 창업자와 나만의 작은가게 하나를 꿈꾸는 창업자가 따로 구분되기 때문이다. 어쩌면 나만의 작은가게 하나를 꿈꾸는 창업자에게는 '브랜드'를 만들어야 한다는 것이 창업에 있어서 부담이 될 수도 있다. 그래시 나는 '베이직 브랜딩 Basic Branding'이라는 이름으로 나만의 작은 가게를 꿈꾸는 창업자를 위한 디자인 서비스를 따로 기획했다. 이 브랜딩은 의뢰인의 취향과 목표를 파악해서 선명하게 정리하는 것으로부터 시작된다. 정리된 것을 바탕으로 네이밍부터 작업에 들어가고 필요한 시각적인 부분에 마케팅 디자인을 활용해 가게에 도움이 되는 결과물들을 만들어낸다. 이 브랜딩의 가장 큰 핵심 가치는 작은가게를 꿈꾸는 창업자가 혼자서는 못하는 부분에 대한 서비스만을 받을 수 있다는 점이 가장 큰 강점이다.

2 딜리셔스 브랜딩 Delicious Branding

식음료시장에서 맛있는 브랜드를 만들기 위한 디자인 서비스다. '맛있는 브랜드'라는 용어를 처음 사용했을 때 사람들은 알듯 모를 듯한 반응을 보였다. 처음 사용했을 때만 하더라도 식음료시장이 지금처럼 활성화되지 않았기 때문이다. 지금은 그때와 전혀 다른 반응이다. 식음료시장이 활발해지면서 브랜드를 만들고 싶은 오너에게는 꼭 필요한 조건이 돼버렸다. 창업하는 오너라면 자신이 만들 브랜드가 식음료시장에서 가장 맛있는 브랜드로 기억되기를 원한다. 이런 오너의 욕구를 해결해주기 위해 '딜리셔스 브랜딩 Delicious Branding'이 만들어진 것이다.

이 브랜딩은 의뢰인의 규모에 따라서 개인과 기업으로 나누어 관리하고 있다. 기업에는 '브랜딩 매뉴얼북 제작' 디자인 서비스를, 개인에게는 '맞춤형 브랜드' 디자인 서비스를 제공하고 있다. 딜리셔스 브랜딩은 식음료시장에서의 실제 경험을 바탕으로 한 디자인 감각이 핵심가치이다. 디자인 감각만 지닌 디자이너보다 또 다른 감각을 더 가졌다는 것이다. 이 다른 감각은 식음료시장에 바로 적용이 가능한 현실적인 감각으로 결과물을 만들 때 좋은 밸런스를 만들어준다.

3 숍 디렉팅 Shop Directing

식음료시장에서 지속가능한 점포를 만들기 위한 디렉팅 서비스다. '숍 디렉팅'이라는 용어를 처음 사용했을 때 사람들은 컨설팅과 헷갈렸고, 대부분 컨설팅으로 이해했다. 하지만 나는 고집스럽게 '디렉팅'이라는 용어를 사용했다. 기존에 사람들이 알고 있는 컨설팅과 전혀 다른 서비스라는 것을 어필하고 싶었던 것이다. 대부분의 사람은 컨설팅이라고 하면 뭐든지 다 해결해주고, 다 해주는 것으로 이해하고 있다. 사실 컨설팅의 본뜻은 대신 해주는 게 아닌 도움을 주는 역할이다. 그래서 디렉팅이라는 전혀 다른 단어를 사용했다. 디렉터는 디자이너들 사이에서도 수석 디자이너에게 붙는 명칭이다.

한 프로젝트를 총괄하여 책임질 수 있는 위치를 말한다. 디렉팅이란, 그런 위치의 디렉터가 팀원들을 구성해 '숍 디렉팅'이라는 프로젝트를 책임지는 것이다. 그리고 숍 디렉팅에서 디렉팅은 '디자인+코칭'의 의미가 강하다. 디자인적으로 숍을 제작해나가며 의뢰한 오너를 코칭해주는 일을 한다. 이 디렉팅은 의뢰인의 경험에 따라서 처음 창업하는 오너와 두 번째, 세 번째 매장을 오픈하는 오너로 나누어 관리하고 있다. 디렉팅 고객에는 기업이 해당되지 않는다. 처음 창업하는 오너에게는 심층적인 상담을 통해 기준 예산을 먼저 설정하고 거기에 맞춰서 디렉팅을 진행하고 있으며, 또 하나의 브랜드를 오픈하는 오너에게는 비전 인터뷰를 통해 예산에서부터 결과물까지를 먼저 제안하고 있다. 또한 숍 디렉팅에는 두 가지 다른 전략이 있다.

• 창업 디렉팅

처음 창업하는 오너에게 적합한 디렉팅 서비스이다. 창업을 전반적으로 이해할 수 있게 오너를 먼저 코칭한다. 그리고 나서 만들어질 숍을 함께 만들어나간다. 원하는 숍을 만들 수 있는 제작팀을 구성해서 주어진 예산에 맞는 최적의 결과물을 만들기 위해 움직인다. 처음 창업하는 오너에게는 성공을 향한 창업보다는 시장에서 지속 가능할 수 있도록 코칭한다. 또한, 창업을 먼저 올바르게 이해할 수 있도록 돕는 데 초점이 맞춰져 있다. 창업 디렉팅을 통해 의뢰한 오너는 오너 코칭에서부터 네이밍/메뉴 설계/로고 디자인/BI 디자인/인테리어 디자인/마케팅 디자인/서비스 디자인 등 다양한 디자인적 서비스를 선택적으로 제공 받을 수 있다.

• 맛집 디렉팅

창업은 과거 블로거를 통해 확산되었던 용어다. OO동 맛집으로 유명해지면 많은 소비자는 그 지역을 방문할 때 필수적으로 방문하게 된다. 그때 맛집으로 선정되던 기준을 보면 지금과 조금 다르다. 초창기 맛집은 먼저 역사가 오래됐어야 한다. 새로 생긴 가게가 맛집이 되기는 어려웠다. 두 번째로는 장인의 기술을 가지고 있어야 했다. 눈속임적인 꼼수로 맛집이 될 수는 없었다. 그래서 그 당시 소개되었던 맛집들은 우리 가까이 있기 보다는 멀리 있었고, 찾아가기도 굉장히 어려웠다. 그래서 유명해진 맛집 사례가 많다. 요즘 맛집은 그 개념이 많이 달라졌다. 오래되지 않았어도 지금은 소비자 기준에서 맛집으로써 공감이 간다면 그곳이 맛집이 된다. 그리고 절대적인 맛보다는 그 맛을 즐기기 위한 주변 조건이 함께 충족돼야 맛집이 되는 경우가 많다. 그리고 무엇보다 지금은 우리 가까이에 맛집들이 존재하기 시작했다. 그리고 핫플레이스 상권에서도 맛집은 나타나기 시작했다. 이렇게 맛집의 개념이 변화되면서 로이스도 맛집 디렉팅을 해볼 수 있게 되었다. 과거에는 시간의 숙성이 함께 병행하지 않으면 맛집으로써 인정되지 않았기 때문에 어려웠지만, 지금은 가능하다. 맛집의 기본 요소가 잘 충족되어 있으면 된다. (아이템+밋+테크닉)×브랜드=맛집 이 공식을 통해 맛집 브랜드를 디렉팅하고 있다. 좋은 아이템을 찾아서 맛을 살리고 자기만의 테크닉을 통해 차별화를 만들어 거기에 디자인을 통해 브랜드력을 곱해준다. 그러면 맛집으로서 가치가 있고, 마케팅을 통해 맛집으로 거듭나게 기획하는 것이다.

4 콘텐츠 메이킹 Contents Making

요즘은 통합 마케팅 시대이다. 순서로 구분되는 게 아니라 전략으로 구분된다. 마케팅을 통해 브랜드를 만들어가기도 하고 마케팅으로 브랜드를 완성하기도 한다. 그래서 브랜딩과 디렉팅으로 좋은 브랜드가 만들어졌으면 마지막으로 마케팅 관리도 함께 해주기 위해 서비스 카테고리를 만들었다. 콘텐츠 메이킹 프로젝트에서는 브랜드를 알릴 수 있는 콘텐츠를 만들어낸다. 그 결과물이 영상이 될 수도 있고, 페이퍼나 그래픽이 될 수도 있다. 핵심가치로 두는 것은 작은 아이디어를 통해 얻는 큰 효과이다. 우리가 알고 있는 '나비효과'처럼 결국 큰 영향을 끼칠 수 있는 작은 아이디어에 몰입하는 것이다. 오늘날 시장은 모든 게 거대해졌다. 항상 기대이상의 것을 순식간에 만들어야 하기 때문에 많은 사람과 많은 자본이 투입됐어야 했다. 비대해져가는 시장정보 속에서 정반대 측면에서 콘텐츠들도 나오기 시작했다. 전혀 기획되지 않은 상태의 일반인이 참여한 작업물이 시장에 출현했다. 일종의 바이럴콘텐츠라 불리는 것들이다. 하지만 이 콘텐츠들도 혁신적이진 못했다. 소비자는 단순히 작업물의 표면적인 측면에 관심을 보였지, 그 콘텐츠를 통해 브랜드 이미지가 전달되거나 실질적인 구매로 이어지지는 않았다. 그래서 나는 '딜리셔스 미디어 채널'이라는 타이틀을 걸고 콘텐츠 메이킹 프로젝트를 시작했다. 로이스만의 시선으로 재해석한 브랜드의 핵심가치를 작은 액션에 좋은 아이디어를 입혀 시장에 큰 영향을 끼치게 하고 싶었다. 그렇게 만들어진 서비스 항목이다.

4 조이너스 브랜딩 Join-us Branding

로이스에서는 자체적으로 식음료 브랜드를 기획하고 개발한다. 그리고 실제적인 운영을 통해 지속 가능한 브랜드에 대한 데이터를 확보한다. 조이너스 브랜딩은 브랜드십 Brandship 계약을 통해 로이스가 기획·개발해놓은 브랜드시스템을 구매하고 사용하는 것을 뜻한다. 로이스가 기획·개발해놓은 브랜드는 외식업 브랜드에서부터 카페 음료 브랜드까지 다양하다. 브랜드십계약을 통해 로이스와 만나면 잘 기획하여 제작한 브랜드를 사용할 수 있을 뿐 아니라 운영에 대한 노하우부터 마케팅까지 프랜차이즈와 비슷한 관리를 받을 수 있다. 프랜차이즈와 차이가 있다면 프랜차이즈보다 좀 더 능동적인 브랜드 파트너로서 창업시장에서 비즈니스를 이어갈 수 있다. 그리고 이 점이 가장 큰 핵심가치이다.

로이스디자인연구소의
포트폴리오

Cafe Design Recipe

DECACINO

Cafe Design Recipe

EGGTHUMB

Cafe Design Recipe

나의 제주
보물섬

Cafe Design Recipe
바닐라빈

Cafe Design Recipe

별다빈

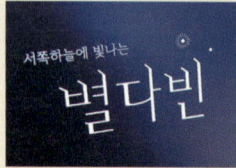

Cafe Design Recipe

은유다방

Thanks To

내 생애 첫 번째 책이 나오고 얼마 지나지 않아 두 번째 책이 나왔다. 사실 첫 번째 책과 두 번째 책은 동시에 집필했다. 지난 8년간 카페시장에서 활동하면서 조금씩 적어놓은 메모들이 두 책을 연달아 출판하는 데 도움이 많이 됐다. 하지만 나는 프로 작가가 아니다 보니 내 생각을 글로 표현하는 게 어려웠다. 그래서 항상 원고를 다 썼을 땐 아쉬움이 남는다. 계속 훈련을 하다 보면 언젠가는 성장의 단계를 거쳐 만족하는 책이 나오지 않을까 하며 나 스스로를 위로했다. 이런 점에서 부족한 부분을 만족스럽게 채워주는 출판사에도 항상 고마움을 느낀다. 나는 버릇처럼 지금 이 순간에도 세 번째 책을 기획하고 쓰고 있다. 책이 하나씩 출판 될 때 마다 나도 함께 성장하길 바라며 동시에 내 책이 창업을 꿈꾸는 미래 오너에게 작은 힘이지만 도움이 됐으면 좋겠다. 매번 원고를 써내려갈 때마다 간절히 기도한다.

두 번째 책에도 어김없이 내게 도움을 준 분들의 행복한 성공을 기원하며 감사의 마음을 전하고 싶다.

가장 먼저, 두 번째 책까지 쓸 수 있었던 가장 큰 이유가 되어준 분이 있다. 광주 로이스커피에서 앉으나 서나 커피 생각뿐인, 더 좋은 카페란 무엇인지 항상 고민하는 나의 아버지다. 나는 어릴 적부터 미친 듯이 커피를 찾아다니는 아버지를 보며 자랐다. 그리고 성인이 돼서는 아버지와 함께 커피를 즐기기 시작했고 지금도 어느 곳에 있던 스스로 커피人임을 증명하며 시간을 보내고 있다. 아버지와의 그런 시간들 덕분에 심지어 내 인생도 커피에 빠져버렸다. 그만큼 지금 내 삶 자체에 큰 영향을 준 분이 아버지다. 나는 일이라는 터무니없는 핑계를 이유삼아 항상 아들로써 부족한 사랑을 드리고 있지만, 내 마음 속 깊은 곳에는 아버지라는 존재가 너무 크게 자리 잡고 있다는 점을 이 책을 통해 조금이나마 전하고 싶다. '아버지, 사랑합니다.' 사랑하는 어머니는 두말 할 것 없이 아버지보다 위 단계임을 밝힌다.

그리고 항상 나와 함께 웃어주고, 위로해주는 본브로의 임중호, 한승환, 남진욱을 중심으로 그외 정기적으로 모임에 나와 주는 친구들 '고맙다.'

☕ 감성을 채워주시는 분들
청담 55도 서주완 대표님, 엘본더테이블 조내진 치프 소믈리에님, 버번스트리트 이영호 대표님, 더라운드 이주형 소믈리에, 뱅가 박송이 캡틴, 오수정 상무님

☕ 아낌없이 응원해주시는 분들
스노우폭스 김승호 회장님, (주)고릴라마마스 김범준, 호림관쌍문도장 김인천, 한미회계법인 김판준, (주)죠스푸드 나상균, 주원키친시스템(주) 류지호, 민쿡다시마 민강현, (주)제이케이글로벌 박정근, 삼보건설 박종관, (주)뷰쎄 신용진, (주)한빛식품 안성찬, 파리바게트 과천부림점 우효식, 담소 천안점 유관종, 법무법인 동인 이건리, (주)광에프씨 이광호, (주)이루에프씨 이문기, 총각네야채가게 이영석, (주)알볼로에프앤씨 이재욱, (주)로사퍼시픽 이정교, (주)에스엘에프앤비 이종근, (주)스카이씨엔에스 이종훈, (주)만점족 이한규, (주)하남F&B 장보환, 구슬떡볶이 장철민, (주)그린빌 전성길, 완도산 최정기, 해움플래닝 한석현, (주)낭만옵빠 한지훈, 스튜디오호감 한현모, CNH(주) 홍종우, 중앙대 조규완 형님들 감사합니다.

그리고, 미스터피자 옥포점 추성희, 오븐마루 삼계점 최희은, 푸드앤이노베이션 조지은, 벤츠한성자동차 장보화, 키즈엔리딩 원영빈, 마당푸드 방현경, 아이나라 박순희, 석가장 김희선, Feel the Food, llc. 김윤희, 머니쉐프 배명숙, 중앙대 주임교수 권창심 누님들 감사합니다.

마지막으로 VAVOS 김세훈, 인큐 신동일, (주)죠스푸드 안태양, 스타족발 이효찬, 마젤컴퍼니 정준태 동생들 고맙다.

☕ 로이스와 함께하는 식구들
남진욱, 한승환, 조우람, 정희진, 전현상, 김상윤, 경지유, 조종민, 최혜윤, 김수진, 박진아, 이로운, 조원정 고맙다.

☕ 영향을 주시는 분들
서울예대 실내디자인과 천세근 교수님, 홍익대학교 건축대학원 김주원교수님, 카페무아 최지호 사장님, 카페뎀셀브즈 김세윤 대표님, 광명상사 지명근 실장님, 바이림 임종명 실장님, 커피렉 안재혁 대표님, 월간 커피앤티 지영구 국장님, 월랩 이경선 대표님, VSM 장효진 선생님, 어썸크리에이티브 그룹 양도영 대표님, 커피마케팅연구소 이대우 소장님, 피에로커피 이승열 팀장님, 전설의 M 정태준, MBC 윤근수 앵커, 페이버릿카페 노주빈 대표님, 국민은행 박영진 차장님, 모쿠디자인랩 목정호 형님, 3.3058 어성우 형님 모두 감사합니다.

창업한다면 꼭 가봐야 할 곳

1. 릴리브
   서울시 강남구 역삼동 812-17

2. 알렉스더커피(용인점)
   경기도 용인시 처인구 백암면 근삼리 282-1

3. 대림창고
   서울시 성동구 성수동2가 322-32

4. 앤트러사이트 제주한림점
   제주도 제주시 한림읍 동명리 1715

5. 메뉴팩트커피(퀸마마마켓점)
   서울시 강남구 신사동 649-8

6. 이디야 커피랩
   서울시 강남구 논현동 221-17 이디야빌딩

7. 데바스테이트
   서울시 강남구 청담동 80-17

8. 파이브브루잉
   서울시 마포구 서교동 405-10

9. 오르에르
   서울시 성동구 성수동1가 16-39

10. 카페인신현리
    경기도 광주시 오포읍 신현리 548-8

11. 180커피로스터스
    경기도 성남시 분당구 율동 323-9

12. 르챔버
    서울시 강남구 청담동 83-4

13. 더부즈
    서울시 용산구 한남동 31-5

14. 엘리스청담
    서울시 강남구 청담동 84-20

15. 볼트82
    서울시 용산구 한남동 653-94, B1

16. 더라이온스덴 청담
    서울시 강남구 청담동 84-11

17. 청담 믹솔로지
    서울시 강남구 청담동 22-14 B1

18. 패션5
    서울시 용산구 한남동 729-74

19. 루브리카
    서울시 강남구 청담동 89-3

20. 폴바셋 한남 커피스테이션
    서울시 용산구 한남동 257-13

21 **디저트리**
서울시 강남구 신사동 653-7

22 **피에르에르메**
서울시 강남구 삼성동 159-7 현대백화점 B1

23 **몽상클레르**
서울시 강남구 삼성동 159-7

24 **매그놀리아**
경기도 성남시 분당구 백현동 541 현대백화점 B1

25 **콘트란쉐리에**
서울시 강남구 삼성동 159-8 서울파르나스호텔 B1

26 **조앤더주스**
경기도 성남시 분당구 백현동 541 현대백화점 B1

27 **페이로커피**
서울시 강동구 성내동 465

28 **땅차커피**
인천시 계양구 작전동 795-64

29 **커피 리브레**
서울시 마포구 연남동 227-15

30 **엘카페로스터**
서울시 영등포구 양평동 5가 2-1

31 **더블하모니**
서울시 마포구 서교동 481-6

32 **블랙업커피**
부산시 해운대구 중동 1378-18 해운대온천센터 1F

33 **리틀앤머치**
서울시 강남구 삼성동 10-8

34 **홍대이미**
서울시 마포구 동교동 201-10